继承法律知识百问

何永萍　主编

企业管理出版社

图书在版编目（CIP）数据

继承法律知识百问 / 何永萍主编. -- 北京：企业管理出版社，2021.1

ISBN 978-7-5164-2258-8

Ⅰ. ①继… Ⅱ. ①何… Ⅲ. ①继承法—中国—问题解答 Ⅳ. ①D923.55

中国版本图书馆 CIP 数据核字（2020）第 196779 号

书　　名：继承法律知识百问
作　　者：何永萍
选题策划：周灵均
责任编辑：张羿　周灵均
书　　号：ISBN 978-7-5164-2258-8
出版发行：企业管理出版社
地　　址：北京市海淀区紫竹院南路 17 号　　邮编：100048
网　　址：http：//www.emph.cn
电　　话：编辑部（010）68456991　　发行部（010）68701073
电子信箱：emph003@sina.cn
印　　刷：涞水建良印刷有限公司
经　　销：新华书店
规　　格：170 毫米 ×240 毫米　16 开本　16 印张　260 千字
版　　次：2021 年 1 月第 1 版　2021 年 1 月第 1 次印刷
定　　价：69.00 元

编委会成员

主　编

何永萍　北京市京师律师事务所合伙人，财富传承部主任。

副主编

刘伟渊　北京大成（广州）律师事务所合伙人，最高人民检察院民事行政咨询专家。

张明全　四川阳安律师事务所副主任、律师，中国律师协会会员。

常　亮　法学博士、北京嘉善律师事务所执行主任。

时洪生　江苏六仁律师事务所主任，淮安市律师协会党委委员、副会长。

胡李钏　浙江集优律师事务所副主任，民商部主任。

陈瑞莲　广州市律师协会信托与财富传承专业委员会委员，广州仲裁委员会仲裁员。

邹添华　广东中熙律师事务所副主任、高级合伙人。

编　委

郭秋燕

自　序

“煮豆持作羹，漉菽以为汁。其在釜下燃，豆在釜中泣。本自同根生，相煎何太急？”这是曹植的《七步诗》。在继承案件中，原被告双方大多是同胞兄弟姐妹，但因为利益，迫不得已对簿公堂，彼此争得面红耳赤。传统家事继承纠纷案件，一般是指涉及家庭内部成员之间的案件，现在已经涵盖了监护权、被继承人债务清偿、遗赠抚养协议等，随着社会转型的深化，家事继承纠纷衍生的新类型案件呈现多元化。

笔者多年来一直从事婚姻家事与继承法律工作，在办理案件及研读学习继承法书籍过程中发现，目前虽然有不少撰写继承法案例的书籍，但是一般存在以下问题：首先，继承法案例一般与婚姻法案例编写在同一本著作中，限制了继承法案例的篇幅；其次，现有书籍对继承法案例的编写往往是随机选几个法律问题，没有系统地根据继承法的体系来编写，导致读者对继承法案例的了解局限于某几个法律问题上，不能全面地了解法院在继承法方面的裁判观点；最后，现有书籍中大部分继承法案例距今时间较长，不能反映最新的司法动态。

当今中国社会发展日新月异，新的遗产形式层出不穷，继承人或受遗赠人涉外因素不断增加，现代家庭除拥有银行存款、房屋等传统财产外，还可能包括境内外公司股权（份）、股票、基金、艺术品等财产。遗产形式变得多样化并日趋复杂。

出于上述几点考虑，笔者结合司法实践中常见的问题，譬如，继承的顺序问题，继承权丧失的问题，抚恤金、死亡赔偿金等是不是遗产的问题，等等，编写了这本体系比较全面、案例新颖、能够反映继承案件司法观点的书籍，给继承法实务应用专业人士以及想了解继承法律的广大读者提供参考。

2020年5月28日十三届全国人大三次会议审议通过了《中华人民共和国民法典》，这部法典被称为“社会生活的百科全书”，是中华人民共和国第一部以法典命名的法律，在法律体系中居于基础性地位，也是市场经济的基本法。《中华人民共和国民法典》共7编、1260条，各编依次为总则、物权、合同、人格权、婚姻家庭、继承、侵权责任，以及附则。

其中，《中华人民共和国民法典》继承编亮点凸显，如扩大遗产范围，不再列举具体的遗产类别，新增继承人丧失继承权的两种情形（隐匿遗嘱，以欺诈、胁迫的手段影响被继承人遗嘱自由的），新增继承人宽宥制度，以及特定情形下丧失继承权的继承人恢复继承权的制度。新增代位继承人的范围扩大，兄弟姐妹的子女可以代位继承，新增打印遗嘱和录像遗嘱。首次明确了打印遗嘱的合法性。随着时代的进步，现在许多人已经习惯了打印方式而不习惯手写方式，越是正式的法律文件，越是要用打印的。

新增自然人可以依法设立遗嘱信托，新增遗产管理人制度，规定了遗产管理人的产生办法、职责及权利等。《中华人民共和国民法典》继承编用五个条文规定遗产管理人制度，包括遗产管理人的选任、遗产管理人的指定、遗产管理人的职责、遗产管理人的报酬以及遗产管理人未尽职责的民事责任。这些具体规定，增强了遗产管理人制度的可操作性，填补了原《中华人民共和国继承法》未确立遗产管理制度的立法欠缺，保证了遗产管理人制度的可操作性。

继承纠纷中的诉讼主体具有特殊性，相互之间或多或少都存在亲情羁绊，以判决的方式处理继承纠纷不利于亲情关系的维系。“清官难断家务事”，笔者认为，调解结案是处理继承纠纷最好的结案方式，一方面可以做到案结事了，另一方面也可能化解彼此的矛盾，守护家庭幸福和社会安定。本书结合本律师办案实践，并搜集了全国各省市继承法案例，先对案情进行简述，再引述法院裁判观点，最后辅以律师评析。

书中存在的不妥之处，恳请法律专家、学者以及律师同仁斧正。在此深表感谢！

何永萍

2020 年 11 月

目录
CONTENTS

1. 房改房的权属与继承问题

案件简介*

王小芳、张小新系夫妻关系，婚后育有五个儿子，分别为张一名、张二名、张三名、张四名、张五名。张小新于1997年去世，王小芳于2010年去世。

张小新生前为某单位职工，在1998年所在单位统一公房出售时，因张小新已去世，王小芳便以其配偶身份出资购买了房屋一处，并于2000年1月3日办理了产权证明，登记在自己名下。王小芳于2008年10月立了一份打印遗嘱，同时两个见证人亦履行了见证人签名等见证程序。

该遗嘱明确载明，在王小芳去世后，上述房屋归原告张一名个人所有。因四被告对上述遗嘱有争议，故原告诉来法院，要求按遗嘱继承。

原告称，被继承人王小芳系原告母亲，原告父亲张小新于1997年因病去世，被继承人王小芳在其夫去世后一直跟随原告生活，由原告赡养，直至2010年去世。被继承人王小芳于2000年1月购置某住房一套，并于2008年10月在见证人的见证下订立遗嘱。遗嘱中明确写明，在被继承人王小芳去世后，其所购某住房归原告一人所有。现因被告对该遗产归属有异议，故原告诉至法院要求：①依法确认被继承人王小芳的遗嘱以及为遗嘱出具的见证书合法有效；②确认原告依照遗嘱取得某住房的所有权。

被告辩称，王小芳的遗嘱处分了他人（张小新）所有的财产，部分无效。争议标的房屋应属于被告父母的遗产，依法应由法定继承人共同继承。

【争议焦点】

该房屋应为王小芳的个人财产，还是王小芳与张小新的共同财产？

【法院判决】

人民法院经审理后认为：因该遗嘱中所处分的财产为某处房屋，王小芳在1998年购买该房屋时按当时的政策不仅享受了其配偶的工龄优惠价格，而且购房款亦是夫妻共同积蓄，故所购房屋应为夫妻共同财产。在张小新去世后其法定继承人并未对其遗产进行分割，依据法律规定，对于夫妻共同财产，如果分割遗产，应当先将共同共有的财产的一半分出为配偶所有，其余的为被继承人的遗产，故该房屋中的一半应为张小新的个人遗产。因张小新未留有遗嘱，故对该部分遗产应依照法定继承进行分配。因法律明确规定，遗嘱人以遗嘱处分了属于他人所有的财产，遗嘱的这部分应为无效，故王小芳所立遗嘱中对不属于自己份额所做的处分行为应为无效。

【律师说法】

在该案中，王小芳所处分的财产是在张小新去世后其所购买的房改房。对于房改房的购买，因为涉及国家政策及单位内部制度的规定，所以常让当事人对所有权产生困惑。根据《最高人民法院关于在享受本人工龄和已死亡配偶生前工龄优惠后所购买公房是否属夫妻共同财产的函的复函》中的相关规定，认为夫妻一方死亡后，如果遗产已经继承完毕，健在一方用自己的积蓄购买的公有住房应视为个人财产，购买该房时所享受的已死亡配偶的工龄优惠只是属于一种政策性补贴，而非财产或财产权益。夫妻一方死亡后，如果遗产没有分割，应予查明购房款是夫妻双方的共同积蓄，还是配偶一方的个人所得，以此确认所购房屋是夫妻共同财产还是个人财产；如果购房款是夫妻双方的共同积蓄，所购房屋应视为夫妻共同财产。

该案中张小新去世后其遗产未进行分割，王小芳是在张小新去世后购买的该房屋，但其所用购房款为与张小新的共同积蓄，该财产为两人的共同财产，故该房屋的性质为夫妻共同财产。

对于夫妻共同财产，如果分割遗产，应当先将共同共有的财产的一半分出为配偶所有，其余的为被继承人的遗产，故该房屋中的一半应为张小新的个人遗产。因张小新未留有遗嘱，故对该部分遗产应依照法定继承进行分配。张小新的法定继承人有王小芳和五个儿子，因此该房屋既有张小新所有的份额，也有其他法定继承人的份额。王小芳无权处分其他法定继承人应享有的部分，故王小芳所立遗嘱中对不属于自己份额所做的处分行为应为无效，其所立遗嘱系部分有效。

延伸解读

房改房是城镇住房制度改革的产物，是我国城镇住房由从前的单位分配转化为市场经济的一项过渡政策，现如今又可以叫作已购公有住房。已购公有住房，是指城镇职工根据国家和县级以上地方人民政府有关城镇住房制度改革政策规定，按照成本价或者标准价购买的已建公有住房。

房改房是国家对职工工资中没有包含住房消费资金的一种补偿，是住房制度向住房商品化过渡的形式，它的价格不由市场供求关系决定，而是由政府根据实现住房简单再生产以及建立具有社会保障性的住房供给体系的原则决定，以标准价或成本价出售。

（以上人名均为化名）

2. 房产证已变更多年且已拆迁，如何继承

案件简介

李大爷与孙大妈系一对夫妻，共生育三个孩子，分别是原告李小明，被告李大明、李中明。后来孙大妈与李大爷相继去世，两人都没有留下遗嘱。

二人有一处住房，此房屋原系李大爷于中华人民共和国成立前利用空地搭建的草房，后来翻建为两层楼房。翻建时，被告李大明出资出力。

1987年，李大爷就系争房屋向土地管理部门申请国有土地使用权，但还没有审批下来，李大爷与孙大妈就去世了。

后来，李大明、李中明共同申请，1992年土地管理局核发土地使用权证，土地使用者为李大明与李中明共用。2012年，房屋面临拆迁，李大明与李中明共同签订了《房屋征收补偿协议》。

2015年4月，李小明到法院起诉，称自己与两被告协商分割房屋征收补偿时才知晓两被告已错误登记为系争房屋的土地使用者，系争房屋应属于父母遗产，要求继承分割系争房屋动拆迁所取得的房屋评估价值补偿款。两被告则辩称，系

争房屋虽来源于父母建造的草房，但是父亲在生前已经将系争房屋处分给了两被告，也经相关部门审核认定为产权人，且已超过20年，李小明不是房屋的产权人，也不享有继承权，且两被继承人均已经死亡超过20年，李小明从未对系争房屋主张过权利，已过继承诉讼时效，李小明对系争房屋没有任何权利，故请求法院依法驳回李小明的诉请。

【争议焦点】

如何继承房产证已变更多年但现如今被拆迁的房屋?

【法院判决】

法院认为，系争房屋虽来源于两被继承人，但之后多次进行过翻造，综合考虑房屋来源、房屋翻建时两位老人的年龄及身体状况，以及两被告对翻造时的出资出力情况、李小明已经结婚并搬离系争房屋、李中明尚在读书无翻建能力等因素，酌定系争房屋应属于李大明与两被继承人共有。

对于李大明辩称的被继承人李大爷生前已经将系争房屋进行处分且系争房屋权利人为两被告的主张，法院认为系争房屋中属于被继承人李大爷与孙大妈的产权份额，系两被继承人的夫妻共同财产，被继承人李大爷既无权代为处分孙大妈的财产，也未有充分证据证明李大爷在生前对系争房屋已经进行处分，且土地管理部门在1992年签发的审核单中亦记明是由李大明与李中明共同继承。

此外，土地管理部门核发的土地使用权证上虽记明权利人为李大明与李中明，但实际遗漏了继承人李小明，也未析出其中属于李大明的产权份额，故对于李大明以土地使用权证登记为由认为系争房屋已经由被继承人生前处分给两被告的主张，法院不予采信。

被继承人李大爷与孙大妈生前均未留有遗嘱，且两被继承人死亡后，各继承人均未有放弃继承的意思表示，视为接受继承，故系争房屋中属于两被继承人的遗产由各继承人共同继承所有，由此产生的动拆迁利益也应由各继承人共同继承所有，李小明有权继承分割系争房屋动拆迁所取得的房屋评估价值补偿款。

温馨提示

原《中华人民共和国继承法》第八条规定:“继承权纠纷提起诉讼的期限为两年，自继承人知道或者应当知道其权利被侵犯之日起计算。但是，自继承开始之日起超过20年的，不得再提起诉讼。”许多人都以为这是“继承有诉讼时效的，最长不超过20年”，将其错误理解为：超过20年就一切尘埃落定，法院不再支持分割析产请求。这里的继承权纠纷，一般是指对主张享有继承权的自然人身份有争议，或对继承人是否存在放弃继承权、丧失继承权等情形无法协商一致，应结合法律的具体规定来理解。如果继承人在继承开始后均未表示放弃继承，且未进行遗产分割，则各继承人对遗产处于共同共有状态，即使超过了20年，这种共同共有状态也不会改变。所以，虽然此时不能提起遗产分割之诉，但继承人可以以共有人的身份向法院提出确权析产之诉。

对于这种情况，最高人民法院1987年在《关于继承开始时继承人未表示放弃继承遗产又未分割的可按析产案件处理的批复》中明确指出：“各继承人都没有表示放弃继承，根据原《中华人民共和国继承法》第二十五条规定，继承开始后，继承人放弃继承的，应当在遗产处理前，以书面形式做出放弃继承的表示；没有表示的，视为接受继承。受遗赠人应当在知道受遗赠后两个月内，做出接受或者放弃受遗赠的表示；到期没有表示的，视为放弃受遗赠。”

本案中，李小明等三人为法定继承人，均无丧失继承权的行为，三人对此事实并无争议，不存在继承权纠纷，也就不适用继承权诉讼时效。但在孙大妈死亡后，一直到李大爷死亡，李小明等三人均未提出对二人的遗产进行分割，亦均未表示放弃继承，因此，应视为均已接受继承，房屋应认定为李小明等三人共同共有，应按析产进行处理。

至于土地管理部门核发的土地使用权证上记明权利人为李大明与李中明，也不能以此否认李小明是房屋产权人的事实。据土地管理部门称，1992年对系争房屋进行房屋登记是在本市对建设用地使用权和房屋所有权开展大规模普查基础上进行的总登记，采取的是申报制，即由权利人自行申报，房屋登记机关仅需审核申请人是否有书面说明以及是否有两户以上知情邻居或知情人证明。登记机关做出登记审核时履行了当时规定的审核义务，导致登记错误；而登记错误，继承人是可依据《中华人民共和国民法典》通过诉讼进行确认的。

（以上人名均为化名）

3. 爱心捐款能否作为遗产继承

案件简介

小李与小芳结婚多年且未有子女。2014年6月小李患癌症住院，其所在单位组织员工为其捐款12万余元，并声明该笔捐款仅用于小李治病。同年7月，小李去世，治疗花费捐款5万余元。2015年，小芳与小李生前所在单位就剩余不到7万元捐款的最后归属诉至法院。小芳认为应该自己继承。

【争议焦点】

爱心捐款能否作为遗产继承?

【法院审理】

本案中，对小芳能不能继承该笔捐款主要有以下两种意见。

第一种意见认为，捐款可以作为遗产继承。捐款其实是一种赠与的法律关系，捐款事实已经形成，接受捐款人就已取得了对捐款的合法所有权，当然可以由其受益人作为遗产进行继承。

第二种意见认为，捐款不可以作为遗产继承。本案中，单位的捐款作为特殊目的使用款项，小李本人是没有所有权的，其被继承人也就无从谈起继承这笔财产。

温馨提示

第二种意见更为合理，主要理由如下。

首先，从捐款的目的看，捐款本身是为了扶贫济困，并不是为使受赠人或其亲友从中谋取利益。当捐款到达被捐赠人以后，捐款是有明确的特殊公益用途的，那就是治病救人。如果受捐赠人去世了，捐款还有剩余，捐款的特殊目的就不能得到实现，捐款就绝不应该由其受益人挪作他用。从继承法的角度来讲，公民对这些财产首先要有所有权，而捐款作为特殊目的使用款项，小李是没有所有权的，其被继承人自然也就不存在继承的说法。

其次，在本案中，小李的单位捐款时明确表示，该笔捐款仅用于小李治病。如果在小李去世时，其因为治病有尚未偿还的夫妻共同债务，那么捐款应可以首先用于偿还债务。但该笔剩余捐款作为遗产进行继承明显违背了捐款的特定目的，是不合理的。因此，本案中，小芳要求继承剩余捐款的请求不应该得到支持。

延伸解读

【遗产的定义】

公民去世，继承也随之开始，根据《中华人民共和国民法典》继承编第一千一百二十二条规定，遗产是自然人死亡时遗留的个人合法财产。依照法律规定或者根据其性质不得继承的遗产，不得继承。

《最高人民法院关于贯彻执行〈中华人民共和国继承法〉若干问题的意见》第三条规定：公民可继承的其他合法财产包括有价证券和履行标的为财物的债权等。

《中华人民共和国公司法》第七十五条规定：自然人股东死亡后，其合法继承人可以继承股东资格；但是，公司章程另有规定的除外。

那是不是所有遗产都可以继承？并不是这样的，有些遗产一定不能继承。哪些财产不属于遗产继承范围？

下列权利、义务在被继承人死亡之后不能作为遗产：

1. 与被继承人的人身密不可分的人身权。如公民的姓名权、名誉权、荣誉权、肖像权等。

2. 与公民的人身有关的债权、债务。这类债权债务是以特定人的行为为客体的，与债务人、债权人的人身有密切联系。这类债权债务不能作为遗产继承。

3. 国有资源使用权。在我国，采矿权、狩猎权、渔业权等国有资源使用权都是经特定程序授予特定人享有的，这些权利不能作为遗产，继承人欲从事被继承人原来的事业，须自行申请，经核准取得相应的国有资源使用权。

4. 承包经营权。被继承人在承包经营中投入的财产应得的个人收益属于遗产，应按《中华人民共和国民法典》继承编相关规定由继承人继承。被继承人生前享有的承包经营权，不能作为遗产继承。如果法律允许由继承人继续承包，可以按照承包合同规定办理。

5. 宅基地使用权。公民所享有的宅基地使用权只能与房屋所有权一同转移，但不能作为遗产继承。

6.抚恤金及补助费。国家或集体职工因公死亡，革命军人牺牲或病故、公民因交通事故或其他意外事故而死亡时，有关国家机关、企事业单位、社会团体依照国家制定的劳动保险法规定、革命军人牺牲与病故抚恤的规定、交通安全法规定或其他有关法律规定，给予受该死者生前抚育、扶助和赡养的家属一定金额的抚恤金和其他生活补助费。因为这些抚恤金，其性质并不是对死者个人利益的经济补偿，而是国家对死者特定家属所给予的精神慰藉和物质帮助，应由有关人员直接享受，不属于死者遗留的个人财产。

7.人身保险金。按照《中华人民共和国保险法》的规定，被保险人在指定了第三人为其人身保险合同的受益人时，如果被保险人死亡，受益人可直接请求保险人向其支付保险金，该保险金不列入被保险人遗产范围。当然，如果被保险人没有指定受益人的，该保险金仍属被保险人遗产范围内。

8.死亡赔偿金。包括丧葬费，由被继承人生前抚养或赡养的人的抚养费、赡养费，死亡补偿费（又叫死亡抚恤金）以及对被继承人经济损失的赔偿金，等等。其中，抚养费和赡养费是有特定赔偿对象的，应当属于被继承人生前抚养或赡养的人所有；丧葬费是被继承人的丧葬所需要的费用，应该由垫付此费用的人取得；对被继承人经济损失的赔偿金是对于特定经济损失的赔偿，属于被继承人公民死亡时遗留的债权。通常认为，赔偿义务人赔付的死亡补偿费是对死者亲属的一种精神上的抚慰和经济上的补偿，并不是对已不再是民事主体的死者所承担的民事责任，因此该死亡补偿费不能作为死者的遗产按继承处理，而是对于死者亲属的一种补偿。

（以上人名均为化名）

4. 保险金应如何给付分配

案件简介

张先生于2009年8月向某保险公司为自己投保重大疾病保险，重大疾病保额10万元（身故保险责任仅为退还保险费），保单身故受益人指定为其儿子张小。2011年8月，被保险人张先生突发胸痛，20分钟后送到某地某医院就诊，1小时后院方宣告抢救无效死亡。该院急诊科出具了诊断证明书，诊断为“心源性猝死，急性心肌梗死”，同时该院医务科开具了居民医学死亡证明，死亡原因为“猝死”。

张先生现有家庭成员包括：母亲吴氏，妻子张太，儿子张小（未成年）、女儿张花（已成年），哥哥张大，妹妹张五。在张先生身故10日后，其母亲吴氏也身故。2012年5月，张先生妻子向保险公司申请理赔。

【争议焦点】

如何分配保险理赔金额?

【法院判决】

本案例保险理赔金额最终分配比例如下：妻子张太1/4，儿子张小1/4+1/24，女儿张花1/4+1/24，哥哥张大1/12，妹妹张五1/12，合计100%。

温馨提示

本案张先生身患重大疾病于2011年8月身故，在其患疾符合重大疾病保险责任的前提下，张先生本应在确诊患重大疾病之日起生存期间由其本人向保险公司申请重大疾病保险理赔金，张先生购买的重大疾病保险本质上是一种生存给付，目的是及时给付被保险人以作医疗之急用，但张先生死亡后其妻子才向保险公司申请理赔，且本案保单约定被保险人身故保险责任仅为退还保险费，其妻子虽然在张先生死亡后申请理赔，但其目的显然还是要申请重大疾病保险理赔金，即保险金额10万元。

由于保单仅指定了身故受益人为儿子张小，则可以认为张先生的重大疾病保险金没有指定受益人，根据《中华人民共和国保险法》相关规定，被保险人死亡后，遇没有指定受益人，或者受益人指定无法确定的，保险金可作为被保险人的遗产，由保险人向被保险人的继承人履行给付保险金的义务。

这笔遗产不能由保单身故受益人领取，只能由张先生的继承人按照《中华人民共和国民法典》继承编分配。

首先，根据《中华人民共和国民法典》继承编第一千一百二十七条规定，遗产按照下列顺序继承。

第一顺序：配偶、子女、父母。

第二顺序：兄弟姐妹、祖父母、外祖父母。

继承开始后，由第一顺序继承人继承，第二顺序继承人不继承；没有第一顺序继承人继承的，由第二顺序继承人继承。

本编所称子女，包括婚生子女、非婚生子女、养子女和有扶养关系的继子女。

本编所称父母，包括生父母、养父母和有扶养关系的继父母。

本编所称兄弟姐妹，包括同父母的兄弟姐妹、同父异母或者同母异父的兄弟姐妹、养兄弟姐妹、有扶养关系的继兄弟姐妹。

本案张先生的第一顺序继承人为母亲吴氏、妻子张太、儿子张小、女儿张花。

同时，根据《中华人民共和国民法典》继承编第一千一百三十条规定，同一顺序继承人继承遗产的份额，一般应当均等。对生活有特殊困难又缺乏劳动能力的继承人，分配遗产时，应当予以照顾。对被继承人尽了主要扶养义务或者与被继承人共同生活的继承人，分配遗产时，可以多分。有扶养能力和有扶养条件的继承人，不尽扶养义务的，分配遗产时，应当不分或者少分。继承人协商同意的，也可以不均等。

本案中母亲吴氏、妻子张太、儿子张小、女儿张花作为第一顺序继承人可分别继承重大疾病保险理赔金额的1/4。

其次，在张先生身故10日后，其母亲吴氏也身故。母亲吴氏继承后身故，这笔金额又成了母亲吴氏的遗产。同样根据《中华人民共和国民法典》继承编第一千一百二十七条及第一千一百三十条规定，吴氏遗产的第一顺序继承人为被保险人张先生、张大和张五，被保险人张先生、张大和张五各继承母亲吴氏遗产的1/3，即重大疾病保险理赔金额的1/12=1/4×1/3。

最后，因被保险人张先生已于母亲吴氏身故前死亡，则张先生获得母亲吴氏的遗产1/12保险金额应进一步分配。根据《中华人民共和国民法典》继承编第一千一百二十八条规定，被继承人的子女先于被继承人死亡的，由被继承人的子女的直系晚辈血亲代位继承。被继承人的兄弟姐妹先于被继承人死亡的，由被继承人的兄弟姐妹的子女代位继承。代位继承人一般只能继承被代位继承人有权继承的遗产份额。

本案被继承人母亲吴氏的儿子被保险人张先生先于其死亡，故此1/12保险金额应由被保险人张先生的直系血亲代位继承，即应由被保险人张先生的儿子张小、女儿张花代位继承，具体代位继承金额平均分配，即每人分得重大疾病保险理赔金额的1/24=1/12×1/2。

延伸解读

一、保险金能否作为遗产被继承

保险金能否继承，首先得确定保险金是否属于遗产。《中华人民共和国保险法》第四十二条规定，被保险人死亡后，没有指定受益人或受益人指定不明无法确定的；或受益人先于被保险人死亡，没有其他受益人的；或受益人丧失或者放弃受益权，没有其他受益人的保险金作为被保险人的遗产。由此可见，人身保险金能否作为遗产继承，要看被保险人的具体情况：指定了受益人的，被保险人死亡后，其人身保险金应付给所指定的受益人；未指定受益人的，被保险人死亡后，其人身保险金作为遗产处理。

二、如何继承保险金

如果保险合同中已指定了受益人，在被保险人死亡后，其人身保险金直接由受益人取得，而不能作为遗产由继承人继承。如果保险合同中未指定受益人，在被保险人死亡后，其人身保险金应作为被保险人的遗产按照继承的程序处理。

目前被保险人在保单受益人一栏填写“法定”或“法定受益人”时均理解为“法定继承人”作为受益人。事实上我国法律并无有关“法定受益人”的规定（有些国家、地区规定法定受益人即继承人），但将“法定受益人”理解为“法定继承人”，一般也是符合被保险人真实意愿的。有的被保险人明确填写以“法定继承人”为受益人，意思表示更明确，应该是符合法律要求的。

问题在于不少保险理赔实务及司法实践中，均把填写“法定受益人”或“法定继承人”为受益人的保单视作没有指定受益人，将保险赔偿金作为被保险人遗产按继承法处理。受益人享有的受益权是原始取得，取得的依据是保险合同。继承人享有的遗产分割权是继承取得，取得的依据或法定或遗嘱。继承遗产是依据继承法进行分割，而继承人作为受益人时则是按保险合同受领保险金。

另外，受益人的受益权只有在被保险人死亡时才实现，被保险人在生存期间仍享受全部保险保障。也有的人不了解受益人可以设定多个，也可以排列顺序（即第一受益人、第二受益人等），也可规定多个受益人平均分摊保险金，也可按比例分配。总之，投保人或被保险人对保险金有分配权，但往往为怕麻烦干脆不填写受益人一栏，或简单填写“法定”或“法定受益人”字样。

此外，受益人在被保险人死亡后领取的保险金，不得作为死者遗产用来清偿死者生前的债务，受益人以外的他人无权分享保险金。

继承遗产在继承权利范围内要承担被继承人的债务，依法支付遗产税。按目前法律规定，受益人受领保险金无义务为被保险人返还债务，也不需支付所得税。

按照法律的规定，保险金通常会设定受益人，因此也可以说是他人的财产，不会算作遗产进行分割。但是没有受益人的保险金就不一样了，会成为被继承人的财产进行继承。

（以上人名均为化名）

5. 父未亡不孝儿欲继承财产

案件简介

张辉是张大全的次子。1985年，父子闹矛盾，经中间人主持，张大全与张辉进行了分家。张大全分给张辉两间厢房居住，并约定张辉如搬迁外出居住则将两间厢房收回。后张辉另修了房屋搬出居住。

后张大全在其院内地基上修建房屋时，遭到张辉阻挡。经当地政府协调处理，张大全收回了原本自己给张辉的两间厢房，并付给张辉工本费600元。当地政府向张大全颁发了“集体土地建设用地使用证”，张大全才得以正常修建房子。

2010年4月，张大全修建房屋时，张辉再次阻挡，认为张大全所要修建房屋有部分是祖业产，自己也应有其份额，双方僵持不下，张大全遂将张辉诉至法院。

【争议焦点】

张辉能否在张大全还未过世的情况下继承遗产？

【法院判决】

法院经审理认为，物权权利人依法对特定的物享有直接支配和排他的权利，妨害物权的权利人可以请求排除妨害。

本案中，张辉已搬迁外出居住，按照张大全与张辉1985年的分家约定，张大全有权将两间厢房收回，且后来县政府颁发的“集体土地建设用地使用证”已确定张大全对其宅基地享有使用权。

张辉认为其已履行了赡养义务并提出要求继承的主张。因继承权的发生必须是被继承人已死亡，而本案中张大全尚在世，根本不存在继承权的发生，其主张不能成立。故对原告张大全要求被告张辉排除妨害、不得阻挡的请求予以支持，法院遂依法做出上述判决。

【律师说法】

祖业产通常是祖上留下的产业，若没有遗嘱，通常按法定继承的顺序继承。

本案中，张辉身为张大全的儿子，如果在张大全不立遗嘱的情况下，有权对其死后的财产进行继承。但值得注意的是，宅基地不得继承，宅基地上的房屋可以继承。就算张辉将来想要继承张大全的遗产，也只是继承房屋而已。此外，祖上传下来的桩基，是以户为单位使用，张辉与张大全分家时无权对此进行分割，因为继承必须发生在被继承人死亡之后。

在此我们提醒各位朋友：养儿防老的概念在很多人心里根深蒂固，殊不知，有些孩子根本指望不上。对于自己的财富一定要能独自做主，不要受他人左右，包括子女。财富规划与安排一定要做好。

延伸解读

一、物权的概念与法律特征

1. 物权是指权利人依法对特定的物享有直接支配和排他的权利，包括所有权、用益物权和担保物权。

2. 物权的法律特征主要包括：第一，物权是绝对权。物权的义务主体是权利人之外的不特定的一切人。第二，物权属于支配权。这是指物权的权利人不必依赖他人的帮助就能行使其权利，从而实现自己的利益。第三，物权是法定的，物权的设定采用法定主义。第四，物权的客体一般为物。行为、智力成果和人身利益均不能成为物权的客体。第五，物权具有优先权和追及力。物权的优先权即指存在于同一物上的物权和债权之间，物权具有优先于债权的效力。物权的追及力是指物权的标的物无论辗转流向何处，权利人均得追及于物之所在行使其权利，依法请求不法占有人返还。第六，物权的保护方法大多偏重于“物上请求权”的方法，如返还原物、排除妨碍等。

二、物权的类型

基于物权法定主义原则，各国民法都对物权做出明确的规定。依据《中华人民共和国物权法》的规定可以归纳为以下三大类。

1.所有权。

所有权是所有人在法律规定的范围内独占性地支配其所有的财产的权利。所有人可以对其所有的财产占有、使用、收益、处分，并可以排除他人违背其意志所为的干涉。

2.用益物权。

用益物权是对他人所有物在一定范围内使用、收益的权利，包括建设用地使用权、土地承包经营权、宅基地使用权、地役权等。

3.担保物权。

担保物权是为了担保债务的履行，在债务人或第三人的特定财产上设定的物权，主要有抵押权、质权、留置权。

另外，民法学上物权的分类，包括自物权与他物权、动产物权与不动产物权、主物权与从物权、所有权与限制物权。

三、物权的保护

物权的保护包括：请求确认物权，请求返还原物，请求排除妨害或消除危险，请求修理、重做、更换或者恢复原状，请求损害赔偿。

四、物权请求权与债权请求权如何区别

物权请求权，又称物上请求权，是指物权的圆满状态受到妨碍或者有被妨碍之虞时，物权人为恢复其物权圆满状态，得请求妨害人为一定行为或不为一定行为的权利。

债权请求权，是指在物权受到侵害并发生财产损害时，物权人要求行为人赔偿损失的权利，它是一种索求性、进取性的请求权。其典型的民事责任形式即赔偿损失责任。

物权请求权与债权请求权是保护物权的两种不同方法，二者的主要区别表现在以下四个方面。

1.物权请求权的实现或物权性民事责任的承担，权利人无须证明行为人主观上有过错。因为权利人仅仅要求将受到妨害的物权恢复到其完满状态，而受害人欲请求行为人损害赔偿者，则应证明其实施侵权行为时主观有过错。

2.物权请求权的实现不以行为人的行为造成受害人财产损失或其他损失为前提，而行为人承担损害赔偿责任的前提是加害人造成了受害人现有财产或非财产性损害。

3.债权请求权的行使有诉讼时效的限制，而物权请求权很难适用诉讼时效。

4.物权请求权的行使主体并不局限于物权人本身，因为物权请求权是与物密不可分的，任何对物的占有构成侵害或妨碍的，物的持有、占有者即可行使此项请求权，如租赁物的承租人对他人侵害租赁物的行为可以提起诉讼行使上述权利。因此，这是一种对物诉讼。债权性请求权的行使是以相对人为对象，且以权利人受到实际损害为前提。因此，只有受到损害者才可以侵害方为被告提起诉讼，故这是一种对人诉讼。

（以上人名均为化名）

6. 成年继子女能否继承继父母的遗产呢

案件简介

老人赵安，育有三个儿子均已成年，老伴去世后与李燕结婚安度晚年。赵安、李燕结婚十年后，赵安去世，留下婚内所购的一套房产。后赵安的三个儿子对待李燕视同生母赡养如初，三年后，李燕去世。可以说赵安的三个儿子对其生养死葬，恪尽孝道。

李燕在与赵安婚前有一养子郑宁，李燕去世后，郑宁要求继承养母李燕的全部遗产，其中包括赵安所购房屋。赵家三子不同意，郑宁起诉到法院。

法庭上，郑宁表示，两位老人结婚时，继子女已经成年，成年继子女没有继承权。

赵家三子则辩称，成年继子女对继父母只要尽到了赡养义务，成年继子女就是第一顺序法定继承人。反之养子郑宁没有对养母李燕尽到赡养义务，应当不分或者少分遗产。

【争议焦点】

成年继子女能否继承继父母的遗产?

【法院判决】

法院认为再婚家庭的继父母子女就是一家人，把有扶养义务的继子女仅仅理解为形成了抚养与被抚养关系的继父母子女关系，把成年继子女排除在外，使得成年继子女和继父母不具有一家人的法律内涵，这不利于融洽的家庭关系的养成，会产生负面的社会效果。法院根据《中华人民共和国民法典》第一千一百二十七条、第一千一百三十条、第一千一百三十一条的规定，同时考虑公序良俗，判决赵家三子享有继承权。

温馨提示

《中华人民共和国民法典》第一千一百二十七条规定，第一顺序继承人中的子女，既包括婚生子女、非婚生子女、养子女，也包括“有扶养关系的继子女”。在司法实践中，对于有扶养关系的继子女理解不一：有的认为是特指在形成继父母子女关系时未成年的子女，扶养关系特指继父母与继子女形成了抚养与被抚养的关系；有的认为是指对继父母尽到了赡养义务的继子女，包括形成继父母子女关系时已经成年的继子女。

扶养关系泛指家庭成员之间经济上的供养、生活上的照顾、精神上的关爱，即包括长辈对晚辈亲属的抚养、平辈亲属之间的扶养、晚辈对长辈亲属的赡养三种具体形态。

从法律文化和公序良俗的角度理解，如果把有扶养义务的继子女仅仅理解为形成了抚养与被抚养关系的继父母子女关系，把成年继子女排除在外，使得成年继子女和继父母不具有一家人的法律内涵，成年继子女即使对于继父母尽到了赡养义务，也只能被当成外人对待，这就使原本不好融合的再婚家庭成员之间的关系更加雪上加霜，会产生负面的社会效果，也有违公平的社会公序良俗。因此，本案中赵家三子可以继承继母李燕的遗产。

延伸解读

一、继子女有继承权吗

根据《中华人民共和国民法典》继承编的规定，法定继承人分为第一顺序继承人和第二顺序继承人。继承开始后，由第一顺序继承人继承，第二顺序继承人不继承。没有第一顺序继承人继承的，由第二顺序继承人继承。第一顺序继承人为配偶、子女、父母。第二顺序继承人为兄弟姐妹、祖父母、外祖父母。同时规定，该编所说的子女，包括婚生子女、非婚生子女、养子女和有扶养关系的继子女。

由此可知，继子女是有继承权的，但前提是继子女与继父母之间有扶养关系。

二、继子女能否继承继父母的遗产

前面已经指出，只有有扶养关系的继子女才能继承继父母的遗产。那么，什么叫有扶养关系的继子女呢？

主要应指以下情形：①继子女尚未成年，随生父母一方与继父或继母共同生活时，继父或继母对其承担了部分或全部生活教育费，或成年继子女在事实上对继父母长期进行了赡养扶助，亦视为形成了抚育关系。②继子女与继父母共同生活，继父母对继子女给予生活上的照料与抚养；或者虽未与继父母共同生活，但继父母对其承担了部分或全部生活费、教育费；或者成年继子女事实上长期赡养扶助继父母。③继父母负担了继子女全部或部分生活费和教育费；继父母与未成年继子女共同生活，对继子女进行了教育和生活上的照料，即使未负担抚养费用，也应认为形成了扶养关系。因此，符合上述情形，即可认定继子女与继父母之间有扶养关系，在此情况下，继子女才有权继承继父母的遗产。

三、再婚家庭遗产继承顺序

1. 先分割夫妻共同财产以确定遗产份额。

2. 如果没有遗嘱，由第一顺序继承人继承遗产。

第一顺序继承人的范围：前妻或前夫的子女，配偶，再婚后生育的子女，再婚后共同生活的前妻或前夫的未成年子女，父母。

同一顺序的继承人原则上平均分配遗产。

3. 同一顺序继承人不平均分配的特殊情形，包括以下四个方面。

（1）对生活有特殊困难又缺乏劳动能力的继承人，分配遗产时，应当予以照顾。

（2）对被继承人尽了主要扶养义务或者与被继承人共同生活的继承人，分配遗产时，可以多分。

（3）有扶养能力和扶养条件的继承人，不尽扶养义务的，分配遗产时，应当不分或者少分。

（4）继承人协商同意的，也可以不均等。

（以上人名均为化名）

7. 打印遗嘱的法律效力

案件简介[*]

张涛生于1919年，有两个儿子，分别为张甲和张乙。自2001年丧偶后直至病逝，张涛除随张甲生活两年外，主要由张乙负责照顾、护理。2005年后，张涛生活基本不能自理。2012年年底去世时，张涛留下的遗产为个人房产一套。该房款原由张乙支付，市价约10万元。张甲因遗产分割问题与张乙发生纠纷，诉至法院。

庭审中，原告张甲提供一份纸质打印遗嘱，遗嘱人署名为张涛，见证人署名为律师李某、陈某，注明时间为2010年3月。其主要内容为：张甲因照顾张涛失去主要经济来源，从其遗产中扣除6万元补偿张甲。原告陈述，当天他用轮椅把父亲从被告家推至打印部打印了这份遗嘱，之后一起回家，由李某、陈某到场见证父亲签字确认过程。李某作证说，到原告家时，遗嘱已打印好，陈某将遗嘱内容念给张涛听后，张涛点头表示同意后签名。此外，张涛曾于1991年自书遗嘱指定被告张乙为遗产唯一继承人。

一审法院经审理认为，2010年打印遗嘱属自书遗嘱，其内容真实且时间在后，故判决按照该打印遗嘱分割遗产。被告不服提起上诉。二审法院经审理认为，2010年打印遗嘱是代书遗嘱，但因欠缺必要要件而无效，改判按1991年的自书遗嘱分配涉案遗产。

【争议焦点】

本案中的主要争议焦点是涉案打印遗嘱的法律属性及其效力问题。在审理过程中，存在明显的争议，主要有三种观点。

第一种观点认为，本案中的打印遗嘱虽非张涛亲笔书写，但鉴于立该份遗嘱时张涛已年逾91岁，亲自书写有一定困难；书面文书经打印后由其本人签名或按手印是现代社会的惯常方式，涉案打印遗嘱经张涛签名后，应视为张涛的自书遗嘱。张涛对该打印遗嘱签字确认的过程经两名律师见证，这表明该打印遗嘱是张涛的真实意思表示。因此，涉案打印遗嘱应认定为自书遗嘱且有效，可以排除1991年在先自书遗嘱的法律效力。

第二种观点认为，关于打印遗嘱的法律属性及其类型，应当考虑《中华人民共和国民法典》继承编相关条文的立法本意，合理解释相关规定，以便适应社会的不断发展变化，最大限度地实现公平正义。从作为书面文书形成工具来看，电子打印系统与传统书写工具本质上并无二致，但在确定打印遗嘱具体类型时，还须考察遗嘱人是否对书面遗嘱的形成与固定具有控制力或主导力。

本案的打印遗嘱在《中华人民共和国民法典》继承编已经有规定，需要符合两个以上见证人在场，从表象上更符合代书遗嘱；但因欠缺关键性的形式构成要素且不能通过证据进行弥补，同时基础要件与实质要件也不能得到有效证明，所以该代书遗嘱应当被认定为无效。

第三种观点认为，本案的打印遗嘱并不属于代书遗嘱或自书遗嘱，而是法律规定的其他遗嘱。

本案中，1991年的笔书遗嘱属于法定型的自书遗嘱，其内容真实、合法，而2010年的打印遗嘱虽然在后优先，但构成要件并不完备，因此认定该打印遗嘱无效。

温馨提示

《中华人民共和国民法典》第一千一百三十六条规定，打印遗嘱应当有两个以上见证人在场见证。遗嘱人和见证人应当在遗嘱每一页签名，注明年、月、日。

遗嘱是指具有完全自由的遗嘱人在生前合法处分自己的遗产等事务，并于其死亡时发生效力的法律行为。因为遗嘱的特殊性和证明的高难度，继承法规定其必须符合基本的构成要件，即基础要件——立遗嘱时遗嘱人具有遗嘱自由，实质要件——遗嘱内容真实且合法，形式要件——遗嘱符合基本形式要求。

1.打印遗嘱的法律属性和法定类型应当通过合理的法律解释来确认。

学者与实务工作者对打印遗嘱的法律属性和类型多有争议，在为数不少的具体案件中，法律适用和裁判结果也不尽相同，甚至截然相反。“同案不同判”严重损害了司法的公正与公信。分歧的关键在于，继承法（含司法解释）规定的遗嘱书写工具是笔而非电子打印系统，且打印遗嘱存在难辨真伪或何人所书之虞。但是，1985年《中华人民共和国继承法》制定、实施时，笔是当时的主流书写工具，打印系统非普通人所奢求；而时至今日，电子打印系统取代笔而成为绝大多数人生活中不可或缺的文书制作工具。技术的突飞猛进带动社会生活的日新月异，这已超出当时立法者的预料；而继承法也没有及时修订来消除法律漏洞。随着《中华人民共和国民法典》的出台，这样的漏洞会渐渐得到填补，以实现公正目的。

首先，要式遗嘱（满足一定的形式要件）的立法目的并不排除遗嘱书写工具的变化。遗嘱的要式性主要为了保真（确保遗嘱内容真实、合法）和保全（保证遗嘱人的遗愿尽可能得到全面尊重和遵守）。其中，要式是手段，保真是中心，保全是目的，最终实现对死者人格尊严的维护。如果遗嘱内容的真实性与合法性能得到证实且具有关键性的形式构成要素，仅仅因为遗嘱书写工具不属于继承法明文规定的笔，从而认定其为非法定型遗嘱而降低其效力位阶，甚至被认定无效，这都明显与人权保护的时代精神不吻合。

其次，从制作书面文书的作用上，电子打印系统如同传统的笔，两者具有本质的一致性，都被用来将人的主观意思转化为文字并固定在特定介质上。打印或笔书遗嘱，都是为了记载、固定并保存遗嘱人的遗愿，都具备了法律规定的基本要式性。因此，将打印遗嘱比照笔书遗嘱来适用法律的相关规定，更符合当下的实际情况。

2. 2010年的打印遗嘱属于法定遗嘱类型，但其形式欠缺关键构成要素且没有得到有效弥补。

首先，非常明确的是，张涛没有能力亲自操作电子打印系统来打印遗嘱。至于当时张涛能否主导该打印遗嘱主文的形成过程，除作为最大受益人的原告本人单方陈述外，没有其他证据予以佐证；相反，当时张涛不能自主行动，也仅能以点头回应他人，表明其当时基本丧失语言表达能力，这意味着，张涛当时没有能力要求他人按照其意愿制作遗嘱。

其次，作为打印遗嘱，该打印遗嘱没有适格的见证人。打印遗嘱的关键性形式要素之一就是，两个以上见证人现场见证并由其中之一代为制作，其意义在于事后更准确地还原立遗嘱时的实际状况和具体细节。

本案中，因主导该打印遗嘱的制作与完成的人没有署名而不确定，而原告是遗嘱继承人，其不是继承法规定的适格见证人。两个署名律师，没有现场见证并主导遗嘱主文形成过程，没有见证遗嘱人对遗愿的有效表述并重新主导制作书面遗嘱，没有基于张涛的特殊情况对当时张涛的神志是否清醒以及是否具有意思表示能力进行必要的核实，说明他们没有尽到足够的注意义务，因此，他们也不是适格的见证人。没有适格见证人的打印遗嘱不具备必要的形式要件。

3. 现有证据难以证明2010年的打印遗嘱是张涛的真实意思表示。

遗嘱内容的真实与合法，是遗嘱有效的核心要件。但本案中，打印遗嘱内容的真实性没有得到必要的证明。其一，虽然张涛和两名律师对打印遗嘱进行了签名，但遗嘱人仅能点头回应，这表明当时遗嘱人不能口头表达或不能口头清晰表达自己的遗愿，该遗嘱也就不可能是根据遗嘱人自己的表述来制作的。其二，原告仅照顾张涛两年，并没有证据显示其因此而失去经济收入和来源，打印遗嘱中的内容“张甲为照顾张涛而失去主要经济来源”就颇显突兀；与被告相比，原告对张涛所尽赡养义务较少，遗嘱人放弃原来有利于被告的自书遗嘱而重新设立有利于原告的遗嘱，明显欠缺动机。据此，2010年的打印遗嘱不可能是遗嘱人的真实意思表示。

4. 2010年的打印遗嘱设立时遗嘱人是否具有遗嘱自由不能确定。

遗嘱自由包括遗嘱能力（民事行为能力、神志清醒和必要的语言表达能力）和意思表示与行为自由（不受外来不法干预）。本案中的打印遗嘱设立时，如前所述，张涛已91岁高龄，生活基本不能自理且丧失必要的语言表达能力，仅凭原告的单方陈述也不足以证明张涛的神志清醒，因此，虽然理论上张涛是完全民事行为能力人，但当时并不具备应有的遗嘱能力。

尤为重要的是，原告主导了这份打印遗嘱的整个形成过程，张涛不是通过法律认可的方式，如口头表达或简单书写等方式来与律师交流，而是仅仅对他们的询问做点头示意，这都表明当时的张涛根本不具备意思表示与行为自由所必需的身体条件和精神状态。事实上，打印遗嘱主文何时形成，如何形成，遗嘱人有无进行意思表示，其意思表示与该遗嘱内容是否一致，其意思表示和遗嘱行为是否受到胁迫，等等，都存在重大疑点。

综上，2010年的打印遗嘱不是一份合法、有效的代书遗嘱，不能排除法定型的1991年的自书遗嘱的法律效力，因此，本案应按1991年的自书遗嘱内容对张涛的遗产进行分配。

（以上人名均为化名）

8. 代书遗嘱仅按手印没签名有效吗

案件简介*

2011年，姜大爷去世前，在邻居江小燕、向大发的见证下，由同事刘娟代写了一份遗嘱。遗嘱内容为："本人姜××因年事已高，现写遗嘱如下：本人过世后将本人所有财产及房屋留给妻子丁海棠一人全权处理，与其他人无关。"姜大爷在此遗书上按了手印，同时江小燕、向大发签名。姜大爷此后不久过世。姜大爷三个子女系其前妻所生，现任妻子丁海棠于2004年与姜大爷登记结婚，无共同子女。姜大爷过世后，分割遗产时，丁海棠称按照姜大爷的遗嘱，房屋归她所有，而三个子女称遗嘱不合法，并且不是父亲真实意思表示，应按照法定继承，对遗产房屋予以分割。双方发生了分歧，协商不下，丁海堂诉至法院。

【争议焦点】

按照《中华人民共和国民法典》第一千一百三十五条规定，代书遗嘱必须由遗嘱人签名，而姜大爷并没有在遗嘱上签名，仅仅是按手印。因此，该份遗嘱是否符合法定形式要件呢？

第一种意见认为，按手印是我国民间通行做法，本案中姜大爷在遗嘱上按手印，合乎民间习俗和生活常识，因此所立代书遗嘱合法有效。

第二种意见认为，本案中姜大爷所立代书遗嘱，只有按手印没有签名，对于受过教育，能识字书写的姜大爷来说，有违常理。因此，该份代书遗嘱不符合"遗嘱人签名"的形式要件，应当认定无效。

【律师说法】

如何认定代书遗嘱是否有效？个人同意第二种意见。按照我国法律规定，遗嘱是一种要式行为，未依法律规定的方式形成，不能发生遗嘱的效力。依据《中华人民共和国民法典》继承编规定，代书遗嘱应当有两个以上见证人在场见证，由其中一人代书，并由遗嘱人、代书人和其他见证人签名，注明年、月、日。从法律设定代书遗嘱形式要件的目的来看，要求遗嘱人在代书遗嘱上签名，就是为了防止由于遗嘱内容非本人亲笔所写，出现内容与遗嘱人的真实意思表示不一致。

关于按手印，我国民间对此一直有“签字画押”的习俗，即“签字”等同“画押”。在各类民事、商事司法实践中，对“签名”或者“画押”，如果严格机械坚持要式性，就可能会违背当事人的真实意思表示。但是，在涉及“代书遗嘱”的继承案件中，被继承人已经死亡，如果没有“签名”只有“按手印”，就很难确保设立遗嘱时被继承人神志清醒、未受胁迫等影响，而只能由见证人、代书人事后加以证明，难以确认该代书遗嘱是被继承人的真实意思表示。

本案中，法院审理查明姜大爷具有高中文化，生前是坐堂中医，长期手写处方，不存在不识字或不能签名的问题。从设立遗嘱的情况看，姜大爷应该清楚代书遗嘱的形式要件。如果当时仅仅是丧失书写能力，不得不按手印代替签名，那么除非有现场录音、录像等其他充分客观的证据，佐证该代书遗嘱形成是其真实意思表示，否则该代书遗嘱应认定为无效。

实践中，被继承人设立遗嘱后，因改变了法定继承，会对各继承人所期待的利益产生较大影响。代书遗嘱作为一种遗嘱类型，必须严格符合法律规定的形式要件。对存在瑕疵的代书遗嘱，切不可随意变通做有效认定。只有这样才能更好地维护遗嘱人和继承人的利益，最大限度地减少因遗嘱产生纠纷。

延伸解读

一、代书遗嘱简介

遗嘱是遗嘱人对自己的财产或其他事项所做的处理，应当由遗嘱人自己完成。但是，遗嘱人不识字或因生病等不能书写，或者不愿意自己书写的，可以委托他人代写遗嘱。《中华人民共和国民法典》第一千一百三十五条规定，代书遗嘱应当有两个以上见证人在场见证，由其中一人代书，并由遗嘱人、代书人和其他见证人签名，注明年、月、日。

二、效力及认定

1. 法律上要求见证人须为完全民事行为能力人，须与继承遗产及遗产继承人均无利害关系。笔者认为，还有更重要的一点是至少有两个见证人须全程见证遗嘱书立过程。法律只是从实体上保证了见证人的公正性，但程序上的公正也不可忽视。实践中，在只有两个见证人的情况下，如其中一个见证人或两个见证人就个人而言未完全见证全过程，这样的代书遗嘱该如何认定？我们认为这样的代书遗嘱是无效的，因为在该情况下，在某一时间点存在一个见证人不在场的客观情况，这就不符合法律规定的应当有两个以上的见证人在场见证的要求。更为复杂一些的情况是，如有两个以上的见证人，在某一时间点上也有两个或两个以上的见证人在场，但在不同的时间点上在场的两个或两个以上见证人是不相同的，这样的代书遗嘱该如何认定？这种情况下，关键是看是否有两个或两个以上的见证人完全见证了全过程，如没有两个或两个以上的见证人见证了全过程，即使在任一时间点上都有两个或两个以上的见证人，这样的代书遗嘱也应认定无效。

2.从法律上讲代书人属见证人之一，其实体上的要求当然应符合见证人的条件。不符合见证人条件的代书人书立的代书遗嘱应属无效。

关于如何代书，法律及相关司法解释未做具体的规定。个人认为，代书应尽可能保留遗嘱人的原话，不要过多地归纳遗嘱人的意思，以免曲解遗嘱人的意思表示；另外，应尽可能采用手写，减少打字数量，如果在立遗嘱现场打字，那与手写本质上并无不同，效力自不必说。

实践中，受条件的限制，有的代书人往往在现场作代书笔录，笔录上由见证人、代书人、遗嘱人签字，然后离开现场去打字，回来再分别找见证人、代书人、遗嘱人签字，这样就存在一些问题。从法律规定可以看出，代书遗嘱全过程要形成于见证人、代书人、遗嘱人三者均在场的情况。代书笔录虽然形成于现场，但就本质而言，将来发生法律效力的不是笔录，而是打字形成的书面代书遗嘱，在这一过程中，如有任一环节存在三者不同时在场的情况且笔录内容与代书遗嘱内容有不同之处，都会使该代书遗嘱存在瑕疵，严重的会导致代书遗嘱无效。

3.日期是任何一种遗嘱都须具备的要件，没有日期的代书遗嘱因不符合法律之规定，当属无效。另外，日期是确定遗嘱效力的重要因素，尤其对某一遗产存在多份代书遗嘱的情况，日期就是确定效力的直接依据，只有有日期，代书遗嘱才是有效力的遗嘱。

4.代书遗嘱必须由遗嘱人、代书人和其他见证人签名。

实践中存在上列人员用盖私章代替签名的情况，这种情况下遗嘱的效力如何认定，是一个非常有争议的问题。

（以上人名均为化名）

9. 多份遗嘱带来的伤害：亲人变仇人

案件简介

丈夫老杨与妻子老王二人育有四个子女，两个男孩，两个女孩。丈夫老杨于2011年11月去世，妻子老王于2014年12月去世。2009年10月，夫妻双方共同立下自书遗嘱一份，内容为："我们两人都死后，我们在××室住房及室内全部财物都归小儿杨小天继承所有。"该遗嘱有老王与老杨的签字并署日期。

2012年2月，也是老杨去世的第二年，老王来到北京市某公证处立下公证遗嘱一份，内容为："我与丈夫老杨共有一套房屋，坐落在北京市××胡同××号。我曾于2009年10月与我丈夫立下遗嘱（以下简称为'原遗嘱'），其内容为，'我们死后，将坐落于北京市××胡同××号房屋（以下简称为'该房屋'）给予小儿子杨小天'。老杨同志已于2011年11月22日病故。现将原遗嘱中涉及我可支配的该房屋产权部分修改如下：在我去世后，上述房产中属于我所有的份额分别给三个大孩子共有，不给小儿子杨小天。"由于两份遗嘱内容不同，兄妹四人为此闹上法庭。

【争议焦点】

存在多份遗嘱的情况下，应按哪份遗嘱继承遗产？

【法院判决】

法院在庭审中查明，妻子老王曾在公证处立下新遗嘱。该遗嘱右下方有老王亲笔签名和印章，并写明日期2012年2月×日。兄妹四人对该份证明均认可真实性，故法院判决老杨名下位于北京市朝阳区××胡同××号房屋由四个孩子按份共有。老杨的份额按共同遗嘱办理，由杨小天一人继承，而老王的份额则按公证遗嘱办理，由另外三个孩子共同继承。

温馨提示

根据自书遗嘱和老王2012年的公证遗嘱内容可以得知，老王知晓并同意2009

年10月的遗嘱内容。该诉争房屋为老王与老杨的夫妻共同财产，双方各占房产1/2份额。现双方当事人对于2009年10月遗嘱内容由老杨书写并签署自己名字的事实均无异议，故该份遗嘱中老杨处分自己遗产的内容有效。根据《中华人民共和国民法典》继承编第一千一百二十三条规定：继承开始后，按照法定继承办理；有遗嘱的，按照遗嘱继承或者遗赠办理；有遗赠扶养协议的，按照协议办理。老杨生前留有合法有效的遗嘱，故死亡后其遗产应按遗嘱继承，即诉争房屋1/2份额由小儿子杨小天继承。

2012年2月，老王以公证遗嘱的形式变更了2009年10月遗嘱中其对该房屋的处分意见。根据《最高人民法院关于贯彻执行〈中华人民共和国继承法〉若干问题的意见》第四十二条规定："遗嘱人以不同形式立有数份内容相抵触的遗嘱，其中有公证遗嘱的，以最后所立公证遗嘱为准；没有公证遗嘱的，以最后所立的遗嘱为准。"《中华人民共和国民法典》第一千一百四十二条规定，遗嘱人可以撤回、变更自己所立的遗嘱。立遗嘱后，遗嘱人实施与遗嘱内容相反的民事法律行为的，视为对遗嘱相关内容的撤回。立有数份遗嘱，内容相抵触的，以最后的遗嘱为准。对于老王遗嘱效力的认定，很明显，老王有两份内容相冲突的遗嘱，以最后一份遗嘱为准。所以老王的份额应该由三个大孩子共同继承。

延伸解读

有人立了多份遗嘱，有的人还签订了遗赠扶养协议、赡养协议、遗赠协议等，在这些遗嘱和协议同时存在的情况下，法律是如何认定它们之间的效力的？最终会认定哪一份协议或遗嘱有效？

1.多份遗嘱存在的情况下，应当区分哪些问题？

（1）怎么确定遗嘱是否有效？

凡有不合乎法律规定的形式要件、必备因素的遗嘱都是无效遗嘱。

遗嘱的必备因素包括：①遗嘱人是否亲笔签名；②是否是真实的意思表示；③是否有合法的见证人；④遗嘱是否注明年、月、日，等等。

遗嘱的形式有：①自书遗嘱；②代书遗嘱；③公证遗嘱；④录音录像遗嘱；⑤口头遗嘱；⑥打印遗嘱。

（2）如果同时存在多份有效遗嘱，应当执行哪一份？

《中华人民共和国民法典》第一千一百四十二条规定，遗嘱人可以撤回、变更自己所立的遗嘱。立遗嘱后，遗嘱人实施与遗嘱内容相反的民事法律行为的，视为对遗嘱相关内容的撤回。立有数份遗嘱，内容相抵触的，以最后的遗嘱为准。

2. 如果遗嘱和遗赠扶养协议同时存在，应当以哪一份为准？

法律规定：遗赠扶养协议先于遗嘱和法定继承。

被继承人生前与他人订有遗赠扶养协议，同时又订有遗嘱的，继承开始后，如果遗赠扶养协议与遗嘱没有抵触，遗产分别按协议和遗嘱处理；如果有抵触，与协议抵触的遗嘱全部或部分无效。也就是遗嘱和遗赠扶养协议同时存在且内容相抵触的情况下，只能按照遗赠扶养协议继承。因为遗赠扶养协议是双务的，扶养人尽了抚养义务，就应当按照协议享受被遗赠权利。

3. 如果遗赠扶养协议和赡养协议同时存在，应当以哪一份为准？

赡养协议是不附条件的，如果有附条件的赡养协议则视为遗嘱。遗赠扶养协议的效力先于附条件的赡养协议。

4. 如果附条件的赡养协议与遗嘱的内容有冲突，应当以哪一份为准？

附条件的赡养协议与遗嘱，按照两份遗嘱处理，在后的遗嘱有效，应以后一份遗嘱为准。

5. 遗赠协议和遗嘱内容冲突时，应当以哪一份为准？

遗赠协议是以遗嘱的形式体现的，因而遗赠协议和遗嘱的效力是同等的，如果二者冲突，应当以后一份为准。

6. 遗赠协议和遗赠扶养协议内容冲突时，应当以哪一份为准？

遗赠协议是通过遗嘱的方式体现的，因而遗赠协议相当于一份遗嘱，遗嘱的效力低于遗赠扶养协议，如果二者内容相抵触，应当以遗赠扶养协议先于遗赠协议继承。

7. 遗赠协议和赡养协议同时存在且内容相互抵触时，应当以哪一份为准？

遗赠协议与赡养协议同时存在时，分为两种情况。

（1）遗赠协议与附条件的赡养协议同时存在时，按照两份遗嘱处理，效力相同，应以时间最后的一份协议为准。

（2）遗赠协议与不附条件的赡养协议同时存在时，应当以时间最后的一份协议为准。

继承案件中遗嘱以及遗赠扶养协议、遗赠协议、赡养协议虽说很简单，但在实际案件中涉及的问题还是很复杂的，要是有一个细节抓不住就很可能会造成很大的损失。对于遗嘱和协议的效力以及最终法律如何确认执行哪一份遗嘱或协议都有明确的法律规定，而不是想当然地认为自己手中的遗嘱或协议就是一定有效的。

（以上人名均为化名）

10. 儿未尽孝，父将房赠邻居

案件简介

八旬老人虽有儿子，却孑然独居50余年，生活多为邻居照顾。为表谢意，老人生前留下口头遗嘱：将自己的房产遗赠给邻居的儿子，并有两个见证人作证。老人去世后，儿子前来要求继承老人房产。这套房产究竟该判给谁？近日，某人民法院开庭审理了这起遗产继承纠纷案。在街坊邻居的眼里，80多岁的老王一直孤身一人。其实，他有儿子，60多年前，老王在四川成了亲，并有了儿子小王。1958年，老王因招工只身来到北京。1966年，老王在原籍与妻子办理了离婚手续，从此再未回过原籍，也没有任何联系。从此以后，老王一直独自生活。

在此期间，老王遇到了对门热心的邻居老张夫妇，多年来，他们像亲人一样无微不至地关照老王的生活，为表达谢意，老王多次口头表示，愿将名下的房产遗赠给老张夫妇之子小张。

2013年4月，老王患重病时，和处在远方的儿子取得了联系，儿子小王探望后就离开了。2018年，老王临终时，找来了护士医生作为见证人，立下口头遗嘱，将自己所有财产都留给邻居小张。直到老王去世，儿子小王才赶到北京，提出要继承父亲的遗产。

一边是亲子，一边是邻居。老王的遗产究竟该由谁来继承？社区多次调解无果后，老张夫妇以儿子小张的法定代理人身份，一纸诉状将老王的儿子小王起诉到法院。

【争议焦点】

庭审中，老张夫妇当庭举证证实了被继承人老王在病重期间立下口头遗嘱，并有两个以上见证人。老张夫妇认为，老王的口头遗嘱符合遗赠的条件，小张也表示愿接受遗赠。小王则认为，老张一家虽然在父亲的日常生活上给予了照顾，但是并没有常年贴身照顾老王，老张一家和父亲没有亲属关系，无权继承老王的房产。

【法院判决】

针对这起案件，法院审理认为，遗赠属于无偿的民事行为，小王提出老张一家无权继承的意见，没有法律依据。老王的房产由老张夫妇的儿子小张继承；老王的银行几万元存款由小王继承。

温馨提示

该案是一起典型的遗赠、遗嘱继承或法定继承竞合的案件。本案，被继承人老王生前在生命危急的情况下，无法采取其他形式订立遗嘱时，曾立下口头遗嘱，将自己的房产遗赠与法定继承人之外的邻居老张夫妇之子，有两个以上见证人在场见证，符合遗赠的条件。后来老王的身体健康急剧恶化，未来得及立下书面遗嘱便撒手人寰。

《中华人民共和国民法典》第一千一百三十八条规定，遗嘱人在危急情况下，可以立口头遗嘱。口头遗嘱应当有两个以上见证人在场见证。危急情况消除后，遗嘱人能够以书面或者录音录像形式立遗嘱的，所立的口头遗嘱无效。根据以上法律规定，法院认为，老王所立的口头遗嘱合法有效，因此做出以上判决。

延伸解读*

口头遗嘱是遗嘱人在危急情况下立下的遗嘱，有效的口头遗嘱应具备一定的条件。那么，口头遗嘱的有效条件有哪些？订立口头遗嘱的程序是什么？口头遗嘱的效力怎样？

一、口头遗嘱的有效条件

立口头遗嘱须具备一定的条件。

首先，遗嘱人有生命垂危或其他危急的情况。如在正常情形下，遗嘱人不得以口头遗嘱的形式处分其财产。

其次，因该危急情形，遗嘱人无法以书面遗嘱等形式订立遗嘱。凡遗嘱人能在该情形下，以自书、代书、公证等方式订立遗嘱的，不得口头遗嘱。

最后，须有两个以上的见证人在场，其目的在于保证口头遗嘱的真实性。

二、口头遗嘱的程序

遗嘱人在生命垂危等危急情形下，找到两个以上的见证人在场，由遗嘱人口述遗嘱内容。见证人可做记录，但记录内容因危急情形，遗嘱人无法修改、更正。见证人也可不做记录，以见证人记忆的为准。

三、口头遗嘱的效力和需要注意的问题

口头遗嘱是指遗嘱人在危急情况下，以口述形式所立的遗嘱。由于口头遗嘱是以口述形式来确定遗嘱人的意思表示，而非书面形式，且具有紧急性，在司法实践中较易产生纠纷，在对其效力的认定上也存在一些争议，所以有必要对口头遗嘱的效力及认定进行探讨。根据《中华人民共和国民法典》第一千一百三十八条规定，遗嘱人在危急情况下，可以立口头遗嘱。口头遗嘱应当有两个以上见证人在场见证。危急情况消除后，遗嘱人能够以书面或者录音录像形式立遗嘱的，所立的口头遗嘱无效。由上述规定可以看出，有效的口头遗嘱应当具备以下几个要件：

1. 遗嘱人必须是处在情况危急时刻；

2. 遗嘱人立遗嘱时必须具有民事行为能力；

3. 应当有两个以上的见证人在场见证；

4. 遗嘱人要以口述形式表示其处理遗产的真实意思。

上述四个要件缺一不可，不具备该四个要件的口头遗嘱当属无效遗嘱。在司法实践中，对口头遗嘱效力的认定要从口头遗嘱的四个要件上进行分析认定。

首先，法律规定的口头遗嘱只能是在危急情况下的应急措施，以危急情况为其适用要件，不是任何场合都可以使用的立遗嘱的方式。由于遗嘱继承是公民依法处理其私有财产的一种重要方式，是一种要式单方民事法律行为。主要有以下几种情况：

1. 遗嘱人因病危濒临死亡时，在病榻上所立的口头遗嘱；

2. 因自然灾害致使遗嘱人处于生命危险时，在遇难现场所立的口头遗嘱；

3. 在战争中遗嘱人身负重伤，生命垂危时，在战场上所立的口头遗嘱；

4. 遗嘱人遭遇不法侵害，生命垂危时，在遇害现场所立的口头遗嘱。

（以上人名均为化名）

11. 房屋被其他继承人私自卖给第三人怎么办

案件简介

被告张大朋与原告张明系父子关系。张大朋与王小文（已故）系夫妻关系，二人有夫妻共同房产一处登记在被告张大朋名下，在王小文去世后，该房屋未进行继承的情况下，被张大朋私自卖给其同事李爽。后张明得知此事后，找到张大朋协商未果，便将张大朋与李爽共同诉至法院，请求确认双方之间的买卖合同无效。

【争议焦点】

张大朋是否有权出售房屋？李爽是否为善意第三人？

【法院判决】

本案原告要求确认无效行为之合同系房屋买卖合同。被告张大朋在没有通知原告张明的情况下，私自将房屋以30万元的价格出卖给了被告李爽，原告得知此事后及时主张权利。因该房屋是王小文与张大朋的夫妻共同财产，王小文去世后，作为配偶的张大朋与作为儿子的张明都有权继承该房屋，被告张大朋在未通知原告张明的情况下，私自将房屋出卖，侵犯了原告的合法权益。双方对房屋没有进行分割的情形，应视为继承人尚未对该遗产进行分割，原告亦未书面或者口头放弃继承权，在没有依法排除原告继承权利的情况下，该房屋应为原告张明、被告张大朋共有。

被告张大朋并未对该房屋享有全部所有权和处分权，事后共有人又未对其处分行为进行追认，被告李爽系张大朋同事，应当知道王小文去世后还有除被告张大朋之外的继承人，但其在没有得到原告签字同意的情况下即与被告张大朋达成购房协议，故被告张大朋与被告李爽房屋买卖合同违反相关法律规定，本院对原告要求确认被告张大朋与被告李爽房屋买卖行为无效的诉讼请求予以支持。

温馨提示

继承恢复请求权是继承人享有的，当其继承权受到侵害时可以直接向侵权人提出恢复继承权原状、返还遗产、赔偿损失或请求法院给予法律保护的权利。

法律赋予继承人该项权利，其目的在于完整、充分地保证继承人行使其享有的继承权，制裁侵害继承权的违法行为，维护正常的财产继承秩序。《中华人民共和国民法典》，对继承人的继承权给予了明确的保护。本案张明得知权利被侵犯后及时行使自己的权利，通过诉讼途径维护了自己的合法权益。

本案被告张大朋无视其他继承人的权利，擅自将共有财产单独处分，属于无权处分的行为。原告李爽在本案中不属于善意第三人的条件，不能取得该房屋所有权，故张明的诉讼请求可以获得法院的支持。

延伸解读

未经其他继承人同意或者未与其他继承人协商，某些继承人私自处理遗产怎么办？这样的行为，无疑是对其他继承人利益的损害，对于其他继承人来讲，此时又该怎样来维权呢？

一、继承人私自处理遗产怎么办

首先，要弄清楚被继承人有没有留下遗嘱。如果被继承人生前立有遗嘱，而且遗嘱内容又是指定由这一继承人继承全部遗产，并且遗嘱符合法定条件，那么，该继承人继承遗产就是无可非议的，其他继承人不应持有异议，也不得与之争夺遗产；但是，该继承人私自处理遗产的行为违反了继承法的规定，因为遗嘱在立遗嘱人死亡后，应当向所有当事人公开，必须使全体继承人知道其内容并交由他们审查。

其次，如果遗嘱中并未指定由某人继承全部遗产，而该继承人却私自处理了遗产，那么该人就构成了民事侵权，其他继承人可以起诉，请求保护合法权益。

最后，如果被继承人生前并未留下遗嘱，或者虽立有遗嘱，但遗嘱无效，则应按法定继承对遗产进行处理。在这种情况下，遗产理所当然属于全体法定继承人，为共有财产。对遗产的处理，除法律另有规定或当事人另有约定的以外，必须取得全体共有人的同意。个别继承人私自处理遗产的行为，是对其他继承人权益的侵犯。其他继承人可以起诉，请求法院责令侵权人停止侵害，退还遗产，恢复原状或赔偿损失。然后，共有人再根据法律的有关规定，分割遗产。

二、继承人不履行义务怎么办

《最高人民法院关于贯彻执行〈中华人民共和国继承法〉若干问题的意见》第四十三条规定：附义务的遗嘱继承或遗赠，如义务能够履行，而继承人、受遗赠人无正当理由不履行，经受益人或其他继承人请求，人民法院可以取消他接受附义务那部分遗产的权利，由提出请示的继承人或受益人负责按遗嘱人的意愿履行义务，接受遗产。

也就是说，对于不履行遗嘱义务的遗嘱继承人或受遗赠人，有关单位和个人可以请求人民法院取消其接受遗产的权利，并且愿意履行义务的，可接受遗产。其中的有关单位是指被继承人的工作单位，遗嘱继承人或受遗赠人的单位和国家有关机关、社会团体等。个人包括被继承人的亲属、遗产执行人、遗产管理人、法定继承人、遗嘱继承人、受遗赠人、履行义务的受益人，以及其他利害关系人。应注意，按法律规定，除由人民法院经过法定的程序外，任何组织、单位及个人无权随意取消遗嘱继承人或受遗赠人接受遗产的权利。

三、未经协商，个别继承人私自处理了遗产怎么办

在遗产继承问题上，有时遇到未经合法继承人协商一致，个别继承人就擅自处理了遗产。对于这种情况，其他继承人应首先搞清被继承人是否立有遗嘱。遗嘱是被继承人单方的法律行为，不必经过继承人的同意。遗嘱不论采取书面或口授形式，只要经审查，确实真实、合法，又不违背我国的政策法律，没有剥夺未成年人或丧失劳动能力的法定继承人的继承权的，均应承认其有效。如果被继承人在遗嘱中决意将遗产给某一继承人，那么继承人继承遗产即合法的。在这种情况下，该继承人也应向其他继承人说明事实真相，并在遗嘱得以确认后再继承或处理遗产，以免发生误会和纠纷。

如果继承人没有遗嘱，或经审查遗嘱是不真实、不合法的，则应按照法定继承的原则处理。在这种情况下，个别继承人事先不与其他继承人协商，就独占或擅自处理了遗产的行为是违法的。独占或擅自处理者应将遗产或处理遗产所得的全部款物拿出来，按照法律规定，本着团结互让的精神，与其他继承人协商解决。协商不成，或独占遗产的人拒不拿出遗产时，其他继承人有权向人民法院起诉。

（以上人名均为化名）

12. 房屋登记在子女名下，风险知多少

案件简介

张小明在未成年时，其父母即以其名义购置了房产，后张小明成年后恋爱，为了表示自己的爱意，瞒着父母将房产加上了恋人王倩的名字。就在二人满心欢喜准备结婚时，不曾想张小明出了车祸。张小明的父母在处理孩子名下这套房屋时，王倩拿出公证书、房产证，主张房屋自己享有50%的份额。张小明的父母则无论如何不能接受，他们表示，该房屋是自己出资购买，是老两口的房屋，不是张小明想给谁就可以给的，得经过自己同意才行。看老两口怎么也不同意自己的诉求，于是王倩诉到了法院。

【争议焦点】

父母出资购房登记在子女名下，子女却瞒着父母偷加上恋人的名字，子女去世后该房屋如何继承？

【法院判决】

法院认为，目前房屋的份额，与公证书、房屋所有权证书相吻合，能证明王倩确有50%的份额，王倩要求张小明的父母要继承遗产，应先分割出自己的份额，该诉求符合《中华人民共和国民法典》继承编，应予以支持。

张小明的父母听闻此消息后，深受打击，悔不当初。

温馨提示

在此提醒各位父母，房子放到未成年的孩子名下，有诸多法律风险，还请父母注意。首先，房本是孩子的，父母不能随意处置房屋。如果确需处理，一定要有证据证明是为了抚养子女所必需才行，而且还要办理相应的公证手续。其次，父母想再收回房屋困难重重，且无法控制子女成年后擅自处分房产。实践中已有不少子女成年后将房屋出卖或者赠与他人的情况发生。

延伸解读

现如今一些家长为了子女着想将房产直接登记在未成年子女名下，在父母看来“娃娃房”的好处很多：可以规避税费，规避家庭破产风险，提前为孩子准备婚前财产，等等。不过我们有必要提醒这些“用心良苦”的家长们，你们只想到了“娃娃房”的利，却没意识到它的弊。

把房产登记在子女的名下有什么好处呢？

1. 把房子直接登记在未成年子女名下，既方便又省钱，还能减少税费，相比赠与、继承等能省下数万元过户税费，还不用担心将来会征收遗产税。

2. 房子可以作为婚前财产，不用担心子女离婚时房子遭分割。提前为孩子购置房产，一方面为孩子将来结婚做准备，另一方面根据目前的婚姻法，夫妻一方婚前的房产婚后属于个人财产，其配偶无权分割。

3. 规避家庭破产风险，为自己和孩子都留条后路。有些家长从事风险性商业经营活动，以孩子的名义购置房产，一方面可以给子女提供一定的经济保障；另一方面，如果家长面临生意失败、资不抵债等风险，还能为自己和孩子都留条后路。

4. 夫妻双方出现感情危机，从保护子女权益出发，把房产登记在子女名下。正所谓家家有本难念的经，一些家庭中夫妻之间产生矛盾时往往互不相让，谁也不愿在财产上吃亏，此时有些夫妻会共同出于对子女的爱护，协商将房产登记在子女名下。

房产登记在子女名下还有以下风险。

1. 房屋出售或转让不方便。

出于对未成年人合法权益的保护，即便是父母也不可以随便出售子女名下的房产。国家保护未成年人合法收入、储蓄、房屋和其他合法财产的所有权。禁止任何组织或个人侵占、哄抢、破坏或者非法查封、扣押、冻结、没收。

按照正常程序，子女名下的房产，要等到子女年满十八岁之后，经过其同意，父母才可以出售其名下的房产。如果子女未满十八岁，父母想出售子女名下房产的话，则需要首先取得所有监护人的签名文件，确认其监护人资格后，还需要签保证书，确保出售子女名下的房产是为了子女的利益。此外，子女名下的房产抵押也比较麻烦。

2. 房子可能被孩子配偶继承。

如果孩子在婚后不幸去世，根据《中华人民共和国民法典》继承编规定，其配偶、孩子和父母同为第一顺序继承人，都有权继承逝者的所有财产，包括婚前财产。这意味着就算房子是孩子的婚前财产，但是根据继承顺序的规定，其配偶也一样有权继承。

3. 离婚了，孩子的房子不能被分割。

夫妻离婚分财产，如果房子的所有权是孩子的，那么它就不属于夫妻婚姻存续期间内的共同财产。夫妻离婚时，如果孩子没成年，那谁有孩子的监护权，谁就负责管理孩子的财产。

4. 以后子女不尽赡养父母的义务，房子也不能被收回。

父母出资购房，把房产登记在子女名下，就意味着父母把这套房赠与了子女，只有子女才对这套房子拥有所有权。

《中华人民共和国民法典》物权编对房屋的产权做了明确的保护。假如父母年老之后，子女不尽赡养父母的义务，就算父母想收回房子，也会遇到很大的法律障碍。

（以上人名均为化名）

13. 放弃房屋继承权后又反悔了怎么办

案件简介

张先生父母已去世，没有留下遗嘱，老两口留下产权房一处，位于朝阳区团结湖附近。张先生共有兄妹三人，其中张先生的姐姐在外地工作，对父母照顾较少，便以书面的形式对其他继承人声明：自己放弃继承遗产。张先生与其弟弟共同分割了父母的遗产，由张先生继承该房屋，张先生给付弟弟相应的折价款，目前该房屋已经完成继承过户。

张先生的姐夫得知其妻子放弃继承后，明确表示不愿意，终日对其冷言相对。一边是自己的兄弟，一边是自己的丈夫，张先生的姐姐感到很无奈，于是在丈夫的压力下，只好诉讼至法院，希望能要回房屋中属于自己的份额。

【争议焦点】

当事人放弃继承权后能否反悔？张先生的姐姐能否重新继承父母遗产？

【法院判决】

法院认为原告签署放弃继承声明系原告真实意思表示，不存在法定无效以及可撤销的情形，且目前遗产已分割完毕，原告应当对自己的行为产生的法律后果负责，故驳回原告的诉讼请求。

温馨提示

财产继承权是公民的一项重要的民事权利，既可以行使这种权利，以接受其应当继承的遗产，也可以放弃这一权利。放弃遗产又称放弃继承，或继承权的放弃。继承权的放弃发生在继承开始后、遗产分割前，继承人以明示的方式不接受被继承遗产的意思表示。

此案涉及继承人放弃继承权后又反悔的法律问题。放弃继承是一种单方的法律行为，不需要征得他人的同意。由于放弃继承意味着继承人不能继承被继承人的遗产，同时也意味着继承人对被继承人依法应当缴纳的税款、债务不负偿还责任，因此，放弃继承与继承人的利益密切相关，所以法律对放弃继承有明确的规定。

一般情况下，继承人对放弃继承后又反悔的，一般是不予承认的。《最高人民法院关于贯彻执行〈中华人民共和国继承法〉若干问题的意见》第五十条规定："遗产处理前或在诉讼进行中，继承人对放弃继承反悔的，由人民法院根据其提出的具体理由，决定是否承认。遗产处理后，继承人对放弃继承反悔的，不予承认。"

由此可见，继承人如果想重新取得继承权，在其他继承人有异议的情况下，必须由人民法院来决定是否可以恢复继承权。人民法院会根据放弃继承权的继承人提出的恢复理由重新进行认定，非经法院认定程序，继承人不能自行恢复。恢复继承权的意思表示必须在遗产处理之前提出，如果遗产已经分割处理完毕，成为各继承人的个人财产，法律明确规定是不予承认的。

本案中，张先生的姐姐以书面形式放弃了继承权，其行为有效，若反悔放弃了继承权，应当在遗产处理之前提出。本案中涉及的遗产已经由其他法定继承人分割，所以，张先生的姐姐要求重新继承父亲的遗产是不可以的。

延伸解读

现实中，有的继承人为争夺遗产而大打出手，然而也有继承人选择放弃遗产继承的权利。

1.放弃继承权需要公证吗?

放弃继承权声明书公证，是指公证处依法证明继承人放弃自己享有的继承他人遗产权利的意思表示真实、合法的活动。

《中华人民共和国民法典》继承编第一千一百二十四条规定，继承开始后，继承人放弃继承的，应当在遗产处理前，以书面形式做出放弃继承的表示；没有表示的，视为接受继承。受遗赠人应当在知道受遗赠后六十日内，做出接受或者放弃受遗赠的表示；到期没有表示的，视为放弃受遗赠。因而，法律虽然允许公民自愿放弃自己的继承权，但放弃继承权应当依法做出明确的意思表示。

一般来说，放弃继承只要书面意思表示即可，没有强制做公证放弃继承，但是法律另有规定的除外。

放弃继承权声明书公证，应当由其住所地或行为发生地的公证处管辖。当事人应当亲自办理，不得委托他人。

办理放弃继承权声明书公证，当事人应当提交以下材料:

(1)当事人的身份证明，如居民身份证、户口簿等；

(2)被继承人的死亡证明；

(3)当事人享有继承权的证明，例如本人与被继承人关系的证明、被继承人的遗嘱等；

(4)本人签字的放弃继承权声明书；

(5)公证员认为需要的其他材料。

2.放弃继承权公证后反悔能否撤销?

放弃继承权公证后一般不能撤销。因为办理该公证时，放弃继承权是当事人的真实意思表示，公证书没有错误，不具备撤销公证书的理由。

根据《中华人民共和国公证法》第三十九条的规定，当事人、公证事项的利害关系人认为公证书有错误的，可以向出具该公证书的公证机构提出复查。公证书的内容违法或者与事实不符的，公证机构应当撤销该公证书并予以公告，该公证书自始无效；公证书有其他错误的，公证机构应当予以更正。

经过以上介绍，我们知道继承人自愿放弃继承权的，一般是需要以书面形式做出的，此时办理公证也仅仅是为了能够加强协议书的法律效力，但并不影响该协议的生效。

（以上人名均为化名）

14. 非法定继承人能分得遗产吗

案件简介

彭华与何志系夫妻，婚后生育一女何月，购买一处房产，登记在二人名下，系夫妻共同共有。

后何月结婚生育一子名为梁俊毅，梁俊毅与陈晓梦是夫妻关系。

2008年，何志死亡，梁俊毅将外婆请到自己家居住，从此彭华便与梁俊毅、陈晓梦共同居住生活。梁俊毅、陈晓梦亦对彭华履行了相应的赡养义务。

十年后，也就是2018年12月，梁俊毅与陈晓梦离婚，但是彭华继续与陈晓梦共同居住生活。

2019年8月1日，彭华向公证处申请办理遗嘱公证。公证处派出公证员到家中为彭华代书遗嘱，并办理了遗嘱公证书。该遗嘱的主要内容是：由陈晓梦继承彭华所拥有的××房屋产权的一半和继承何志遗留房产的份额，并负责办理其后事。

2019年12月8日，彭华去世后，陈晓梦在履行安葬义务时遭到何月的拒绝，最终丧葬事宜由何月主持。之后，陈晓梦在收到公证处送达的遗嘱公证书后并未在六十日内做出明确的接受与否的意思表示。

何月以彭华订立遗嘱时不具备立遗嘱的能力，该遗嘱属遗赠扶养协议，但因无陈晓梦的签字而不能生效，陈晓梦在收到公证书后未在六十日内明确表示是否接受赠与，应视为放弃遗赠为由，提起诉讼，请求确认彭华所立的遗嘱无效，彭华名下的房产由何月继承。

陈晓梦辩称，彭华所立遗嘱中明确表示由本人继承其全部遗产，故何月不享有继承权。同时，何月在具备赡养能力和条件的情况下，不履行对彭华的赡养义务，故在分配遗产时对其应当不分或少分；而自己赡养老人11年，应该分得相应的遗产。请求确认公证遗嘱有效，驳回何月的诉讼请求。

【争议焦点】

被继承人死亡前订立遗嘱指定受遗赠人继承房产，被继承人死亡后，受遗赠人未在法定期间内做出接受遗赠的表示，能否推定受遗赠人放弃继承权。

【法院判决】

法院认为，公民立遗嘱处分个人财产，既可以在法定继承人之内指定遗嘱继承人，也可以将财产遗赠与法定继承人以外的人。何志生前与彭华共有的房产，结合陈晓梦连续扶养彭华11年的事实，根据《中华人民共和国民法典》继承编第一千一百三十一条规定，对继承人以外的依靠被继承人扶养的人，或者继承人以外的对被继承人扶养较多的人，可以分给适当的遗产。据此，虽不属于法定继承人，但对被继承人扶养较多的人，亦可适当分得遗产。判决何月继承该房屋70%的产权份额，陈晓梦继承30%的产权份额。宣判后，双方当事人均未提起上诉，判决已发生法律效力。

温馨提示

遗嘱人在死亡前，有权订立遗嘱对其生前个人财产进行处分，只要基于遗嘱人的真实意思表示，处分的个人财产合法，且遗嘱在形式上符合要求即具有法律效力。据此，遗嘱人可以订立遗嘱将个人财产指定由部分或者全部法定继承人继承，亦可以将财产赠给国家、集体或者法定继承人以外的人，该种处理遗产的方式属于遗赠。受遗赠人在遗嘱人生前做出明确赠与的表示后，即有权继承其财产。《中华人民共和国民法典》继承编第一千一百二十四条规定，受遗赠人应当在知道受遗赠后六十日内，做出接受或者放弃受遗赠的表示；到期没有表示的，视为放弃受遗赠。根据该规定，受遗赠人欲继承遗嘱人遗产时，必须在法定期间内做出明确的意思表示，否则即推定其已放弃继承权，仍需按照法定继承进行财产分割。被继承人生前曾订立遗嘱，且对该遗嘱进行公证，遗嘱明确载明因受遗赠人在其生前对其尽了主要扶养义务，故其死亡后全部财产均归受遗赠人。被继承人死亡后，受遗赠人在收到遗嘱公证书时，即已经知道遗赠事实，但其却未在六十日内做出是否接受或者放弃遗赠的意思表示。据此，应视为受遗赠人放弃接受遗赠，被继承人遗产应按照法定继承进行处理。

被继承人生前未订立遗嘱的，应当按照法律的规定，直接确定继承人的范围、继承顺序、遗产分配原则、继承份额，该种方式即指法定继承。因法定继承并非被继承人直接做出的意思表示，故法定继承必须以一定的人身关系为前提，即继承人和被继承人之间必须具有婚姻、血缘关系等身份关系。法定继承人在无丧失继承权的法定情形下，依法享有继承权。同时，根据《中华人民共和国民法典》继承编第一千一百三十一条规定，对继承人以外的依靠被继承人扶养的人，或者继承人以外的对被继承人扶养较多的人，可以分给适当的遗产。据此，虽不属于法定继承人，但对被继承人扶养较多的人，亦可适当分得遗产。被继承人生前订立的遗嘱因受遗赠人未在法定期间内做出表示而无效。此时，被继承人的遗产应按法定继承处理。被继承人子女作为被继承人的法定第一顺序继承人，且无丧失继承权之法定情形，其可对被继承人所留遗产依法享有继承权。但上述继承人作为有扶养能力且有扶养条件而未尽到主要扶养义务的，应当少分得被继承人的遗产。同时，第三人虽然并非法定继承人，但在被继承人生前已对被继承人尽到主要扶养义务的，其可以分得适当遗产。

（以上人名均为化名）

15. 夫去世，妻告公婆讨房产

案件简介

2000年，20岁的李军大学毕业后，被分配到某地的一所中学当老师。李军的父母李建和刘娟很欣慰，并催促李军找对象成家。“结婚得有婚房啊！”李军和父母商量后，决定先购置一套婚房。2002年5月，李军看中了一套95平方米的商品房，房子还配有一间车库，总房价为75万余元。李军和开发商签订了《房屋销售合同》。同年6月，李军办理了个人住房抵押，贷款30 000元。

后李军经人介绍认识了王小孟，两人相恋。2004年10月，李军和王小孟步入了婚姻的殿堂。第二年，可爱的儿子小李出生了。到2007年，李军还清了住房贷款本息。夫妻俩也算卸去了一个沉重的负担。

事实上，李军购买的这套商品房，和妻子王小孟居住的时间并不长。婚后，李军的父母也和他们一起共同住到这个房屋里。之后，李军觉得不方便，便与王小孟二人住到了单位的公房，这套商品房则一直由李军的父母居住。

2018年9月的一天，王小孟收到噩耗，李军因为车祸不幸身亡。留下妻子王小孟和年幼的儿子小李。悲痛过后，现实的财产分配问题让王小孟和公婆关系愈发紧张起来。

王小孟曾多次要求对李军名下的房屋进行分割，可是公婆总是不同意，还表示这套商品房是他们当初以儿子的名义购买的，购房款也是他们出资的，觉得这房子根本和王小孟没有什么关系，所以一直拒绝分割。万般无奈之下，王小孟提起了诉讼。

【争议焦点】

老人是否出资，房屋所有权到底归谁?

因买房后近10年儿子出事，当初购买的那套房子的价格也翻了几番，双方对于房屋现价的认定也无法达成一致。在诉讼过程中，根据王小孟的申请，法院依法委托土地评估公司对房屋价值进行了司法鉴定。经鉴定，该房屋价值（不包括室内装潢、装饰）为450余万元。

在法庭上，双方就涉案房屋是属于李军与王小孟共同所有，还是属于李军与其父母共同所有展开了激烈的争论。

王小孟认为，虽然房产证上只有李军一个人的名字，可婚后是她和李军共同偿还银行贷款的。李军的父母则表示，是他们出资给李军买的房屋，所以，这个房子他们老两口也有份。为此老两口提交了个人贷款还款凭证及现金缴款单原件等证据，证明该房屋的贷款均是他们共同缴纳。

法院认为，因为证据上交款单位均为李军，在无其他证据证明的情况下，应认定为李军出资缴纳。两位被告仅凭持有该证据，并不能充分证明房屋贷款为二被告出资缴纳。《中华人民共和国民法典》物权编对不动产的权属做出明确规定，不动产权属证书是权利人享有该不动产物权的证明。除非有相反的证据足以推翻该证明。本案中，二被告未能提供充分证据推翻该证明，不能证明二被告为该房屋的共同出资人。

【法院判决】

法院认为，原告王小孟能够享有原告主体资格要求分割被继承人婚前个人的财产。本案中，因房屋取得时间在王小孟与李军结婚登记时间之前，在原告与李军婚姻关系存续期间，李军偿还房屋贷款部分本息X万元，对此部分，应从该房产价款中先予以分出Y万元给原告王小孟，剩余部分作为李军遗产进行分割。

《中华人民共和国民法典》继承编同时规定，继承开始后，对被继承人的遗产按照法定继承办理；同一顺序继承人继承遗产的份额，一般应当均等。原告与两被告均为被继承人的第一顺序继承人，均享有继承权。

本案中继承人共有四人，李军的儿子小李，李军的配偶王小孟，以及李军的父母，份额应该均等。考虑两被告现实居住情况，将涉案房屋由二被告共同继承，被告给付原告相应的折价款为宜。

据此，依照《中华人民共和国民法典》继承编和《中华人民共和国民事诉讼法》相关规定，判决：在被继承人李军名下某房屋产权由被告李建、刘娟所有；被告李建、刘娟分别给付原告王小孟以及小李上述房屋补偿款N万元。判决后，原被告双方均未提出上诉。

延伸解读

1. 对于夫妻有一方在婚前购买了房屋，之后因离婚或死亡等原因发生的财产纠纷，该如何处理？

《最高人民法院关于〈中华人民共和国婚姻法〉若干问题的解释（三）》第十条的规定，夫妻一方婚前签订不动产买卖合同，以个人财产支付首付款并在银行贷款，婚后用夫妻共同财产还贷，不动产登记于首付款支付方名下的，离婚时该不动产由双方协议处理。

依前款规定不能达成协议的，人民法院可以判决该不动产归产权登记一方，尚未归还的贷款为产权登记一方的个人债务。双方婚后共同还贷支付的款项及其相对应财产增值部分，离婚时应根据原《中华人民共和国婚姻法》第三十九条第一款规定的原则，由产权登记一方对另一方进行补偿。

2. 房屋通常在财产继承、分割中作为一个大项，请问在诉讼过程中，对不动产如何进行分割？

无论是法律规定还是司法实践都给了较好的处理，基本原则如下：①分割房屋应最大限度地保护房屋的整体性，尽最大可能不损害房屋现有的价值；②采取一人独有，再给他人金钱或其他方式的补偿；③采取大家共有的方式；④大家竞买的方式；⑤出售该房，大家分得价款的方式。

3.本案还涉及遗产继承问题，请问继承的顺序是什么？

《中华人民共和国民法典》继承编规定了遗嘱继承优先于法定继承的原则。如果死者生前未留下合法有效的遗嘱，那么他的遗产就应该按法定继承来处理。被继承人第一顺序的法定继承人有：配偶、子女、父母。第二顺序：兄弟姐妹、祖父母、外祖父母。继承开始后，由第一顺序继承人继承，第二顺序继承人不继承；没有第一顺序继承人继承的，由第二顺序继承人继承。

（以上人名均为化名）

16. 父母过世已满三年，儿子能否继承遗产

案件简介

黄先生与刘女士是夫妻关系，共生育有两名子女。2015年，黄先生与刘女士先后病故，留下一栋房屋，该房一直由黄先生的大儿子占用。2018年，黄先生的小儿子起诉至法院，要求继承遗产。庭审中，黄先生的大儿子表示，本案早已超过诉讼时效。

【争议焦点】

小儿子的起诉是否超过诉讼时效？

案件审理过程中，关于黄先生小儿子的起诉是否超过诉讼时效问题，产生两种意见。

第一种意见认为，黄先生小儿子的起诉已超过诉讼时效，对其诉讼请求不能予以支持。依据我国原《中华人民共和国继承法》的规定，继承权纠纷提起诉讼的期限为两年（后《中华人民共和国民法总则》《中华人民共和国民法典》将一般诉讼修改为三年），诉讼时效期间自继承人知道或者应当知道其权利被侵犯之日起计算。

本案中，黄先生与刘女士已于2015年去世，所留房屋一直由黄先生的大儿子占有、使用，而黄先生的小儿子也知道该事实但并未提出异议，至其起诉时已明

显超出诉讼时效，又无诉讼时效中止、中断等情形，所以，法院对其诉讼请求不能予以支持。

第二种意见认为，本案不能适用诉讼时效的规定。遗产未分割前处于共有状态，在共有关系存续期间，共有人随时可以提出分割共有物的请求，所以本案不能适用诉讼时效的规定。

温馨提示

最高人民法院司法解释规定，继承的诉讼时效按原《中华人民共和国继承法》的规定执行；但继承开始后，继承人未明确表示放弃继承的，视为接受继承，遗产未分割的，视为共同共有。可见，遗产未被分割前的法律属性为共同共有。

共同共有指两个以上民事主体，基于共同关系而对一物共享所有权，其特点是强调主体的复合性和客体的单一性，本质上是所有权的一种表现形式。就对外部关系而言，它排除了相对人对物的干扰和侵害（此种情况适用诉讼时效的规定），但就内部关系而言，各共有人对物享有永久性的权利，任何共有人随时都可以提出对共有物的分割请求，不能适用诉讼时效的规定。

黄先生的两个儿子都是其法定遗产继承人，本案不适用诉讼时效的规定，所以，黄先生的小儿子在三年后提出继承遗产符合法律规定，法院予以支持。

可见，继承开始后，继承人接受继承但遗产未分割的，即为共同共有，不适用诉讼时效。

（以上人名均为化名）

17. 父母去世二十年后发生继承纠纷，本案是否超过诉讼时效

案件简介

父母去世20年后发生继承纠纷。张三、张四兄弟为亲兄弟，父母1997年年初去世，留有房屋九间，一直为张三所占。2017年，张四起诉张三，要求分割

遗产。

【争议焦点】

本案是否超过诉讼时效。对本案的处理，有以下两种意见。

第一种意见，张四起诉超过20年诉讼时效，应依法驳回其诉讼请求。理由是原《中华人民共和国继承法》第八条规定“继承权纠纷提起诉讼的期限为二年，自继承人知道或者应当知道其权利被侵犯之日起计算。但是，自继承开始之日起超过20年的，不得再提起诉讼”。

第二种意见，张四起诉未超过诉讼时效，法院应依法分割遗产。

【法院判决】

本案起诉人诉讼请求的基础权利是“遗产的共同财产所有权”，并不是“继承权”，因此不能适用原《中华人民共和国继承法》第八条规定的诉讼时效，所以未超过诉讼时效，应依法分割遗产。

温馨提示

首先，诉讼上的请求权必须以当事人实体上的权利为基础。当事人依据不同的实体权利而享有不同的诉讼请求权。比如，既可以债权起诉（合同之债、侵权之债、无因管理之债），也可以物权起诉（所有权、担保物权、用益物权），还可以人格权、部分形成权（如撤销权）起诉，当然也能以婚姻法、继承法等特别法上的权利起诉。实体权利的不同，必然导致诉讼请求权的内容和效力的不同。

其次，继承权实际上仅仅是一种资格，几乎谈不上是一种真正的权利，因为它并没有权利的客体。继承权一般仅在被继承人死亡前存在，被继承人死亡后，继承人享有的主要是对遗产的“共同财产所有权”。

再次，原《中华人民共和国继承法》第八条规定的诉讼时效仅是“继承权”被侵犯的诉讼时效，而不是“共同财产所有权”的诉讼时效；易言之，由于该条已很清楚地表明了“继承权”，因此该条关于时效的规定仅适用于“继承权”纠纷的案件，而不适用于“共同财产所有权”纠纷。这是因为原《中华人民共和国继承法》主要调整的是“继承”法律关系，而“共同共有”的财产关系应依靠《中华人民共和国民法典》物权编等来调整。

最后，从本案基本事实来看，当事人之间对“继承权”本身并无纠纷，也就是说各自对彼此的继承人资格并无异议。发生纠纷的原因只是张三不同意张四分割“共同财产（遗产）”，张三的行为只是侵害了张四的“共有权”，而不是“继承权”，因此本案并不存在“继承权”纠纷，只存在“共同财产”纠纷。在此情况下，张四既可以“债权（侵权之债）”作为基础权利起诉，也可以“共有权（物权）”作为基础权利起诉。侵权的诉讼时效从知道权利被侵犯之日起计算，也就是从张三拒绝分割遗产之日起算；物权分割纠纷则相对复杂，有学者认为“共有财产分割之诉”并不存在诉讼时效的问题。

综上，本案起诉人诉讼请求的基础权利是“遗产共同财产所有权”，因此不能适用法律规定的诉讼时效。

延伸解读

诉讼时效是指权利人在一定期间不行使权利，即丧失依诉讼程序保护其权利的可能性的民事法律制度，即过了时效再起诉，除非对方自愿，否则权利人丧失胜诉权。

《最高人民法院关于贯彻执行〈中华人民共和国继承法〉若干问题的意见》又进一步规定：

1. 在诉讼时效期间内，因不可抗拒的事由导致继承人无法主张继承权利的，人民法院可按中止诉讼时效处理。

2. 继承人在知道自己的权利受到侵犯之日起的两年之内，其遗产继承权纠纷确在人民调解委员会进行调解期间，可按中止诉讼时效处理。

3. 继承人因遗产继承纠纷向人民法院提起诉讼，诉讼时效即为中断。

4. 自继承开始之日起的第18年后至第20年期间内，继承人才知道自己的权利被侵犯的，其提起诉讼的权利，应当在继承开始之日起的20年之内行使，超过20年的，不得再行提起诉讼。

（以上人名均为化名）

18. 父亲车祸死亡，遗腹女能否参与分割死亡赔偿金

案件简介*

陈小明与郭大帅于2012年10月1日按照农村风俗举行婚礼后即同居生活，但二人未在民政部门办理婚姻登记手续。被告郭帅、李美夫妇系郭大帅的父母，陈小明与郭大帅“结婚”后与公婆郭帅、李美一直一起居住生活。

2013年4月3日，郭大帅遭遇车祸身亡。2013年5月，郭大帅与陈小明的女儿郭小美出生。因陈小明在住院分娩，无法参与郭大帅车祸事故的善后处理，遂委托自己的公婆全权处理赔偿事宜。

后经公安局事故科调解，交通事故侵权人一次性赔偿郭大帅死亡赔偿金、丧葬费、被抚养人生活费、车辆损失费、家属办理丧葬事宜的误工费、住宿费、精神损害抚慰金等共计84万元。上述赔偿款到位后一直由公婆郭帅、李美持有，并拒绝与陈小明分割；故陈小明、郭小美二人提起诉讼，要求被告郭帅、李美从郭大帅的死亡赔偿金中支付原告郭小美的抚养费10万元，同时要求将剩余赔偿款作为郭大帅的遗产进行分割；但被告郭帅、李美则认为赔偿款不是郭大帅自己创造的财产，不能视为遗产，且原告陈小明和郭大帅未办理结婚手续，二人系同居关系不受法律保护，因此陈小明不具备参与诉讼的主体资格。

【争议焦点】

郭大帅死亡后交通事故侵权人支付的赔偿款中的死亡赔偿金是否属于郭大帅的遗产？原告陈小明作为郭大帅的同居配偶能否参与死亡赔偿金的分割，原告郭小美作为郭大帅的非婚生遗腹女是否享有被抚养人生活费请求权并参与死亡赔偿金的分割？

【法院判决】

法院最终判决原告郭小美、被告郭帅、李美因交通事故被侵权人郭大帅死亡

共同获得赔偿款84万元，其中10万元抚养费归原告郭小美单独所有，剩余部分由其他三人平均分配。

温馨提示

处理本案的关键是厘清以下几个问题。

1. 交通事故侵权人因造成郭大帅死亡而支付的赔偿款中的死亡赔偿金是不是郭大帅的遗产？根据法律规定，遗产是公民死亡时遗留的个人合法财产。死亡赔偿金是在不法致人死亡时产生的，法律没有明确规定死亡赔偿金是否属于遗产。一般认为，死亡赔偿金不是对死者财产损害的赔偿，而是对与死者有关的亲属或死者生前扶养的人的赔偿，有以下特点：

其一，形成及实际取得均发生在受害人死亡之后；

其二，产生于夫妻关系终结之后；

其三，是对死者近亲属或生前扶养的人因死者死亡导致的生活资源减少和丧失的补偿。

因此，死亡赔偿金和遗产是有区别的：遗产表现的财产权益是死者生前通过自己的行为已经合法所有的或预期能够取得的财产，其对这些财产享有占有、使用、收益和处分的权利；而死亡赔偿金的形成及实际取得均发生在死者死亡之后，不是死者通过自己的行为合法取得的，它也不能被死者实际占有、使用、收益和处分，但可以由死者的近亲属或生前扶养的人占有、使用、收益和处分。因此，郭大帅的死亡赔偿金不是其遗产，不能作为遗产进行分割。

2. 原告陈小明作为郭大帅的同居配偶能否参与死亡赔偿金的分割？根据原《中华人民共和国婚姻法》（现《中华人民共和国民法典》）规定，合法的婚姻关系以登记为要件，男女双方未办理结婚登记手续而共同生活的，属同居关系，不具有婚姻的效力，不受法律保护，同居关系的双方也不具有夫妻间的权利义务关系，不能以夫妻名义向对方主张财产分配权、扶养权和继承权。

法律将死亡赔偿金的请求主体限于“死者生前扶养的人”和“被侵权人依法应当承担扶养义务的未成年人或者丧失劳动能力又无其他生活来源的成年近亲属”。其中，“死者生前扶养的人”和“被侵权人依法应当承担抚养义务的未成年人”一般是指死者或被侵权人负有扶养义务的未满十八周岁的子女，包括养子女。民事诉讼中的“近亲属”则主要包括配偶、父母、子女、兄弟姐妹、祖父母、外祖父母、孙子女、外孙子女。

因此，原告陈小明作为郭大帅的同居配偶，既不属于郭大帅依法应承担扶养义务的人，也不是郭大帅的成年近亲属，其与郭大帅之间不具有法律上的近亲属关系和夫妻间的权利义务关系，因此对郭大帅的死亡赔偿金是不享有任何权利的。

3.原告郭小美作为郭大帅的非婚生遗腹女是否享有被扶养人生活费请求权并参与死亡赔偿金的分割？根据法律规定，被抚养人是指被侵权人依法应当承担抚养义务的未成年人或者丧失劳动能力又无其他生活来源的成年近亲属。原告作为郭大帅的非婚生遗腹女，其出生并成活，享有与婚生子女同等的权利。若郭大帅不死亡，其必然与郭大帅之间形成抚养和近亲属关系。因此，原告作为郭大帅的遗腹女是郭大帅机会利益上的被抚养人，其因郭大帅死亡而丧失了接受郭大帅实际抚养的机会和利益，故其对交通事故侵权人因造成郭大帅死亡而支付的赔偿款享有被抚养人生活费请求权。同时，原告郭小美作为郭大帅的近亲属，与郭大帅的其他近亲属一起，对赔偿款中扣除被抚养人生活费、丧葬费、家属办理丧葬事宜的误工费、住宿费等费用后剩余的死亡赔偿金是享有请求权的。

延伸解读

根据法律规定，被侵权人死亡的，其近亲属有权请求侵权人承担侵权责任。本案中，原告郭小美系郭大帅的遗腹女，被告郭帅、李美夫妇系郭大帅的父母，三人与郭大帅在生活上、经济上的联系极为紧密，依赖程度也极大。原告陈小明未与郭大帅办理结婚登记，二人的婚姻关系不受法律保护，故原告陈小明不属于法律规定的近亲属范围。

因此，上述赔偿款扣除原告郭大帅的被抚养人（郭小美）生活费、丧葬费、家属办理丧葬事宜的误工费、住宿费后的剩余部分，应由原告被告三人平均享有。同时，根据法律规定，遗产是指公民死亡时遗留的个人合法财产，而本案中的赔偿款系因郭大帅死亡而获得，其形成及取得均发生在郭大帅死亡之后，不属于郭大帅死亡时遗留的个人合法财产，故对原告陈小明要求将剩余死亡赔偿金、丧葬费等赔偿款作为郭大帅的遗产并参与分割的请求不予支持。

（以上人名均为化名）

19. 父亲去世，女儿与继母争夺房产

案件简介

梁女士母亲早逝，父亲与一位同龄的张阿姨再婚，他们自己单独生活，后来父亲因病去世。父亲名下有两套房屋，都是单位分配的房改房，一套大点面积的平时父亲和继母居住，小面积的那套梁女士一家三口居住，继母名下还有一套房子，无人居住，也是属于婚后取得。父亲名下还有点存款。经过友好协商，梁女士和继母达成了口头协议：①父亲名下的大房子归继母所有；②继母名下的房子仍旧归梁女士所有；③梁女士现在居住的小面积的房子归梁女士所有；④存款都归继母继承。然后，二人约定好了去公证处办理公证。没过多久梁女士收到了法院的电话，继母起诉了梁女士，继母要求梁女士另外支付给她100万元整（继母名下房屋的折价款）。

【争议焦点】

诉争房屋（继母名下的房屋）是属于继母和梁女士父亲的夫妻共同财产，还是属于继母的个人财产？

【法院判决】

庭审中，梁女士和她爱人参加了诉讼，继母一方一直主张她自己名下的房屋是属于自己的个人财产，不属于与梁女士父亲的夫妻共同财产，同时举证了很多证据，经过几次庭审后，法院判定，大房子归继母继承所有，小房子归梁女士继承所有，继母名下房屋另案处理。

【律师说法】

法院没判决继母名下房屋的归属，梁女士该如何做呢？

首先，从程序上看，这份已生效判决书并没有判定继母名下的房屋就是属于继母所有，法院只是将这套房子单独拿出来了。所以，梁女士现在完全可以另立案来维护自己的权利，就是说法律救济途径并没有丧失，并且是从一审开始的新

程序，完全就是一个新的案件。其次，从实体上看，就目前的证据而言，法院应该无法判定该房属于梁女士继母个人所有。

（以上人名均为化名）

20. 父亲死后，女儿状告母亲要求分房

案件简介

梁先生与王太太系夫妻，夫妻二人共生育有三个女儿，一个儿子。2008年，梁先生去世，因为遗产分割问题，三个女儿将王太太与弟弟诉至法院。称父母有两处商品房及五间店面房，父亲去世后，房产被母亲和兄弟居住和出租收益，我们要求对房产依法进行分割，并要求分割母亲所得的租金。

母亲则辩称，丈夫生病期间，女儿没有尽到责任。房产是我和丈夫多年奋斗的共有财产，子女没有份额。

儿子辩称，我同意母亲的意见，我确实居住了其中一套住房，但房子不是我的。

法院经审理查明，原告的父母共生有三女一男，现均已成年，独立生活。原告的父亲经有关部门批准建了五间店面房，因旧城改造，政府将位于市区的两套商品房安置给原告父母。后原告父亲生病住院，母亲与女儿为家庭琐事产生矛盾。原告的父亲去世后，原告的母亲及弟弟各居住于其中的一套商品房内，五间店面房由原告母亲以其名义出租，租金亦由其母亲收取。女儿提出要求分割房产，母亲不同意。大女儿、二女儿遂向法院起诉，三女儿既不申请参加诉讼，又不放弃权利，法院遂追加三女儿为共同原告。

【争议焦点】

三个女儿是否有权和母亲及兄弟共同依法分割父亲遗留下来的房产及母亲出租房屋所得的租金？

【法院判决】

父亲遗留的财产按照法定继承处理。法院经审理后认为，《中华人民共和国民法典》继承编规定继承权男女平等。遗产按照下列顺序继承：第一顺序，配

偶、子女、父母，可见妇女享有与男子平等的继承权。本案中三个女儿均有权继承其父亲的遗产，且其父亲生前未立下遗嘱对财产进行处理，被告未能举证证明其完全享有上述财产，故应按法定继承进行处理。后经承办法官召集双方多次调解，最终达成了调解意见：①五间店面房中的三间归母亲所有，三个女儿和儿子各分得其余两间中的半间，由双方各自到房产、土地管理部门办理房产证及土地使用权证。②母亲和儿子各分得一套住房，儿子一次性补贴三个女儿每人8万元。③母亲返还给四个子女每人2.5万元的租金。

温馨提示

女儿享有继承权。本案虽然审结了，却留给了我们很多的思考。从法理上讲，继承权是指公民根据法律的直接规定或者被继承人生前立下的合法有效的遗嘱，接受被继承人遗产的权利。

我国法律明确规定妇女享有与男子平等的继承权，彻底否定了剥夺妇女继承权的封建继承制度，这对保护妇女继承权、协调家庭关系、促进社会稳定起到了良好的作用。男女平等，是确保男女有独立的人格权，使男女能在社会政治、经济和家庭生活中平等地行使法律赋予的权利和履行义务。

《中华人民共和国宪法》第四十八条第一款规定："中华人民共和国妇女在政治的、经济的、文化的、社会的和家庭的生活等各方面享有同男子平等的权利。"该条做此规定，可以看出，在我们国家仍然存在着男女不平等的现象。这种不平等现象在继承权的行使方面，由于历史的原因，表现得也较为突出，为消除这种不平等待遇，确保妇女的合法继承权，《中华人民共和国民法典》继承编第一千一百二十六条规定，继承权男女平等。

《中华人民共和国民法典》继承编中男女平等主要体现在以下几个方面：

1.所有的继承人不分男女，一律平等地处于其应在的继承顺序之中。如第一顺序继承人是指配偶、子女、父母，第二顺序继承人是指兄弟姐妹、祖父母、外祖父母等。该顺序排列不因性别之异而区别对待。

2.所有的继承人不分男女，一律平等地享有继承权。如规定同一顺序继承人继承遗产的份额，一般应当均等。这里的"一般"是指有特殊困难、无生活来源、尽了主要赡养义务的可以多分和有能力不尽扶养、赡养义务的继承人不分或少分的以外的继承人，应当均等。

3.代位继承的转继承男女平等。儿子先于父亲死亡，孙子女可代替父亲继承祖父母的遗产，女儿先于父亲去世，外孙子女可以代替母亲继承外祖父母的遗产。《中华人民共和国民法典》继承编的这些规定，都体现了所有继承人无论男女均有平等地享有继承遗产的权利。

【律师说法】

依据《中华人民共和国民法典》继承编规定，法定继承是主要继承方式。法定继承有以下特征。

第一，法定继承是遗嘱继承的补充。法定继承虽是常见的主要的继承方式，但继承开始后，应先适用遗嘱继承，只有在不适用遗嘱继承时才适用法定继承。因而，从效力上说，遗嘱继承的效力优先于法定继承，法定继承是对遗嘱继承的补充。

第二，法定继承是对遗嘱继承的限制。各国法律虽都承认遗嘱继承的优先效力，但也没有对遗嘱继承予以一定的限制。例如，许多国家的法律都规定了法定继承人的特留份。《中华人民共和国民法典》继承编中规定，遗嘱应当对缺乏劳动能力又没有生活来源的继承人保留必要的遗产份额。因此，尽管遗嘱继承限制了法定继承的适用范围，但同时法定继承也是对遗嘱继承的一定限制。

第三，法定继承中的继承人是法律基于继承人与被继承人间的亲属关系规定的，而不是由被继承人指定的。从这点上说，法定继承具有以身份关系为基础的特点。

第四，法定继承中法律关于继承人、继承的顺序以及遗产的分配原则的规定是强行性的，任何人不得改变。

第五，法定继承具有法定性，法定继承与遗嘱继承、遗嘱并存。

（以上人名均为化名）

21. 腹中胎儿是否有权继承祖父的遗产

案件简介

张涛是一位生意人，其妻子是一位教师，家庭经济状况较好。张涛生育两个男孩，妻子早年去世。2009年4月，张涛的第二个儿子因车祸而死亡，当时，二儿子的妻子蔡芹已怀孕3个多月。同年7月，张涛突然发病死亡，未留下任何遗嘱。安葬完毕后，张涛的长子背着蔡芹将父亲遗留的存款独吞。蔡芹得知后，遂向兄长提出要求，其怀孕胎儿亦应分得一份遗产。兄长持异议，认为蔡芹的丈夫已去世，腹中胎儿不具有继承权。故蔡芹诉至法院，要求保护腹中胎儿的合法权益。

【争议焦点】

腹中胎儿是否有权继承其祖父的遗产？

【法院判决】

法院经审理后做出支持蔡芹的诉讼请求的判决，判决蔡芹腹中的胎儿具有继承权，应予保护。

【律师说法】

《中华人民共和国民法典》继承编第一千一百五十五条规定，遗产分割时，应当保留胎儿的继承份额。胎儿娩出时是死体的，保留的份额按照法定继承办理。

为了妥善处理继承中有关胎儿的问题，《最高人民法院关于贯彻执行〈中华人民共和国继承法〉若干问题的意见》第四十五条规定："应当为胎儿保留的遗产份额没有保留的应从继承人所继承的遗产中扣回。为胎儿保留的遗产份额，如胎儿出生后死亡的，由其继承人继承；如胎儿出生时就是死体的，由被继承人的继承人继承。"

上述法律规定表明，我国法律对于未成年人的利益的保护范围已经延伸到未出生的胎儿。 本案中，胎儿的父亲先于被继承人张涛去世。此种情况下，胎儿能否继承张涛的遗产呢？这又涉及代位继承问题。

对于代位继承，《中华人民共和国民法典》继承编第一千一百二十八条规定，被继承人的子女先于被继承人死亡的，由被继承人的子女的直系晚辈血亲代位继承。被继承人的兄弟姐妹先于被继承人死亡的，由被继承人的兄弟姐妹的子女代位继承。代位继承人一般只能继承被代位继承人有权继承的遗产份额。由此可见，代位继承需具备以下条件：①代位继承发生的原因是被继承人的子女先于被继承人死亡；②被代位继承人仅限于被继承人的子女及其直系晚辈血亲，被继承人的其他法定继承人不能成为被代位继承人；③代位继承人仅限于被代位继承人的子女及其直系晚辈血亲。根据上述规定，胎儿可代位继承其父亲应继承的遗产份额。本案蔡芹腹中的胎儿是具有继承权的，胎儿虽未出生，但其继承权应予保护。根据《中华人民共和国民法典》继承编第一千一百二十八条规定，本案中被继承人张涛的第二个儿子先于其死亡，第二个儿子应得的遗产份额应由胎儿代位继承。因此，张涛的长子独吞遗产是没有法律根据的，腹中胎儿可以继承祖父的遗产。

（以上人名均为化名）

22. 公婆诉儿媳，争夺赔偿款管理权

案件简介

购买了20份意外险，爬树为女儿捡玩具不小心摔成一级伤残，长沙男子刘中磊获得了249万元巨额赔偿金。然而，刘中磊的父母与妻子却对治疗方案产生歧义，妻子拒将赔偿款全部用于支付医疗费。为此，年过七旬的公婆将儿媳告上了法庭，请求法院撤销儿媳对儿子的监护权，并返还百万元赔偿款。

1.爬树摔成一级伤残，获赔249万元。

45岁的刘中磊原本是一家大型通信公司的技术骨干，属于精英型人才，有着很好的前途。然而，一起意外却让他的生活发生了翻天覆地的变化。

2013年10月，刘中磊带着当时年仅4岁的女儿在小区里玩遥控飞机，不料飞

机卡在了一棵大樟树上，因离地面太高没能将遥控飞机取下。第二天中午，刘中磊下班回家，借了一个人字梯爬上了树，不料从2米高的树上摔下，头部着地。

随后，刘中磊被送往医院救治，虽然脱离了生命危险，但丧失了语言能力，存在沟通障碍，生活无法自理。司法鉴定结果显示，刘中磊重度颅脑外伤、失语、大小便障碍、外伤性癫痫，达到一级伤残。

因工作中需要经常出差，担心发生意外，刘中磊一直有购买保险的习惯，2013年购买了20份人身意外险，每份最高赔付金额为10万元。2014年9月，保险公司赔偿全部到位，共获赔249万元。

2. 家人为监护权闹矛盾。

刘中磊38岁才结婚，妻子彭媛媛比他小17岁。婚后，彭媛媛在家当全职太太。关于对刘中磊的监护、赔偿款的支配，刘中磊的父母与彭媛媛产生了很大分歧，并多次争吵。

2014年11月，彭媛媛向法院提出申请，要求法院指定自己为监护人。对此刘中磊的父母提出了异议。最终，法院宣告刘中磊为无民事行为能力人，但没有支持彭媛媛担任监护人的请求。

当地司法所和社区组织了两次协调，最终指定刘中磊的父母、妻子三人为共同监护人。

刘中磊的母亲表示，赔偿款一直由彭媛媛支配。起初彭媛媛照顾刘中磊也算尽心尽力，但从2016年1月开始，她拒绝再支付刘中磊的医药费。“还剩下150万元，她那么年轻，肯定有自己的考虑。”刘中磊的母亲心中不免有猜疑。

3. 为赔偿金家人将对簿公堂。

于是刘中磊的父母一起将儿媳告上法庭，要求撤销彭媛媛的监护权，并返还剩余的赔偿款用于刘中磊治疗。作为儿媳妇的彭媛媛则辩称，出事后，我一再跟公婆他们强调，愿意照顾刘中磊一辈子，他们就是不信。她不再将赔偿款继续支付医疗费，是因为刘家人一直拒绝办理医保，没有医保报销，按照现在的情况，150万元最多能撑3年，以后怎么办？刘中磊可指望着这笔钱生活一辈子啊。她也给出了自己的理由，她的说法确实也有一定的道理。后在法院的主持下，双方达成了调解。

【律师说法】

《中华人民共和国民法典》婚姻家庭编及相关司法解释规定，一方因身体受到伤害获得的赔偿或补偿等费用，属于夫妻一方个人财产。刘中磊的保险赔偿款属于他的个人财产，并非夫妻共同财产，只能够用于他个人的治疗或生活，不论其妻子是否是监护人，都不能挪用这笔赔偿款。

无民事行为能力人或者被限制民事行为能力的精神病人，需要有人对他的生活及其他方面进行照顾。法律规定，配偶是第一顺序的监护人，其次是父母。但如果对监护人有争议，则可以申请社区指定，对指定不服的，由法院裁决。

延伸解读

无民事行为能力人的法定代理人在行使继承权时，必须维护无民事行为能力人的合法权益。除非对无民事行为能力人有重大不利情形的，否则法定代理人不得代理无民事行为能力人做出放弃继承的意思表示；已经做出的，也不发生法律效力。法定代理人代为行使继承权时，不得以任何方式损害无民事行为能力人的利益，更不得滥用。

一、如何确定遗产继承的范围

在确定遗产的范围时，我们要注意这样几个问题：

1.要查明公民死亡后所遗留的财产，其取得方式是否合法。公民生前非法取得的财产不能作为遗产用于继承。

2.要查明公民对其生前实际占有的财产，是否确实享有所有权，如果是向他人租借的财产，则不能作为遗产用于继承。

3.要严格区分公民个人的财产及与他人共有的财产，如属共有财产，则应先析产，后继承。

4.某些被继承人不可转让的人身性权利，如受扶养赡养的权利，领取养老金、退休金、病残人员补助金等权利是不能被继承的。

5.要明确公民死亡后所遗留的财产在其生前是否已发生了所有权的转移，另外，还要弄清抚恤金、生活补助费及保险金是否已明确了受益人。如已明确了受益人，则这些抚恤金、生活补助费及保险金等即属于该受益人所有，而不属于遗产的范围。

二、继承时债务如何处理

《中华人民共和国民法典》继承编规定，继承遗产应当清偿被继承人依法应当缴纳的税款和债务，缴纳税款和清偿债务以他的遗产实际价值为限。超过遗产实际价值部分，继承人自愿偿还的不在此限。这说明：

1. 继承遗产和清偿被继承人债务是不可分离的，只享受继承权利而不承担清偿被继承人债务的义务，是不符合法律规定的。

2. 缴纳税款和清偿债务以遗产实际价值为限，最多也只能是遗产值多少钱，就还多少钱的债。

3. 超过遗产实际价值部分的债务，除自愿偿还的外，继承人可以不还。这同继承法“继承人放弃继承的，对被继承人依法应当缴纳的税款和债务可以不负偿还责任”的规定是一致的。例如，某甲生前欠债4万元，而他的遗产实际价值只有3万元，继承遗产的继承人清偿他的债务即以这3万元为限。对这3万元的债务必须偿还；如不偿还，债权人有权要求人民法院判决由继承遗产的继承人偿还。至于超过遗产实际价值的那1万元债务，除自愿偿还的外，继承人可以不还。这同旧社会那种父债子还，不管遗产多少，继承人必须全部偿还被继承人的债务是不同的。

被继承人遗产小于债务的，继承人如何处理？如果被继承人生前从事经营活动，欠有职工工资、税款和其他债务，要按照下列顺序清偿：

1. 职工工资和劳动保险费用；

2. 税款；

3. 其他债务。

同一顺序不能全部偿还的，按照比例分配。如果被继承人生前不从事经营活动，所欠的都是生活债务，那就不须分顺序，按照比例分配就行了。仍以上述某甲为例，以他的遗产总值3万元除以他的债务总额4万元，等于75%，就是继承人为他还债的比例。如欠某乙1万元，即偿还7500元，以此推算。

对于无民事行为能力人，同样是享有遗产继承权的，但是是由其法定代理人代为行使继承权的，在继承遗产的同时，也会继承相应的债务。

（以上人名均为化名）

23. 公证遗嘱上的继承人名字写错了，遗嘱还有效吗

案件简介

被继承人王小芳于2009年6月去世，其配偶王军于2010年去世，两人共育有一子三女，其中小女儿叫王敏。王小芳名下有一处房产，于2000年10月取得产权证书。

被继承人王小芳、王军曾于2007年9月在某地公证处立下了公证遗嘱，遗嘱中写明："我是北京市×小区×号楼×单元×号房产的产权人之一……我有4个孩子，为了避免因家庭财产的继承问题发生纠纷，我立遗嘱如下：在我去世后，北京市×小区×号楼×单元×号房产中属于我的产权份额，留给女儿王敏，排除其配偶的共有权。"但是王敏名字写错了，与其现身份证上的名字属于音同字不同。

王敏主张该遗嘱合法有效，在其父母去世后要求按该遗嘱处理父母的遗产，但其他兄弟姐妹不同意，故诉至法院。庭审中原告向法院提交了公证遗嘱、户籍证明、死亡证明、购房合同及发票。被告未提交证据。

【争议焦点】

该公证遗嘱将继承人名字写错，其继承人的指向性是否唯一确定，以及遗嘱的效力是否会受到影响？

该案在法院内部也引起了激烈的讨论，一种观点认为该遗嘱可能无效，因为唯一的遗嘱继承人名字写错，而且没有用身份证号加以确定其唯一指向性，故无法确定继承人的身份，只能按法定继承处理。另一种观点认为该遗嘱不能简单看待其效力，由于遗嘱属于老人书写，故应该考虑老人的书写习惯，能够提供有相应的证据足以证明老人的书写习惯一直是这样的，就应该认定该遗嘱是老人的真实意思表示。

【法院判决】

庭审中原告向法院提出了调查取证的申请，请求法院调取老人王小芳的工作档案，法院经过调查发现，老人的书写习惯确实一直都是将王敏的名字写成遗嘱中的名字，而非身份证上的名字。另外，法院也向当地派出所进行了核实，排除了老人另有其他子女的可能性，故法院依法认定该公证遗嘱是老人的真实意思表示，确认该公证遗嘱合法有效。判决原告王敏按公证遗嘱取得该房屋的产权。

温馨提示

立遗嘱时，遗嘱的书写一定要清楚，避免歧义的产生，最好有办理律师见证或公证，因为公证遗嘱的效力优先，而公证员和律师作为法律专业人士，会在立遗嘱时为立遗嘱人提供准确的法律帮助。

遗嘱是否有效，要看遗嘱是否符合法定要件，《中华人民共和国民法典》继承编第一千一百四十三条规定，无民事行为能力人或者限制民事行为能力人所立的遗嘱无效。遗嘱必须表示遗嘱人的真实意思，受欺诈、胁迫所立的遗嘱无效。伪造的遗嘱无效。遗嘱被篡改的，篡改的内容无效。

同时，在符合上述要件的情况下，遗嘱的内容还要符合法律规定，与我国法律有冲突的无效。

延伸解读

一、遗嘱继承人名字写错还有效吗

遗嘱继承人名字写错了是否有效要根据不同情况来分析。

遗嘱名字写错，分两种情况：一是遗嘱人名字写错，二是继承人名字写错。像遗嘱人写错名字这种情况，涉及遗嘱内容是否是立遗嘱人真实意思表示的问题。一般而言，人们是不会书写错自己的名字的，书写错名字的本身就说明不是本人的真实意思；但是，如果是因书写人平时书写习惯而写错的，则可以认定有效。这就需要当事人对书写人平时的签名进行举证，来证明是遗嘱人的真实意思表示。继承人的名字写错，一般不影响遗嘱的效力，但是影响继承人身份能否确认的问题。如果仅是名字由于笔误写错不影响继承人身份的确定，则可以按照遗嘱进行继承。继承人要证明遗嘱中所写继承人和自己之间的唯一指向性，证明非其莫属。

二、自书遗嘱的写法

在实践中，自书遗嘱的一般写法。

1.立遗嘱的目的，即处理财产的意思表示，应首先写明："我立本遗嘱，对我所有的财产，做如下处理：……"

2.对财产的具体处理，应写明财产的名称、数量及其所在地，遗留给何人，具体写明由哪一方继承哪些财产，也可按财产写明。

3.遗嘱人的要求和遗嘱书的处置。

4.立遗嘱人、证明人、代笔人签名盖章，并写明立遗嘱的时间、地点等。

由于立遗嘱人的具体情况不同，遗嘱的写法不一定拘于以上格式，但必须是有效的才有法律效力。

（以上人名均为化名）

24.共同还房贷妻子去世，共同还贷部分父母能否继承

案件简介

2006年4月，为了迎娶相恋多年的女友小丽，小王在父母的资助下购置了一套89平方米的婚房，由于自身经济条件有限，小王只支付了房子的首付款部分，并申请了公积金贷款还贷。

2006年7月，小王与小丽正式登记结婚，婚后按揭部分虽由小王账户划出，但小丽帮衬着一起还贷。谁知好景不长，5年后小丽因突发疾病去世，痛失爱女的小丽父母为了老有所依，要求小王在房产证上加上二老的名字，共同继承这套房屋的所有权。

小王觉得这要求太过无理，妻子因病过世他很伤心，也承诺会照顾岳父岳母，但这房子是他婚前所买，不能接受小丽父母的要求。小丽父母眼见女婿铁了

心不愿意，一纸诉状将小王告上法院，要求共同继承该套房房屋1/3的份额。

【争议焦点】

妻子去世，其与丈夫房产的共同还贷部分妻子父母能否继承？

【法院判决】

共同还贷部分女方的父母可以继承。经法院审理，认为该套房子属于小王婚前所有，只有从结婚到小丽去世前这段时间的共同还贷部分是小王与小丽之间的夫妻共同财产，除去小王的部分外，可以作为小丽的遗产共同继承。小丽的继承人有配偶小王，以及小丽的父母共三人，法院最终判决小王给付小丽的父母一部分折价款。

温馨提示

共同还贷部分父母能否继承。根据原《中华人民共和国婚姻法》司法解释的规定，双方婚后共同还贷支付的款项及其相对应财产增值部分，离婚时应根据原《中华人民共和国婚姻法》第三十九条第一款规定的原则，由产权登记一方对另一方进行补偿。由于小丽已经去世，小丽去世后小王还贷部分及小丽结婚前小王已支付的房款均属于小王的个人财产。双方婚姻关系存续期间的还贷属于共同还贷，该部分所及的房产份额为双方的夫妻共同财产，其中的一半可以由小王及小丽父母共同继承，故法院以此判决小王支付小丽父母房产相应份额的折价款。

【法律链接】

《中华人民共和国民法典》物权编第三百零三条【共有物的分割】共有人约定不得分割共有的不动产或者动产，以维持共有关系的，应当按照约定，但是共有人有重大理由需要分割的，可以请求分割；没有约定或者约定不明确的，按份共有人可以随时请求分割，共同共有人在共有的基础丧失或者有重大理由需要分割时可以请求分割。因分割造成其他共有人损害的，应当给予赔偿。

《中华人民共和国民法典》物权编第三百零四条【共有物的分割方式】共有人可以协商确定分割方式。达不成协议，共有的不动产或者动产可以分割且不会因分割减损价值的，应当对实物予以分割；难以分割或者因分割会减损价值的，应当对折价或者拍卖、变卖取得的价款予以分割。共有人分割所得的不动产或者动产有瑕疵的，其他共有人应当分担损失。

《中华人民共和国民法典》物权编第三百零五条【按份共有人的份额处分权

和其他共有人的优先购买权】按份共有人可以转让其享有的共有的不动产或者动产份额。其他共有人在同等条件下享有优先购买的权利。

《最高人民法院关于贯彻执行〈中华人民共和国民法通则〉若干问题的意见（试行）》第九十条："在共同共有关系终止时，对共有财产的分割，有协议的，按协议处理；没有协议的，应当根据等分原则处理，并且考虑共有人对共有财产的贡献大小，适当照顾共有人生产、生活的实际需要等情况。但分割夫妻共有财产，应当根据婚姻法的有关规定处理。"

《最高人民法院关于贯彻执行〈中华人民共和国民法通则〉若干问题的意见（试行）》第九十一条："共有财产是特定物，而且不能分割或者分割有损其价值的，可以折价处理。"

《最高人民法院关于贯彻执行〈中华人民共和国民法通则〉若干问题的意见（试行）》第九十二条："共同共有财产分割后，一个或者数个原共有人出卖自己分得的财产时，如果出卖的财产与其他原共有人分得的财产属于一个整体或者配套使用，其他原共有人主张优先购买权的，应当予以支持。"

（以上人名均为化名）

25. 继承按揭未还清房贷房屋引发纠纷

案件简介

小张去世，其妻子小李起诉小张母亲陈大妈，要求法定继承小张的遗产房屋一套。由于该房屋为小张的婚前个人财产，房屋还有贷款，小李在婚姻关系存续期间，也偿还了部分贷款。

小李认为，房屋贷款以及对应的房屋增值部分，是应当补偿给自己的。然而小李和陈大妈就补偿给小李的增值部分价值，及小张房屋遗产价值的计算，产生激烈分歧。

【争议焦点】

该如何计算补偿给小李的增值部分的价值和小张房屋遗产价值。

【法院判决】

法院认为，法院确定涉案房屋所有权归原告小李所有，为便于贷款偿还，确认被继承人小张的个人购房贷款的本金及利息均由原告小李负责清偿，并将应偿还贷款余额从房屋价值中扣除，小李就剩余的房屋价值对陈大妈进行补偿。

温馨提示

依据《最高人民法院关于适用〈中华人民共和国婚姻法〉若干问题的解释（三）》第十条规定，结合小张与小李的结婚登记时间，该房屋应当认定为小张的婚前个人财产。因此，对于房屋增值部分的分配及对小李的补偿，小李仅能取得双方婚后共同还贷支付的款项及其相对应财产增值部分，剩余的房屋增值均为小张个人财产，应当列入遗产范围。

因陈大妈放弃要房子，所以由小李取得房屋，小李继续还房屋贷款，但是小李提出，小张死后，其还贷对应的房屋增值也应该有。依据原《中华人民共和国继承法》第三十三条规定：继承遗产应当清偿被继承人依法应当缴纳的税收和债务，缴纳税款和清偿债务以他的遗产实际价值为限。超出遗产实际价值部分，继承人自愿偿还的不在此限。

本案中，原、被告双方主张依法分割被继承人的遗产则应当对被继承人死后遗留的生前个人债务进行清偿。

本案被继承人小张在银行办理了个人购房贷款，系被继承人生前个人债务，被继承人未还贷款本金及利息部分系其遗留的生前个人债务，应由其继承人以其继承的遗产实际价值为限进行清偿。同时，被继承人小张个人购房贷款的贷款期限及年利率虽已确定，但小张未还贷款部分的利息现在并未实际发生，亦无法通过贷款的年利率直接确认各继承人小李和陈大妈在发生继承后实际应归还多少贷款利息，因此，对于未实际产生的部分贷款利息的具体数额不宜直接确定。

本案小张的遗产即涉案房屋作为不动产亦存在增值的空间，无论涉案房屋归哪一方继承，其在承担个人购房贷款的利息同时亦享有了涉案房屋的增值部分，故应结合涉案房屋未来的增值部分综合衡量小李提出的存在多出利息部分的问题。小李既然选择取得房屋，小张去世后的贷款自然应当由小李偿还。

延伸解读

一、婚前按揭买房，离婚有贷款的房屋如何分割的情况

1. 夫妻一方婚前以个人财产购买房屋并按揭贷款，婚前办理了夫妻一方个人为所有权人的房产证，婚后双方共同还贷，离婚按揭房怎么分？

该情形下的房屋为一方个人财产，在离婚时另一方无权要求分割；但对参与共同还贷的配偶一方，有权要求对方对其清偿的部分予以返还。在此需要明确的是，共同还贷不论是用一方的个人工资还是双方的工资，都应认定为共同还贷。因此，有贷款的房屋在离婚时，共同还贷的一方可以请求对方返还还贷的房款。对于房屋升值的部分，也可以请求补偿。

2. 夫妻一方婚前以个人财产购买房屋并按揭贷款，婚后双方共同还贷，婚后取得房产证，离婚按揭房怎么分？

此情形下的按揭房为一方的婚前个人财产，在离婚时不予分割。因为在婚前一方以个人财产购买并按揭买房，婚后取得的产权证是对婚前买房的确认，不属于夫妻共同财产。如果仅仅因为产权证是婚后取得而认定是夫妻共同财产，就将出现一方完全没有出资却仅仅因为结婚而成为房屋共有人的现象。这一结果有违公平原则。

3. 夫妻双方婚前以共同财产购买房屋并按揭贷款，婚后共同还贷，婚前取得房产证且房产证登记在一方名下，离婚按揭房怎么分？

一般情况下，我们在认定房产归谁时的依据就是房产证上的名字，此时极容易被认定为登记方财产。所以，未登记方主张该房屋为共同财产时，一要证明自己在婚前为购买房屋履行了出资义务，二要证明自己婚前是基于双方均认可所购房屋为共同所有的前提下出资的。如果不能提供相应的证据，则房产就会认定为一方财产，在离婚时不予分割。

4. 婚前夫妻一方父母参与出资购买，婚后取得房产证，离婚按揭房怎么分？

根据法律的规定，夫妻结婚前，父母为双方购置房屋出资的，该出资应当认定为对自己子女的个人赠与，但父母明确表示赠与双方的除外。因此，婚前父母出资买房，婚后共同还贷也不影响房子的归属。在离婚时，不参与分割，只归一方所有。

二、婚后按揭买房，离婚有贷款的房屋如何分割的情况

1. 婚后一方或双方以夫妻共同财产出资买房，取得房产证的，离婚按揭房怎么分？

婚后一方以夫妻共同财产购房，共同还贷，不管房产证登记在哪方名下，该房产理应属于夫妻共同财产。离婚房产分割时，按照夫妻共同财产进行分割。

2. 婚后双方父母出资买房，夫妻共同还贷，产权登记在一人名下，离婚房产怎么分？

根据原《中华人民共和国婚姻法》司法解释的规定，婚后双方父母资助子女买房，产权登记在一人名下的，该房产可认定为双方按照各自父母的出资份额占有。在离婚房产分割时，如果当事人另有约定的，按照约定办理。没有约定的按照出资比例分割。对于偿还的贷款，如果夫妻对财产没有约定的，偿还贷款的钱属于夫妻共同财产，离婚时就不需要分割了。

3. 一方父母出首付款，产权登记在自己的子女名下，由夫妻共同还贷的，离婚按揭房怎么分？

这种情况，首付款可以认定为只赠与出资方的子女，离婚时该房产是夫妻共同财产，对首付部分应认定为出资子女的个人财产。共同还贷部分属于夫妻共同财产还贷，离婚时不予分割。

最后，需要提醒的是不管按揭房离婚归谁，未偿还的贷款属于房屋的产权人一方的债务，如果是夫妻双方房产分割给一方的，还需要去银行变更贷款人。

（以上人名均为化名）

26. 继承人在被继承人债务纠纷中放弃继承

案件简介

杨娟与李刚在借款协议中约定，杨娟借款100万元给李刚用于公司经营，期限为10日，利息按日万分之三计算。杨娟通过银行转账方式向李刚支付了100万元。不久后，李刚意外身亡。杨娟诉至法院，要求李刚唯一继承人李小刚偿还

100万元及利息。庭审中，李小刚称放弃对李刚遗产的继承权。

【争议焦点】

如何处理本案，存在三种意见。

第一种意见认为，法院应裁定驳回杨娟起诉。借款协议相对方系李刚，李刚因死亡而丧失民事权利能力已不再具备诉讼主体资格，而继承人李小刚亦放弃对李刚遗产的继承，故本案因无适格被告而应裁定驳回起诉。

第二种意见认为，应判决驳回杨娟诉讼请求。为保护当事人的合法诉权，债权人杨娟在债务人李刚死亡后将其唯一继承人诉至法院主张债权，符合法律规定。庭审中被告李小刚已明确表示放弃对李刚遗产的继承权，根据《中华人民共和国民法典》继承编规定，应判决驳回原告诉讼请求。

第三种意见认为，应判决李小刚在继承李刚遗产价值范围内清偿杨娟债权。这不但能保障杨娟的债权，而且又督促李小刚积极处置涉案遗产，防止社会资源浪费。

温馨提示

个人赞同第三种意见，理由如下：

1.本案不符合裁定终结诉讼、驳回起诉的情形。

首先，《中华人民共和国民事诉讼法》第一百五十一条规定“有下列情形之一的，终结诉讼：……（二）被告死亡，没有遗产，也没有应当承担义务的人的”，故“无遗产”和“无承担义务人”系法院裁定诉讼终结的两个必备要件。李刚尚遗留有公司及其他财产。其次，《中华人民共和国民事诉讼法》第一百五十条规定“有下列情形之一的，中止诉讼：（一）一方当事人死亡，需要等待继承人表明是否参加诉讼的”。《中华人民共和国民事诉讼法》司法解释第五十五条亦规定：“在诉讼中，一方当事人死亡，需要等待继承人表明是否参加诉讼的，裁定中止诉讼。人民法院应当及时通知继承人作为当事人承担诉讼，被继承人已经进行的诉讼行为对承担诉讼的继承人有效。”参照前述法律规定，在当事人死亡情况下，其法定继承人应作为诉讼当事人并“承担”被继承人的诉讼权利及义务，加之本案不存在《中华人民共和国民事诉讼法》第一百二十四条应当裁定驳回起诉的法定情形，故本案原告杨娟合法的民事诉讼权利应予保障。

2.继承人在遗产处理前放弃继承意思表示具有多变特性。

《最高人民法院关于贯彻执行〈中华人民共和国继承法〉若干问题的意见》

第五十条规定："遗产处理前或在诉讼进行中，继承人对放弃继承反悔的，由人民法院根据其提出的具体理由，决定是否承认……"故继承人在"遗产处理前"的放弃继承行为处于一种极不稳定状态，不发生确定的法律后果。若存在因受欺诈、胁迫或重大误解等做出放弃继承的意思表示情况，继承人仍可以反悔。故仅以继承人在庭审中声明放弃继承就判决驳回原告诉讼请求，若继承人在遗产执行处理时反悔，势必增加原告的诉累及执行阶段的不确定性。驳回原告诉求的判决因无法包容继承人存在放弃继承反悔的变化势必产生既判力不稳定缺点，使其据以确认的"法律秩序"因"事实秩序"动摇而无法最终固定。

3.继承人系被继承人遗产最适格的财产代管人，对遗产具有尽职妥善保管义务。

《最高人民法院关于贯彻执行〈中华人民共和国民法通则〉若干问题的意见（试行）》第三十二条第一款规定："失踪人的财产代管人拒绝支付失踪人所欠的税款、债务或其他费用，债权人提起诉讼的，人民法院应当将代管人列为被告。"

参照前述规定，李小刚作为被继承人李刚的唯一法定继承人，一般情况下应对遗产的种类、范围及数目等情况较为熟知，甚至早已实际占有、使用和收益涉案遗产，因而其是遗产的最适格代管人，应尽妥善保管义务。在遗产处理前，李小刚为躲避债务不排除存在损坏、转移或隐匿遗产的可能，以判决方式明确"李小刚在李刚遗产价值范围内清偿杨娟债权"，既可督促李小刚积极妥善"代管"遗产，也可使原告在就李刚遗产清偿债务时免受李小刚阻却，进而充分保障原告实现其债权。

4.案件处理要经受法律效果与社会效果双重检验。

本案如采取前述裁定驳回起诉或判决驳回诉讼请求等方式处理，则原告债权仅系游离于司法诉讼程序之外的空头支票，丧失了胜诉权及申请强制执行权。原告不但无从知晓死者李刚的具体遗产情况，也不能直接将李刚的遗产据为已有，且原告占有李刚遗产价值以实现其债权无法合理量化。

若债务人李刚还有其他债权人，则各债权人势必争抢涉案遗产以清偿债权，这显然相悖于全面依法治国大背景下公平、法治、有序等价值理念。第三种意见在法律效果上可充分保障原告债权进入实体审理，其债权在得到生效判决后，可依法通过执行程序实现其债权。毕竟只有将原告债权纳入依法审判并执行框架体系之下，才能体现出法律对权利人的"最佳照料"。从社会效果来看，第三种意见对督促李小刚积极管理处置涉案遗产，防止其他债权人无序争抢涉案遗产，杜绝社会资源空置浪费，促进社会和谐稳定具有重大现实意义。

延伸解读

在处理清偿被继承人债务纠纷案件时应遵循下列原则。

1.以接受继承为前提的原则。依照权利义务相一致原则，继承人只有在接受继承时，才依法承担被继承人的债务。

2.限定继承原则。继承人清偿被继承人依法应缴纳的税款和债务应以其取得遗产的实际价值为限，超过部分可以不予偿还。

3.保留必要原则。如果继承人缺乏劳动能力又没有生活来源的，即使遗产不足以清偿债务，也应当为其保留适当的遗产。这是养老育幼原则的体现，也是保障人权的必然要求。

4.连带责任原则。《中华人民共和国民法典》继承编没有规定各继承人对遗产债务承担何种责任，由于遗产在分割之前属于各继承人共同所有，因此，每个继承人应对被继承人的债务承担连带责任。

5.有序清偿原则。体现在两个方面：

（1）在多种取得遗产的方式并存的情况下，首先由法定继承人用其所得遗产清偿债务，不足清偿时，由遗嘱继承人和受遗赠人按比例用所得遗产偿还；如果只有遗嘱继承和受遗赠的，由遗嘱继承人和受遗赠人按比例用所得遗产清偿。

（2）在多种被继承人债务并存的情况下，应按一定顺序清偿。首先清偿具有优先权的债权，比如工人工资和劳动保险费用、用遗产进行了担保的债权等；之后才能清偿普通债权。

（以上人名均为化名）

27.继承人中有无民事行为能力人怎么办

案件简介

老王、老康系夫妻关系，二人共生育四个子女，分别是王丰、王收、王果、王实。其中王果系精神病人。后来老两口相继去世，四名子女就父母遗产（即涉案房屋及50万元存款）进行了分割，并于2018年12月签署《遗产分割协议书》。协议约定："房屋作价500万元，加上50万存款，共计550万元。王丰、王收、王果每人各得100万元，而王实取得房屋所有权并按协议对其他三人进行货币补偿。"协议签订后，各方依约履行了协议内容。

为过户房产，在房管局的要求下，四名子女办理了继承公证手续。《继承房产协议书》载明：王丰和王收放弃对父母房屋的继承权，王实继承4/5的房屋份额，王果继承1/5的房屋份额。可见，《继承房产协议收》与《遗产分割协议书》并不一致。

【争议焦点】

领取新房产证后，王实与王果产生了分歧。王实认为，自己是涉案房屋的唯一所有权人，理由是：签署《继承房产协议书》是为了顺利办理产权过户手续，又由于王果是无民事行为能力人，因此过户后产权登记为她与王果共有（她占4/5，王果占1/5），实际王果不具有该份额；《遗产分割协议书》中双方权利义务已经履行完毕。

王果却不能认同，他认为："《遗产分割协议书》违反法定遗产分配原则，我是精神病人，该协议侵犯了我的合法权益。修正后的《继承房产协议书》才是合法有效的并已办理公证，且履行完毕，我享有父母房产1/5份额的权利。"争执不下，王实遂诉至法院，请求判令确认房屋所有权全部归其所有。

【法院判决】

遗产继承应依法依约定。驳回王果的诉讼请求。

【律师说法】

《遗产分割协议书》是继承人处理被继承人遗产的协议，王实依据该协议书取得了涉案房屋的相关权益；但在办理房屋所有权变更登记时，王实处分了自己的相关权益，并签订《继承房产协议书》予以确认。

《继承房产协议书》是王实、王果的真实意思表示，在此之后，当事人未就涉案房屋的所有权分配份额再行签订过协议，且房屋登记机关填发的房屋所有权证内容亦与《继承房产协议书》约定的房屋分配份额一致，因此，对涉案房屋的所有权分配份额应以《继承房产协议书》为准。

延伸解读

一、无民事行为能力人的法律责任

无民事行为能力人与限制民事行为能力人因为其主体资格的限制，无法承担民事责任。虽然无民事行为能力人和限制民事行为能力人不能承担或在承担民事责任时受到限制，但是他们在侵犯他人权利或利益时应该是直接侵害人，所以他们是不能摆脱成为民事被告的风险的。虽然他们是被告，但是承担责任或部分责任的主体却是他们的监护人。

无民事行为能力人、限制民事行为能力人造成他人损害的，由监护人承担民事责任。监护人尽了监护责任的，可以适当减轻他的民事责任。有财产的无民事行为能力人、限制民事行为能力人造成他人损害的，从本人财产中支付赔偿费用。不足部分，由监护人适当赔偿，但单位担任监护人的除外。

原《中华人民共和国侵权责任法》颁布以后，关于无民事行为能力人、限制民事行为能力人和监护人的责任有了新的规定，虽然在表面上的差异不是很大，但是其深层的价值观变化还是很大的。如规定无民事行为能力人、限制民事行为能力人造成他人损害的，由监护人承担侵权责任。监护人尽到监护责任的，可以减轻其侵权责任。有财产的无民事行为能力人、限制民事行为能力人造成他人损害的，从本人财产中支付赔偿费用。不足部分，由监护人赔偿。

二、无民事行为能力人的认定

根据我国法律的规定，构成无民事行为能力人的条件为“未满八周岁”和“不能辨认自己的行为”，即年龄和认识判断能力，但无民事行为能力人的构成不需要二者都具备，年龄和认识判断能力是“或”的关系，只要二者具备其一即认定为无民事行为能力人。

（以上人名均为化名）

28. 继女继承继父遗产受阻

案件简介

周小云3岁时被父母过继给姑妈周丽当养女。周小云5岁时，养母的第一任丈夫去世后，养母带着她改嫁继父张泰，此后她便由养母和继父张泰共同抚养长大。作为他们两人唯一的孩子，周小云成年后一直照顾养母张丽和继父张泰的晚年生活，为他们养老送终。

继父张泰去世5年后，张家人分割祖屋时，却认为周小云无权继承属于张泰的那部分遗产。几番沟通无果，周小云便将张家人告上法庭。张家人辩称，周小云到张家后从未参与过张家任何祭祖活动，甚至张泰父母去世时的葬礼原告也未曾参加。周丽与张泰没有领取结婚证，周小云无法证明他们两人的婚姻关系，周小云与张泰之间的收养关系不成立。因此，周小云无权继承张泰的遗产。

【争议焦点】

周小云是否有权继承张泰的遗产?

【法院判决】

继女可继承继父遗产。法院审理后认为，周丽与张泰虽未办理结婚登记手续，但其婚姻缔结于1994年2月1日实施的《婚姻登记管理条例》之前，故属事实婚姻关系，受法律保护。被告以没有领取结婚证为由，否认周丽与张泰存在婚姻关系，缺乏事实及法律依据，法院不予采纳。周小云自幼由其养母周丽及继父张泰共同抚养成人，且周小云亦对张泰履行了生养死葬的义务，故周小云与张泰之间形成有扶养关系的继父女关系，有权继承张泰的遗产。

温馨提示

形成扶养关系的继子女对继父母遗产享有继承权。

根据《中华人民共和国民法典》继承编第一千一百二十七条规定，继承开始后，由第一顺序继承人继承，第二顺序继承人不继承；没有第一顺序继承人继承的，由第二顺序继承人继承。第一顺序继承人为配偶、子女、父母。第二顺序继承人为兄弟姐妹、祖父母、外祖父母。同时规定，本编所称子女，包括婚生子女、非婚生子女、养子女和有扶养关系的继子女。

其中，有扶养关系的继子女是指：①继子女受继父母经济上的供养；②继子女受继父母生活上的抚养、教育；③继子女在经济上供养继父母；④继子女在生活上扶助继父母。

延伸解读

如果继父母与继子女形成了抚养关系，双方是互相享有继承权的，一方对继子女有抚养的义务，另一方对继父母有赡养的义务。

什么叫形成抚养关系，继子女抚养关系如何确认？

《中华人民共和国民法典》婚姻家庭编规定，继父或继母和受其抚养教育的继子女间的权利义务关系，适用本法对父母子女关系的规定。可见，继父母与继子女之间是否形成抚养教育关系，直接关系到他们之间的权利义务。

法律对什么情形下可以认定“形成抚养教育关系”并无具体规定，理论中亦有争议，对此，可以从以下几方面考虑。

第一，抚养教育关系的形成前提是继子女未成年。这是《中华人民共和国民法典》婚姻家庭编第一千零七十二条的应有之义，因为需要抚养教育的继子女，必然是未成年人。虽然在现实中，有继子女虽已经成年，继父母仍对其学业、事业予以照料或资助的情况存在，但正如亲生父母对亲生子女成年之后没有法定的扶养义务一样，继父母对成年继子女的这种照料或资助不是法律意义上的抚养教育，所以不能形成具有抚养关系的继父母子女关系。

另外，有观点认为，成年继子女在事实上对继父母进了赡养义务，也可以认定为双方形成扶养关系。这一理解大大超出了法律规定的范围，生父母再婚时，子女已经成年，成年继子女在事实上对继父母进行赡养扶助是符合社会道义的，但成年继子女并没有接受继父母的抚养教育，不符合法律规定的拟制血亲条件，而且此时继子女对继父母的赡养扶助不是法定义务，不能因此认定双方形成抚养教育关系，一旦认定就等于双方形成具有拟制血亲性质的父母子女关系，这种赡养义务便成为法定义务，显然成年继子女与继父母在这种情况下的权利义务是不对等的，这恐怕会大大打击成年继子女对继父母事实赡养的主动性。

第二，一般需要有共同生活的事实。虽然如前所述有观点认为判断标准是继父母负担了继子女全部或部分生活费，但单纯地给付一定钱财，而不在一起生活，继父母对继子女的生活、学习没有任何关心照顾、培养，不宜认定双方形成抚养教育关系。抚养，简单地说，就是“保护并教养”，强调长辈对晚辈的教育和保护，父母对子女的抚养目的是要让子女健康成长，所以抚养教育关系一般需要在继父母与继子女共同生活中形成，如同亲生父母一样，继父母对继子女的生活、学习、身体、精神等各方面都有一定照料，这才是抚养的真实含义。

在现实生活中，有特殊情况导致双方无法共同生活时，例如继子女未成年便出国留学、继父母在外地工作等，在这种情况下要认定是否形成抚养教育关系，就要注意抚养行为和赠与行为之间的区别：抚养关系下给付生活费一定是一种长期的、持续的负担子女生活和教育费用的行为，费用的数额相对稳定；而赠与则是偶尔的给付行为，给付标的的价值不确定，一般每次给付都含有特定用意。对于赠与行为，即使继父母赠与继子女的财物较多，可能超出继子女所需的抚养、教育费用，也不能认定双方形成了抚养教育关系。

第三，抚养事实持续足够长的时间。对于究竟维持多长时间，法律没有统一规定，但在实践中目前并不能完全因为抚养时间短就否认形成抚养关系，只是若抚养时间不长，比如只有一两年，认定抚养关系时就必须特别慎重，需要考虑具体案情和权利义务的对等等因素。另外，在继父母与继子女的抚养、教育因继子女成年而自然终止的情况下，抚养、教育的时间可以考虑得短些；如果继子女尚未成年，但由于继父母与亲生父母之间婚姻关系解除，而继父母又不愿继续抚养继子女，则继父母对继子女抚养、教育的时间应考虑长些。

（以上人名均为化名）

29. 精神病人去世，外甥争遗产

案件简介

原告邓同、刘娟系夫妻关系，邓同之母邓淑贞与二被告邓明、邓龄及被继承人邓新系姐弟、姐妹关系。邓新生前患有衰退性精神分裂症，20世纪80年代邓新经医院治疗出院后与邓淑贞共同居住。后邓淑贞死亡，邓新独立生活，并由原告邓同与被告邓龄共同监护。邓新于2009年6月死亡，终生未婚，无子女，遗留存款共计106万元。邓明与邓龄于2009年10月经法院调解达成了平均分配邓新遗产的协议，并已实际履行。2010年1月，原告邓明、刘娟以街道居委会证明、邓新去世前房屋租金、自来水等公共事业收据发票、《精神病人监护责任书》等证据，以邓新生前对其完成了全部扶养义务为由，向人民法院提起诉讼，请求法院判决分得被继承人邓新现金遗产60万元，被告支付原告垫付邓新的丧葬费4万余元。

【争议焦点】

精神病人去世其外甥是否可以继承遗产？

【法院判决】

原告符合可以适当分配遗产的条件。法院经审理认为，公民合法的财产权益受法律保护。在继承关系中，继承人以外的对被继承人扶养较多的人，可以分配适当的遗产。本案中，邓明、邓龄与邓新系兄弟姐妹关系，邓新去世后的遗产，邓明、邓龄作为第二顺位继承人有权依法继承。邓同、刘娟并非邓新法定顺位继承人范围内的人，其主张分得邓新的存款，应视其对邓新的扶养事实、程度而定。

二原告提出的邓新费用支出单据等，可以证明其长期以来对邓新的生活给予了一定的辅助，符合其可以适当分配遗产的条件。就其主张多分的请求，因其提供的主要证明人未出庭接受质证，不足以支持其全部主张。就原告垫付急救、丧葬费一节，被告予以认可，本院不持异议，原告有权要求已实际分得存款的邓明、邓龄偿付。据此，审理法院支持了原告的部分诉求，原告垫付邓新的丧葬费

4万余元由被告予以给付，原告应该分得遗产35万元，由被告予以给付。

温馨提示

继承人以外的人分遗产的条件是什么？孝敬老人自古便是中华民族的传统美德，随着现代社会的多元化发展，这一曾经根植于每个中国人精神家园的支柱正在逐渐崩塌。用法律手段强制赡养父母，这本身就是一种社会的悲哀。本案中原告夫妇对无赡养义务的舅舅照料20余年，为其料理后事，虽然不是法定继承人，最终继承了其舅舅的部分遗产，这正是法律对道德的一种调整。就本案而言，其争议点主要为以下两点：继承人以外的对被继承人扶养较多的人，可否分得遗产；在通过法院调解分割财产完毕的情况下非继承人能否以独立诉讼主体进行诉讼请求分割遗产。

本案中，由于被继承人终生未婚且无子女，因此按照法定继承应由其第二顺序继承人即被告邓明、邓龄继承其遗产，原告夫妇作为被继承人的外甥本身是没有继承权的。原告夫妇提供了相关交纳水电费、医药费等证据证明其对被继承人进行了较多的扶养，符合《中华人民共和国民法典》继承编第一千一百三十一条，继承人以外的对被继承人扶养较多的人，可以分给适当的遗产的情形，因此法院最终判决原告分得部分财产是有法律依据的。就原告主张多分遗产的请求，根据《最高人民法院关于贯彻执行〈中华人民共和国继承法〉若干问题的意见》中第三十一条规定："依（原）继承法第十四条规定可以分给适当遗产的人，分给他们遗产时，按具体情况可多于或少于继承人。"可以看出，遗产分割不以继承人身份为标准，完全根据非继承人扶养的多少来判定，属于法官的自由裁量范围。

延伸解读

法定继承人以外的人可以继承遗产吗？

继承是不是只有法定继承人可以继承呢？不属于法定继承人的可以继承遗产吗？非法定继承人也可以分配遗产。法律规定，对继承人以外的依靠被继承人扶养的缺乏劳动能力又没有生活来源的人，或者继承人以外的对被继承人扶养较多的人，可以分给适当的遗产。在法定继承中，除那些享有合法继承权的人参与继承外，《中华人民共和国民法典》继承编第一千一百三十一条还赋予一些符合一定条件但没有继承权的人取得一定遗产的权利。这种权利不是继承权，法律之所以赋予该权利是因为他们和被继承人之间存在着特别扶养关系，这是保障人权和弘扬美德的必然要求。下列人员享有分得适当遗产的权利：

（1）依靠被继承人扶养的缺乏劳动能力又没有生活来源的人；

（2）对被继承人扶养较多的人。即使其为继承人，但若未实际参加遗产分配，属于以上情形之一的，便享有遗产取得权。这种遗产取得权是一项独立的民事权利，当其受到侵害时，权利人有权以独立的诉讼主体资格向人民法院提起诉讼。

法定继承的遗产分配原则指的是在法定继承中确定同一顺序的法定继承人应分得的遗产份额的基本准则。其主要包括两方面的内容。

1.一般情况下同一顺序继承人继承遗产的份额应均等。

根据法定继承中遗产分配的一般原则，同一顺序的法定继承人在继承遗产时，一般情况下，应当按继承人的人数均等分配遗产数额。所谓“一般情况”是指同一顺序的各个法定继承人，彼此在生活状况、劳动能力以及对被继承人所尽抚养、扶养或赡养义务等方面，情况基本相同，条件大致相近。所谓“均等分配遗产”是指同一顺序的各个法定继承人所取得的被继承人遗产数额比例相同，没有明显差别。

2.特殊情况下法定继承人的继承份额可以不均等。

根据法律的有关规定，特殊情况主要是指下面几种情况。

（1）对生活有特殊困难又缺乏劳动能力的继承人，分配遗产时应给予照顾。继承人只有同时具备生活有特殊困难和缺乏劳动能力两个条件的，才能在遗产分配时给予适当照顾。所谓生活有特殊困难，是指无法维持正常的生活，而不是指和其他继承人相比生活质量比较差。这里的“适当照顾”是指分割遗产时，一般以该继承人分得遗产能满足其基本的生活需求即可。如果被继承人遗留下的遗产特别多，继承人平均分配遗产可以足额保证有特殊困难的继承人的生活，就没有必要加以照顾。

（2）对被继承人尽了主要赡养义务或者与被继承人共同生活的继承人分配遗产时，可以多分。这是继承法“权利义务相一致”原则的体现。尽了主要赡养义务是指对被继承人的生活提供了主要经济来源，或在劳务方面给予了主要扶助。与被继承人共同生活的继承人，一般而言，他们对继承人所尽的扶养义务要比那些不与被继承人生活在一起的继承人要多一些，所以，法律规定可以多分遗产。

如果继承人和被继承人生活在一起而不照顾被继承人、不尽扶养义务的，不仅不能多分，而且还要少分。需要指出的是，这里是可以多分，而不是应当多分，不具有强制性。

（3）有扶养能力和扶养条件的继承人，不尽扶养义务的，分配遗产时，应该不分或少分。这里包含两个条件：首先，被继承人经济上或生活上有困难，需要继承人扶助；其次，继承人有条件和能力，却不扶养被继承人。两者需要同时具备。如果被继承人不需要扶助，或者继承人没有能力和条件尽扶养义务，都不适用该规定。

（4）经继承人之间协商一致，也可以不均等分配。在同一顺序的各个法定继承人之间既可均等分配也可以协商分割遗产，在达成一致意见的前提下，对被继承人的遗产也可以进行不均等分配，这是继承人自主自愿地行使其继承权的结果，法律对此不加以干预。

（以上人名均为化名）

30. 精神病人杀害妻子，行为人仍然享有继承权

案件简介

代军系某国有企业的职工，代军的父亲曾被打为右派，代军的精神因此受到刺激，患上间歇性精神病。后经多方治疗，代军的病情得到控制。后来代军与肖燕结婚，婚后生育了双胞胎女儿代美、代丽。

20世纪90年代初期，代军在单位办理了病退手续，并开始涉足餐饮行业，与妻子开办了一家火锅店。因夫妻二人经营有方，店里的生意红红火火，代军的家庭经济状况得到改善，生活也富裕起来。然而天有不测风云，2002年10月代军的大女儿代美在一次车祸中不幸丧生，代军夫妇悲痛欲绝。代军更是难以接受这一打击，旧病复发，精神失常且伴有暴力倾向。

2002年11月的一天，代军在家中将妻子肖燕杀害。案发后，公安机关进行了

立案侦查，代军经过两次司法鉴定后被确认为精神病患者，公安机关由此认定其不负刑事责任，将代军释放。

肖燕生前，夫妻二人因开办的火锅店生意兴旺，两人存有积蓄30万元，并购买了一套住房和一部汽车。肖燕死后，代军被法院认定为无民事行为能力人，而女儿代丽亦尚未成年，法院遂指定代军的姐姐作为二人的监护人。代军的火锅店及家中的现金、存款均由代军的姐姐掌握管理。事后，肖燕的父母向法院提起民事诉讼，要求继承肖燕的遗产，并请求法院判决剥夺代军对肖燕遗产的继承权。

【争议焦点】

法院在审理案件的过程中出现了两种不同意见：一种观点认为，代军作为杀害妻子的凶手，没有对肖燕遗产的继承权。另一种观点认为，代军作为无民事行为能力人，不能对自己的行为负责，因此不能剥夺其继承权，其继承行为应由法定代理人代为行使。最后，法院对肖燕遗产进行了分割，支持了肖燕父母继承女儿遗产的请求，同时驳回了要求剥夺代军继承权的请求。

【法院判决】

行为人仍然享有继承权。

【律师说法】

丧失继承权有严格的条件要求。

《中华人民共和国民法典》继承编主要规定了几种丧失继承权的情形，继承人故意杀害被继承人位列丧失继承权的第一项。首先，故意杀人行为直接威胁到被继承人的人身安全，本身就是最严重的犯罪行为之一，将受到刑罚的严厉制裁。无论继承人出于何种动机，也无论既遂、未遂，都将丧失继承权。其次，基于民法的平等原则和公序良俗原则，故意杀害被继承人同时也侵犯了民事主体的利益，应当遵循同质救济的原则获得救济和保护。作为民法基本精神之一的善良风俗是国家存在和发展所必需的基本道德，反映了社会的根本价值和基本要求。

本案中，代军杀害了妻子肖燕，是否就丧失了继承肖燕遗产的权利呢？

答案是否定的。在这里，另一个需要我们关注的问题就是代军是否为故意杀人，即代军有无主观过错。《中华人民共和国民法典》规定，不能辨认自己行为的精神病人是无民事行为能力人，由他的法定代理人代理民事活动。《中华人民共和国刑法》同时规定，精神病人在不能辨认或者不能控制自己行为的时候造成危害结果，经法定程序鉴定确认的，不负刑事责任。代军是精神病患者，对自己的行为没有控制力，不能辨认自身行为的性质。他杀害妻子肖燕是由于不能辨认、控制自己行为而造成的危害后果，并非出于主观故意，而是由于精神病理障碍使其完全丧失理智，故不属于《中华人民共和国民法典》继承编第一千一百二十五条规定的“故意杀害被继承人”的情形，其继承权亦不能被剥夺。

上述法院的第一种观点太过主观化，没有考虑到代军是精神病患者就妄下结论。本案中代军经司法鉴定后被确认为精神病人，已经免除刑事责任，而属于民事权利的继承权也不应被剥夺。

民事权利是民法规定赋予民事主体为实现受法律保护的利益而实施一定行为的意思自由，意味着权利主体在一定范围内的意思自由及实现一定利益的可能性，这一权利具有法律保障性。作为肖燕遗产的第一顺序继承人，代军与肖燕的父母同样享有继承权。当然，因代军为无民事行为能力人，其继承行为应由法定代理人即代军的姐姐代为行使。

【法律链接】

一、丧失继承权的情形有哪些

《中华人民共和国民法典》继承编第一千一百二十五条规定，继承人有下列行为之一的，丧失继承权：

（一）故意杀害被继承人；

（二）为争夺遗产而杀害其他继承人；

（三）遗弃被继承人，或者虐待被继承人情节严重；

（四）伪造、篡改、隐匿或者销毁遗嘱，情节严重；

（五）以欺诈、胁迫手段迫使或者妨碍被继承人设立、变更或者撤回遗嘱，情节严重。

继承人有前款第三项至第五项行为，确有悔改表现，被继承人表示宽恕或者事后在遗嘱中将其列为继承人的，该继承人不丧失继承权。

受遗赠人有本条第一款规定行为的，丧失受遗赠权。

二、继承权丧失后是否可以恢复

《最高人民法院关于贯彻执行〈中华人民共和国继承法〉若干问题的意见》第

十三条规定："继承人虐待被继承人情节严重的，或者遗弃被继承人的，如以后确有悔改表现，而且被虐待人、被遗弃人生前又表示宽恕，可不确认其丧失继承权。"

三、故意杀害被继承人，还能继承遗产吗

《中华人民共和国民法典》继承编第一千一百二十五条规定："继承人有下列行为之一的，丧失继承权：（一）故意杀害被继承人……"由此可见，继承法规定，只要继承人故意杀害被继承人的，就一概丧失继承权，又根据《最高人民法院关于贯彻执行〈中华人民共和国继承法〉若干问题的意见》第十一条的规定："继承人故意杀害被继承人的，不论是既遂还是未遂，均应确认其丧失继承权。"我们可以得知，只要继承人出于故意杀害的目的，不管达到目的与否，都丧失继承权，不能继承遗产了。

四、篡改遗嘱就丧失继承权了吗

《中华人民共和国民法典》继承编第一千一百二十五条第四项明确规定："继承人有下列行为之一的，丧失继承权：……（四）伪造、篡改、隐匿或者销毁遗嘱，情节严重……"由此可见，继承人伪造、篡改、隐匿或者销毁遗嘱，只有达到情节严重的才丧失继承权，那么怎么样才能算作情节严重呢?《最高人民法院关于贯彻执行〈中华人民共和国继承法〉若干问题的意见》第十四条对情节严重进行了规定："继承人伪造、篡改或者销毁遗嘱，侵害了缺乏劳动能力又无生活来源的继承人的利益，并造成其生活困难的，应认定其行为情节严重。"由此，只要有上述第十四条规定的情节严重的情形出现，继承人就会因为伪造、篡改或者销毁遗嘱而丧失继承权。

五、为争夺遗产杀害其他继承人，还有权继承遗产吗

《中华人民共和国民法典》继承编第一千一百二十五条第二项规定："继承人有下列行为之一的，丧失继承权：……（二）为争夺遗产而杀害其他继承人……"由此可见，当继承人为了争夺遗产而杀害其他继承人的，法律会剥夺其继承遗产的权利，使其不得继承被继承人的遗产，以此来约束各继承人不得为了自己的私利而侵害其他继承人的生命权。

六、虐待、打骂父母的子女还有继承权吗

《中华人民共和国民法典》继承编第一千一百二十五条第三项规定："继承人有下列行为之一的，丧失继承权：……（三）遗弃被继承人，或者虐待被继承人情节严重……"《最高人民法院关于贯彻执行〈中华人民共和国继承法〉若干问

题的意见》第十条对“情节严重”做出了界定：“继承人虐待被继承人情节是否严重，可以从实施虐待行为的时间、手段、后果和社会影响等方面认定。虐待被继承人情节严重的，不论是否追究刑事责任，均可确认其丧失继承权。”

（以上人名均为化名）

31. 空巢父亲自愿赠人房产，儿子起诉索回被拒

案件简介

黄生育有一子黄大发，常年在外经商，对年老体弱的老父亲不管不问，也没有任何精神上的关心。黄生的生活起居一直是他一个去世老战友的儿子江涛照顾。为感谢其多年的照顾，2013年6月黄生将房子赠送给了江涛，并签订了赠与合同。2018年12月黄生去世，黄大发得知房子被父亲赠与江涛，遂起诉到法院要求法院撤销赠与并将房子归还。

【争议焦点】

空巢老人因儿子未尽赡养义务自愿赠人房产，儿子是否能够起诉索回？

【法院判决】

法院经审理认为，黄生与江涛签订的赠与合同合法有效，是双方真实意思的表示，黄大发要求撤销赠与，但未提供证据证明江涛有欺诈、胁迫或与黄生有恶意串通等致使赠与无效的行为，黄大发要求撤销赠与的诉请无法律依据。据此，一审判决驳回黄大发的诉讼请求。

【律师说法】

自愿原则是民事活动的基本原则之一，所有权人对其财产享有占有、使用、收益、处分的权利。伴随着社会经济的发展和老龄化程度的加深，空巢老人越来越多，空巢老人因缺乏子女的关心而容易产生心理失调症状，已经成为一个不可忽视的社会问题。作为儿女应当多尽孝道，多从精神上关心老人，常回家看看，莫待“子欲养而亲不待”，抱憾终身。

延伸解读

一、自愿原则概念

自愿原则是中国民法典的基本原则之一，它是指公民、法人等任何民事主体在市场交易和民事活动中都必须遵守自愿协商的原则，都有权按照自己的真实意愿独立自主地选择、决定交易对象和交易条件，建立和变更民事法律关系，并同时尊重对方的意愿和社会公共利益，不能将自己的意志强加给对方或任何第三方。只要进行交易或其他民事活动双方的交易等行为不违反法律规定，其他任何机关、团体、个人等第三方都不能干涉。以欺诈、强迫、威胁等违背交易主体意志的不正当竞争行为，都为法律所禁止。

二、自愿原则的内容

自愿原则的具体内容如下。

1.民事主体在从事民事活动时有一定的意志自由。

2.民事主体依法设立的民事法律行为具有法律效力。

3.主要适用于经济活动中的合同领域。

4.当事人的约定优先于民事任意性法律规范。

三、自愿原则的表现

自愿原则主要有以下表现。

1.当事人自主决定民事事项。

在民事活动中，当事人可以自主决定各种事项，不仅可以决定是否实施某行为或参与某民事法律关系，而且可以决定行为的相对人、行为的方式以及法律关系的内容等；当事人不仅可自主决定实体上的权利义务，而且可自主处分其权利，选择处理纠纷的程序、方式等。当事人关于民事事项的约定，只要不违反法律的强行性规定，就有法律效力，并且“约定大于法定”，即当事人关于该事项约定的效力优先于法律关于该事项的任意性规定。

2.当事人对自己的真实意思负责。

在民事活动中，只有当事人的真实意思表示，才能发生法律效力。当事人也只对表达自己的真实意愿的民事行为负责。不是当事人的真实意思表示的行为，当事人可不认可其效力，可不受其拘束，并且，当事人对于在意志不自由的情况下造成的损害，原则上也不承担责任。

四、赠与合同的撤销权行使

（一）撤销权行使的主体

赠与合同的撤销权只能由赠与人本人或者赠与人的继承人或监护人行使。赠与人当然享有独立的撤销权，而赠与人的继承人或监护人只有在赠与人因受赠人的违法行为而死亡或丧失民事行为能力时，才可以行使撤销权。

（二）撤销权行使的条件

1. 无因撤销的行使条件。

第一，赠与合同是非经公证证明订立的；

第二，只能由赠与人本人行使撤销权；

第三，赠与不具有救灾、扶贫等社会公益性质或道德义务性质；

第四，只能在赠与财产交付之前行使撤销权。

2. 有因撤销的行使条件。

第一，受赠人具有下列情形之一的：

（1）严重侵害赠与人或者赠与人的近亲属的；

（2）对赠与人有扶养义务而不履行的；

（3）不履行赠与合同约定的义务的。

第二，应当在知道撤销原因之日起一年内行使撤销权。

第三，只能由赠与人本人行使撤销权。

3. 继承人或监护人撤销赠与的条件。

第一，因受赠人的违法行为致使赠与人死亡或者丧失民事行为能力；

第二，自知道或者应当知道撤销原因之日起六个月内行使。

（三）撤销权行使的法律效果

撤销权一经行使即发生效力。因撤销权为形成权，其行使的效果是使赠与合同关系归于消灭。所以，当赠与人交付之前行使撤销权的，赠与人自可以拒绝履行而无须承担违约责任；当赠与物已交付受赠人后行使撤销权的，受赠人因失去取得赠与物的合法根据而应当返还受赠与的财产。受赠人拒绝返还的，赠与人有权请求其返还。

五、赠与合同需要公证吗

赠与合同的生效并不以公证为要件，并非一定要公证；但赠与人和受赠人双方协商一致进行公证，是意思自治行为，法律也不禁止。

六、签订赠与合同的注意事项

赠与合同是一种双方、无偿的行为，赠与合同须当事人双方意思表示一致才能成立，如果赠与人有赠与的表示，但受赠人并没有接受的意思，则合同仍不能成立。

鉴于赠与合同的特点结合法律对赠与合同的规定，在实践中签订赠与合同应注意如下几点。

1.赠与合同的内容要具体明确。赠与合同主要包括：合同当事人双方、赠与的财产名称、财产目前状况、赠与合同履行的时限以及方式、赠与是否附条件以及什么条件、赠与合同的违约责任以及争议解决方式。

2.从赠与人的角度考虑，若赠与行为在交付财产或转移权利之前有可能撤销，建议对赠与合同进行公证。

3.如果赠与人在赠与财产时对受赠人有一定的要求，则可作为一个赠与的条件。如果受赠人无法满足赠与人提出的条件，或者受赠人的行为让赠与人不满意，则赠与人可以名正言顺地拒绝履行赠与义务。

4.赠与的财产依法需要办理登记等手续的，应当约定办理有关手续的内容。

5.赠与人应在赠与合同中说明赠与财产存在的瑕疵，否则由此给受赠人造成损失的将承担责任。

（以上人名均为化名）

32. 老父去世，儿媳将房产登记到自己名下

案件简介*

刘军共有7个子女，生前有房屋一套，但未分家析产。1998年，刘军去世。因父亲刘军生前未立遗嘱，兄妹7人便口头商量将这套房屋交由老四刘强居住。2010年7月，当地政府将辖区房屋报请房管部门进行登记。为了在规定期限内上报登记材料，刘强夫妇在其他兄妹6人不知情的情况下，自拟了一份继承协议递交至村委会。按照该协议，刘军遗留下的这套房屋由刘强夫妻二人继承。村委会

未经调查核实，采信了继承协议上的内容，并出具了刘强夫妻为刘军房屋法定继承人的证书。

于是，刘强夫妇将继承协议、村委会出具的证书及以刘强名义所作的“具结保证书”等材料上报国土资源和房屋管理局。房管局接收材料后，在未认真核实材料真实性的情况下，认定刘强是房屋的法定继承人，将房屋变更登记到刘强与王娟名下，并向其颁发了房地产权证。

后来，刘家兄妹6人发现后，认为刘强夫妇虚构继承协议，相关部门审查不严，在认定事实错误的情况下颁发的房产证应属无效，告上法庭，要求判决撤销错误登记，停止侵害行为。

【争议焦点】

刘强夫妇是否虚构继承协议，房产过户的房产证是否属于无效？

【法院判决】

判决房管局撤销对房屋的错误登记行为。法院审理后认为，国土资源和房屋管理局为刘强夫妻登记颁证行为所依据的材料的基础事实不具客观真实性。房管局在审查过程中，未尽到应有的审慎核查义务，未核实房屋原权利人刘军的子女情况。故房管局向刘强夫妇颁发房地产权证主要证据不足，刘家兄妹6人与被诉房屋登记行为所涉房产存在继承利害关系，其诉讼请求正当、合法。

温馨提示

目前继承房产过户仍需要办理房产继承公证。

关于房产继承的方式有两种：一是遗嘱继承，二是法定继承。如果死者生前没有留有遗嘱就要按照法定继承来办理。如果法定继承人不止一个，而房产只过户给其中一人的话，需要其他人的书面同意，表示放弃对房产的继承。

延伸解读

一、房屋如何办理继承手续

1.要到被继承人户籍所在地的派出所注销户籍，办理死亡证明。

2.到公证处办理继承权公证，房产继承分两种：一是遗嘱继承，二是法定继承。需要提交的材料有：

（1）被继承人死亡证明；

（2）该套房屋的产权证明或其他凭证；

（3）户口簿或其他可以证明被继承人与法定继承人的亲属关系的证明文件；

（4）继承人的身份证件。

有遗嘱的继承权公证另需提交的资料：被继承人所立遗嘱（该遗嘱必须是已公证过的遗嘱，其他形式的遗嘱由于无法认定其真实性，因此暂不予采纳）。

3. 办理房屋过户登记，申请人是继承人或者受遗赠人。

申请人应当向登记机构提交下列文件：《房地产登记申请书》（原件）、身份证明（复印件）、房地产权证（原件）、继承权公证文书或者遗嘱公证书和接受遗赠公证书（原件）、契税完税凭证（原件）。

二、房屋继承过户

根据《中华人民共和国民法典》继承编的有关规定，继承可以分为法定继承、遗嘱继承和遗赠等。其中遗嘱继承又分为自书遗嘱、代书遗嘱、录音录像遗嘱、公证遗嘱、口头遗嘱、打印遗嘱等，但不论何种遗嘱都应当是立遗嘱人真实意思的表示。

需提交的资料包括下面几种。

1. 申请书原件（房地产交易中心有规范格式）；

2. 当事人身份证件；

3. 如由委托代理人办理，需提供委托书原件及代理人身份证件；

4. 房地产权证原件；

5. 房屋平面图及地籍图原件；

6. 契税完税证（备查联）及契税完税贴花原件，纳税后提交；

7. 被继承人死亡证明；

8. 继承权公证书原件；

9. 其他有关文件。

备注：随着政策的调整，各地对上述需要或有调整。

（以上人名均为化名）

33. 老父去世，留录音遗嘱有效吗

案件简介

老田身患多种疾病，自老伴2016年9月病故后，身体更是每况愈下。2017年3月，老田与儿子、女儿订立了一协议，协议约定：待老田过世之后，位于县城的住房一套及家中财产归儿子所有，位于乡下的三间住房及附房等财产归女儿所有。

后因老田与儿媳发生矛盾，老田被女儿接至家中生活。女儿女婿对其极尽照料，但儿子儿媳却甚少过问。2019年9月，老田卧床不起，弥留之际，老田表示要将县城的住房转归女儿，而乡下的房子归儿子。外孙女用手机将老田上述话录音并存储于手机中。当月老田病故。后老田女儿向法院起诉要求将县城的住房判归其所有。

【争议焦点】

去世留录音遗嘱是否具有法律效力?

【法院判决】

录音遗嘱无效驳回原告诉讼请求。

法院审理后认为，2017年3月老田与子女订立的协议，其实质是一份遗嘱，其子女均在协议上签字，视为同意此种财产继承分配方案，该遗嘱应为有效。老田外孙女用手机所录老田关于遗产重新分配的陈述，属于录音遗嘱，但该录音的见证人为老田女儿和外孙女，两人依法不能作为遗嘱见证人，故该录音遗嘱无效。继承遗产应当按照老田2017年3月订立的遗嘱执行。法院最终判决驳回原告要求继承县城住房的诉讼请求。

温馨提示

这是一起被继承人死亡后引起的继承纠纷。本案老田生前留有两份遗嘱，明显不适用法定继承，但两份遗嘱一前一后，应以哪一份遗嘱为准?《中华人民共和国民法典》继承编规定，如遗嘱人立有多份遗嘱，而这多份遗嘱内容上相互抵触，可推定最后一份遗嘱是对前面遗嘱的变更或撤销，以最后的遗嘱为准。但适用此规定的前提条件是所立遗嘱须合法有效。

有效的遗嘱必须符合下列条件：

1.遗嘱人在立遗嘱时必须具有完全行为能力。

2.遗嘱必须是遗嘱人的真实意思表示。

3.遗嘱内容必须合法。

4.遗嘱的形式必须符合法律规定。

本案中，老田于2017年3月订立的遗嘱，完全符合上述四种要件，且三方签字，故该遗嘱具有合法的法律效力。而后一份录音遗嘱，虽然符合上述第1、2、3点设定的条件，但其形式要件却不符合法律规定。

《中华人民共和国民法典》继承编规定，以录音形式订立的遗嘱，应当有两个以上见证人在场见证，其立法本意是为了确保录音遗嘱的真实性。

同时《中华人民共和国民法典》继承编对见证人的资格做了规定，下列人员不能作为遗嘱见证人：

1.无民事行为能力人、限制民事行为能力人以及其他不具有见证能力的人；

2.继承人、受遗赠人；

3.与继承人、受遗赠人有利害关系的人。

对照该规定，老田女儿和外孙女不具有见证人资格。因此，该录音遗嘱因见证人不符合法律规定，应视为无效。综上，原告提供的录音遗嘱不具有法律效力。

延伸解读

遗嘱的方式有多种：自书遗嘱、代书遗嘱、录音录像遗嘱、口头遗嘱、打印遗嘱等，有的人在病重的时候来不及书写书面遗嘱，于是便采用了手机录音或摄像录音等方式将遗嘱内容记录下来。

1.录音遗嘱的有效性确定需要满足以下条件。

（1）必须由遗嘱人亲自制作，并亲自叙述遗嘱的全部内容；

（2）必须请两个以上的见证人在场作证；

（3）录音开始时，遗嘱人、见证人必须分别说明自己的姓名、性别、年龄、籍贯、职业、所在工作单位和家庭住址等；

（4）遗嘱人必须说明制作录音遗嘱的具体地址和年、月、日、时；

（5）录音制作完毕，应当密封保存，并在封面上由遗嘱人、见证人签名，注明年、月、日。然后，由遗嘱人或交见证人保管。

2.哪些人不能作为录音遗嘱的见证人？

（1）无民事行为能力人、限制民事行为能力人以及其他不具有见证能力的人；

（2）继承人、受遗赠人；

（3）与继承人、受遗赠人有利害关系的人。

如果已经订立了公证遗嘱，那么，能否用录音遗嘱变更公证遗嘱的内容？

《中华人民共和国民法典》继承编第一千一百四十二条规定，遗嘱人可以撤回、变更自己所立的遗嘱。立遗嘱后，遗嘱人实施与遗嘱内容相反的民事法律行为的，视为对遗嘱相关内容的撤回。立有数份遗嘱，内容相抵触的，以最后的遗嘱为准。

3.录音遗嘱能否对夫妻共同财产进行分配？

《中华人民共和国民法典》继承编第一千一百五十三条规定，夫妻共同所有的财产，除有约定的外，遗产分割时，应当先将共同所有的财产的一半分出为配偶所有，其余的为被继承人的遗产。遗产在家庭共有财产之中的，遗产分割时，应当先分出他人的财产。

4.录音遗嘱公证怎么办理？

录音遗嘱，是由录音机录制下来的遗嘱人口授的遗嘱。用录音遗嘱容易被伪造和剪辑，因此，法律规定以录音形式立的遗嘱，应当有两个以上见证人在场见证，以证明遗嘱的真实性。

（以上人名均为化名）

34. 老汉病逝，继母子展开遗产大战，谁有权继承

案件简介

原告老康与老贾系夫妻关系，双方均系再婚。老贾再婚前有两个孩子分别是贾大与杨二。1957年，被告贾大之母老杨与老贾离婚。长子贾大由父亲老贾抚养，次子杨二跟随母亲老杨共同生活。

1967年12月，原告老康与老贾登记再婚。两人婚后共同生活了几十年，感情一直不错，婚后没有再生育子女。

2005年，老康与老贾共同购买房屋一套，登记在老贾名下，房屋价值120万元。2007年5月，老贾因病去世，对于房屋的继承问题，老康与贾大、杨二未能达成协议。老康遂诉至法院，要求继承老贾名下的房屋。

【争议焦点】

继母子三人谁具有老汉的遗产的继承权?

【法院判决】

继母子三人均有继承权。

被继承人老贾生前未立遗嘱，其遗产继承应按照法定继承处理。老康作为老贾的妻子，贾大和杨二作为老贾的子女均为第一顺序继承人。法院按照各继承人的应得份额对老贾的遗产进行分割，登记在老贾名下的房屋由三人共同继承。

在本案中，老康属于年迈且对被继承人尽了主要扶养义务的情况。老康与老贾结婚几十年来对他照顾有加，在老贾生病期间更是悉心照料。所以，老康的份额应当大于平均份额。

被告贾大是老贾的儿子，但是在父亲生病期间疏于照料，应当适当少分。相比较而言，杨二从小跟随亲生母亲生活，与父亲没有共同生活过，对父亲完全没有尽到赡养义务，也应当少分。

最终判决：房屋由原告老康继承所有。被告协助原告办理房屋过户相关手续。原告老康于判决生效后十日内向被告贾大支付15万元，向被告杨二支付10万元房屋折价款。

【律师说法】

依据法律规定，继承从被继承人死亡时开始；遗产是公民死亡时遗留的个人合法财产。本案中的老贾名下房屋属于遗产。由于老贾没有订立遗嘱，遗产继承按法定继承。依据《中华人民共和国民法典》婚姻家庭编，夫妻有相互继承遗产的权利。父母和子女有相互继承遗产的权利。

《中华人民共和国民法典》继承编第一千一百二十七条规定："遗产按照下列顺序继承：第一顺序：配偶、子女、父母。第二顺序：兄弟姐妹、祖父母、外祖父母。继承开始后，由第一顺序继承人继承，第二顺序继承人不继承；没有第一顺序继承人继承的，由第二顺序继承人继承。本编所称子女，包括婚生子女、非婚生子女、养子女和有扶养关系的继子女……"所以，本案中的被继承人老贾的妻子老康、儿子贾大和杨二都有继承权。

对于继承份额，《中华人民共和国民法典》继承编第一千一百三十条规定了原则上一般应当均等，但是也规定了例外情况。

1.对生活有特殊困难又缺乏劳动能力的继承人，分配遗产时，应当予以照顾，即对没有独立经济来源或其他经济收入而难以维持最低生活水平，并且因年幼或年迈、病残等原因没有劳动能力的继承人，应照顾多分遗产，其所得份额应大于平均份额。

2.对被继承人尽了主要扶养义务或者与被继承人共同生活的继承人，分配遗产时，可以多分。

3.有扶养能力和有扶养条件的继承人，不尽扶养义务的，分配遗产时，应当不分或者少分。

4.继承人协商同意的，也可以不均等。

延伸解读

一、继子女和养子女的区别

养子女是指养父母或养父、养母收养的孩子。继子女是指丈夫与前妻或妻子与前夫所生的子女。

养子女和继子女在民事法律关系中的权利和义务是不同的，主要表现在以下两个方面。

1.养子女同养父母之间的权利义务关系是从收养关系成立时起，双方应相互承担义务并享有权利；而继子女同继父母之间的权利与义务关系，是由于继母或继父对子女进行了抚养教育才互相承担义务和享受权利。

2.养子女同生父母的权利义务关系，自收养关系成立时即消除；而继子女同生父母的权利义务关系，不因继父或继母与继子女已形成抚养教育关系而消除。继子女未成年时，生父母仍然对他都负有抚养教育的义务。这样，受继父或继母抚养教育的继子女，与生父母和继父或继母有着双重的权利义务关系。如果继父或继母将继子女收养为养子女，则随着收养关系的成立，继子女与生父母的权利义务关系即消除，而与养父或养母建立起父母子女的权利义务关系。

二、什么是有抚养关系的继子女

1.继子女尚未成年，随生父母一方与继父或继母共同生活时，继父或继母对其承担了部分或全部生活教育费，或成年继子女在事实上对继父母长期进行了赡养扶助，亦视为形成了抚育关系。

2.继子女与继父母共同生活，继父母对继子女给予生活上的照料与抚养；或者虽未与继父母共同生活，但继父母对其承担了部分或全部生活费、教育费；或者成年继子女事实上长期赡养扶助继父母。

3.继父母负担了继子女全部或部分生活费和教育费；继父母与未成年继子女共同生活，对继子女进行了教育和生活上的照料，即使未负担抚养费用，也应认为形成了抚养关系。

4.判断继父母与继子女之间是否形成抚养教育关系的主要标准是继父母是否承担了继子女全部或部分生活费和教育费。如果未承担任何费用，即使对继子女进行了教育和生活上的照料，亦不能认为他们之间形成了抚养教育关系，而只是一种姻亲关系。

（以上人名均为化名）

35. 爷爷去世未留遗嘱，姑父也享有继承权

案件简介*

老刘的老伴去世多年，留下老刘自己单过。虽说有一子一女，也算孝顺，但都已经成家立业。儿子叫刘达，女儿叫刘青。刘达婚后生活幸福美满，有一子名叫刘晓。女儿刘青和女婿吕俊也已结婚两年，但没有子女，日子过得虽不富裕，但也夫妻恩爱。

不曾想，老刘的儿子刘达在2009年7月因交通事故死亡。老刘伤心过度，卧床不起，其间又听闻女儿刘青查出癌症晚期，精神再次受到严重打击，接二连三的噩耗使得老刘身体每况愈下，于2013年8月病逝。其去世时，没有留下遗嘱，名下有一套80平方米的商品房和存款10万元。

老刘的女儿刘青由于是癌症晚期，虽经吕俊精心照料，但身体里的癌细胞已经扩散，于2016年11月因癌症去世。

家中亲人相继离开，留下来的亲人之间谁也没有提继承的事情。慢慢地过了几年，刘晓觉得自己是家里唯一的男孩子，爷爷、父亲、姑姑都走了，所以爷爷的财产已经由自己一人继承，后来全家商量此事时，没有想到姑父吕俊不同意，吕俊认为自己也有一定的继承权。

刘晓想不通，姑姑都已经去世了，姑父是外人，怎么可以继承爷爷的财产？如果姑父有继承权，那自己的母亲也有继承权呀？协商未果，刘晓于2018年12月一纸诉状将姑父吕俊告上法庭。

【争议焦点】

如若爷爷去世未留下遗嘱，姑父是否也享有继承权？

【法院判决】

刘晓的姑父对遗产也享有继承权。

经法院审理认为，刘青作为被继承人的法定继承人，其在被继承人老刘死亡

后，遗产分割前去世，其已经继承了被继承人的财产份额。吕俊作为刘青的唯一法定继承人，对老刘的财产享有权利是基于转继承，根据原《中华人民共和国继承法》的规定，吕俊对老刘的遗产享有继承权。

温馨提示

本案涉及《中华人民共和国民法典》继承编中关于代位继承、转继承的概念以及二者的区别问题，同时也涉及“丧偶儿媳、女婿的继承权问题”。根据《中华人民共和国民法典》继承编第一千一百二十八条的规定，代位继承是指被继承人的子女先于被继承人死亡的，由被继承人的子女的直系晚辈血亲代替先死亡的长辈直系血亲继承被继承人遗产的一项法定继承制度。

本案当中，被继承人老刘的儿子刘达，先于被继承人死亡，孙子刘晓作为继承人刘达的唯一直系血亲，代替其父亲的位置来继承被继承人的遗产，其享有的份额等同于其父亲应继承的份额。

那么法院判决其姑父吕俊享有继承权基于什么原因呢？

这就涉及“转继承”的概念。“转继承”是一个学理概念，是指继承人在继承开始后，遗产分割前死亡，本应由其继承的遗产份额转由其继承人继承的一项继承制度。本案当中女儿刘青作为被继承人的法定继承人之一，在被继承人死亡后，遗产分割前死亡，那么本应该由刘青继承的份额，按照该理论，转而由刘青的法定继承人吕俊继承，刘晓的姑父吕俊据此“转继承”，获得了其姑姑刘青应该从老刘处继承的份额。

很多人搞不清代位继承与转继承的区别，对此总结出几点不同。

1.代位继承中被继承人的子女先于被继承人死亡，而转继承中，继承人是在被继承人死亡后、遗产分割前死亡。

2.代位继承一般只存在于法定继承中，而转继承既适合于法定继承也适合于遗嘱继承。

3.性质不同，转继承是连续继承，代位继承是替补继承。

从《中华人民共和国民法典》继承编第一千一百二十七条的规定来看，儿媳并不在法定继承人的范围之内。

根据《中华人民共和国民法典》继承编第一千一百二十九条规定，作为丧偶儿媳、丧偶女婿若想获得继承权，必须满足“对公婆、岳父母尽了主要赡养义务”这个前提条件。而本案中的刘晓的母亲不存在这种情况。其姑父吕俊也不符合该条件，当然吕俊也不是基于这个原因获得继承权，而是基于配偶刘青的死亡，发生转继承，获得继承老刘财产份额的权利。

【律师说法】

一、代位继承人是第一顺序继承人吗

代位继承人是第一顺序继承人。《最高人民法院关于贯彻执行〈中华人民共和国继承法〉若干问题的意见》第二十六条规定“被继承人的养子女、已形成扶养关系的继子女的生子女可代位继承；被继承人亲生子女的养子女可代位继承；被继承人养子女的养子女可代位继承；与被继承人已形成扶养关系的继子女的养子女也可以代位继承”。

《中华人民共和国民法典》继承编第一千一百二十八条规定，代位继承人一般只能继承被代位继承人有权继承的遗产份额。因此，他们无权要求与被代位继承人处于同一顺序的其他法定继承人平分遗产，即有两个或以上的代位继承人只能继承其父或母的一份，不能按人头参与平分继承遗产。

二、代位继承权指什么

代位继承，又称间接继承，是指在法定继承中，被继承人的子女先于被继承人死亡的，由被继承人的子女的直系晚辈血亲代替其父母的继承顺序继承被继承人遗产的法律制度。

该制度的设立是基于，继承权的行使主体应为实际生存，若继承人先于被继承人死亡，显然无法行使继承权利。为了保障先于被继承人死亡的继承人的直系晚辈血亲的物质及经济利益，因而设立了代位继承制度。

《中华人民共和国民法典》继承编第一千一百二十八条规定，被继承人的子女先于被继承人死亡的，由被继承人的子女的直系晚辈血亲代位继承。代位继承人一般只能继承被代位继承人有权继承的遗产份额。

三、代位继承有哪些法律特征

1. 代位继承的发生，必须有被继承人的子女先于被继承人死亡的法律事实。被继承人的子女也就是被代位继承人，包括有继承权的婚生子女、非婚生子女、养子女和有扶养关系的继子女。被继承人子女的死亡，包括民法所涉及的自然死亡和被宣告死亡。

2. 代位继承人一般只能取得被代位继承人应继承的遗产份额。无论代位继承人人数多寡，也只是代替被代位继承人行使继承权。

3.被代位继承人生前必须具有继承权。如果被继承人的子女生前已经丧失了继承权，则其晚辈直系血亲不得代位继承。

4.代位继承只适用于法定继承方式。这是因为遗嘱必须以立遗嘱人死亡为生效的条件，在遗嘱继承人先于立遗嘱人死亡的情况下，遗嘱无效。

代位继承权的实现前提是被继承人的子女先于被继承人死亡。需要注意的是，代位继承同样适用于胎儿的保留份，其原理与法定继承中的胎儿保留份是一致的。

（以上人名均为化名）

36. 老人死后留有两份遗嘱，内容冲突怎么办

案件简介

张老汉是油田的退休工人。张老汉老伴去世时，子女放弃继承，老两口共有的房产，全部归了张老汉。张老汉一子一女大学毕业，都在外地工作，在外地安家，无暇回来照顾他的日常生活。老伴走后，连饭都不会做的张老汉，独立生活出现了问题。经和子女联系，征得他们的同意，张老汉雇请了一个“陪床保姆”袁老太。为了让保姆袁老太和他一心一意过日子，把他侍候得更加周到，袁老太进入张老汉家不久，张老汉就找人代书了一份遗嘱，并对代书全过程进行了录像。遗嘱载明：张老汉死后，张老汉的房产全部归保姆袁老太所有。

事后，张老汉觉得，死后把全部房产都归袁老太所有，有些对子孙过意不去。于是他背着袁老太又找人代书了一份遗嘱，并把这份代书遗嘱寄给了儿子和女儿。遗嘱明确：张老汉死后，张老汉的房产变卖，所得款项袁老太继承一半，儿子和女儿各继承四分之一。为了不让袁老太分心，此事，张老汉直到临终，一直没有告诉袁老太。

就这样过了九年，张老汉因病去世。处理完张老汉的后事，袁老太立即拿出张老汉的代书遗嘱要办理房产继承手续。这时，张老汉的子女拿出了张老汉后立的代书遗嘱，表示对张老汉第一份代书遗嘱的否决。双方就张老汉的遗产继承达不成一致意见，最后双方来到法院。

【争议焦点】

两份遗嘱内容冲突如何解决？

【法院判决】

第一份遗嘱合法。法院审理中查明，张老汉子女提供的张老汉的第二份代书遗嘱，是打印的。该遗嘱的代书人和见证人，当时并没在打印遗嘱上签字，所书姓名都是发生争议后，找代书人、见证人补签上的。这点，代书人、见证人在证言中做了说明。因为第二份遗嘱存在瑕疵，第一份遗嘱合法。法院判决张老汉遗留的房产，全部归保姆袁老太继承。

温馨提示

两份遗嘱内容冲突怎么办？

袁老太是张老汉的“陪床”保姆，事实上和张老汉的关系是一种同居关系，袁老太不能根据《中华人民共和国民法典》婚姻家庭编夫妻有相互继承遗产的权利，继承张老汉的遗产。因为有遗嘱，根据《中华人民共和国民法典》继承编第一千一百二十三条规定，继承开始后，按照法定继承办理；有遗嘱的，按照遗嘱继承或者遗赠办理；有遗赠扶养协议的，按照协议办理。张老汉的子女也不能依据《中华人民共和国民法典》继承编第一千一百二十七条规定，第一顺序：配偶、子女、父母的法定继承的顺序来继承张老汉的遗产。

按《中华人民共和国民法典》继承编第一千一百四十二条规定，遗嘱人可以撤回、变更自己所立的遗嘱。立有数份遗嘱，内容相抵触的，以最后的遗嘱为准。就此案来说，张老汉先后立有两份代书遗嘱，本应以第二份代书遗嘱为准。

可张老汉所立的第二份代书遗嘱不符合《中华人民共和国民法典》继承编第一千一百三十五条规定，代书遗嘱应当有两个以上见证人在场见证，由其中一人代书，并由遗嘱人、代书人和其他见证人签名，注明年、月、日。代书人、见证人没有当场签字，导致第二份代书遗嘱存在瑕疵。所以，第一份代书遗嘱合法有效，最后按第一份遗嘱执行了。张老汉的子女没有分到张老汉的房产，张老汉的房产被保姆袁老太全部继承。

【律师说法】

一、遗嘱为什么会无效

在近些年遗嘱无效原因比较多见。第一种情况，无权处分财产。把不属于自己的财产或者共同财产通过遗嘱的形式进行了处理，导致这部分遗嘱无效，或者整体遗嘱都无效。

第二种情况，不符合形式要件。遗嘱有多种类型，每种类型都有法律规定的特别要件，如果不符合形式要件的要求，最终会导致遗嘱无效。

第三种情况，意思表示不明。很多老人在书写遗嘱的过程中，甚至口述遗嘱的过程，对自己的意思表达不清楚、不明确，或者有歧义。这种情况可能会导致遗嘱部分无效或者全部无效。这种情况在现实生活中，尤其是在农村，特别容易出现。老人表述不清，写的东西或者说的话，甚至都交代不清楚。这种情况下，生活中实际上是很常见的。

还有一部分小概率事件，就是协议与其他协议抵触。比如，遗嘱人立了遗嘱，说把房子给谁。遗嘱立完以后，他又跟其他人签了合同，把房子卖了。这样的遗嘱目的也已经无法实现。另外，就是违反强制性的规定。比如，应该预留给胎儿或者遗留给无劳动能力和无生活来源的人而没有预留。

二、真正的自书遗嘱究竟该怎么写

第一，首先要表明这是一份遗嘱。

第二，遗嘱人的家庭情况。

第三，订立遗嘱原因。

第四，遗嘱处分的财产情况。

第五，遗产的分配办法和份额。

第六，指定继承人的姓名、性别、年龄等情况，都需要罗列清楚。

第七，对财产和其他事务的处理意见。

最后，亲笔书写遗嘱。

自书遗嘱需要亲笔书写，明确具体年月日、签名，这是自书遗嘱的情况。实际上代书遗嘱也是一样的，你需要找一个人替你代书，还需要两个见证人，包括口头遗嘱、录音遗嘱、打印遗嘱等，都需要满足法律规定的形式要件。

另外，在自书遗嘱的时候，保留比对笔迹的相关文件。发生争议的时候，可以有检材用于鉴定。

其实，实际的生活远远复杂于我们所能表达出来的情况。在遇到具体个案的时候，也需要具体个案具体分析。

不过这个案件再一次提醒人们，要实现遗愿，遗嘱必须写清楚，必须符合遗嘱的法定的实质和形式要件。

（以上人名均为化名）

37. 老人再婚签订婚前协议去世后，老伴起诉继承婚前财产

案件简介

吴文与前妻育有三个子女，即三名被告吴甲、吴乙、吴丙。2000年5月1日吴文与小乐再婚。结婚后一个月，双方订立《财产约定》，明确吴文单位分配的A房屋是吴文的个人财产，即使在婚后依然属于吴文的个人财产，不属于共同财产。

2000年12月，吴文支付了成本价，将A房屋的产权登记在吴文名下。

2014年7月吴文去世，没有留下遗嘱。现小乐起诉至法院，要求继承吴文名下的这套房屋。

【争议焦点】

再婚夫妻签订有婚前协议，老伴去世后，另一方可否继承？

【法院判决】

吴文名下的房屋由原告小乐、被告吴甲、被告吴乙、被告吴丙共同继承，每人各占1/4份额。

法院审理后认为，夫妻在婚姻关系存续期间所得的共同所有的财产，除有约定的外，如果分割遗产，应当先将共同所有的财产的一半分出为配偶所有，其余的为被继承人的遗产。

然而在本案中，吴文与小乐签有婚前协议，明确该房屋不属于共同财产，应从其约定，该房屋属吴文遗产，应按法定继承办理。根据各方提交的证据及庭审，本院不能确定有哪一方可以多得遗产的情形。因此，该房产应由原告与三被告共同继承。

【律师说法】

根据《中华人民共和国民法典》继承编第一千一百二十二条规定，遗产是自

然人死亡时遗留的个人合法财产。依照法律规定或者根据其性质不得继承的遗产，不得继承。

《中华人民共和国民法典》婚姻家庭编规定，财产约定是将要结婚的男女双方或夫妻双方共同自愿签署的具有法定约束力的书面协议。在约定中，夫妻双方可约定哪些财产为夫妻一方的个人财产，哪些财产为夫妻共同财产。本案中，诉争房产已经以书面协议的形式约定为被继承人吴文的个人财产，原告不享有一半的产权；但是，这不影响原告以其配偶的身份与其他法定继承人共同继承遗产。

延伸解读

一、财产继承制度

财产继承制度中有法定继承和遗嘱继承两种主要的继承方式。被继承人死亡以后如果没有留下遗嘱、遗赠及遗赠扶养协议的，或者是遗嘱、遗赠及遗赠扶养协议依法不能认定的，适用法定继承。所谓法定继承是指按照法律规定的继承人的范围、继承人顺序、遗产分配原则来分配被继承人遗产的一种继承方式。这种继承只是在没有遗嘱时发生法律效力，故又称无遗嘱继承。继承婚前财产如果适用法定继承就必须确定法定继承人的范围和顺序。

二、婚前财产婚后可以自动转化为夫妻共同财产吗

结婚后经过一段时间，婚前的个人财产就会转为夫妻共同财产吗？答案是否定的。人们之所以有这样的误解，是源于一条已失去法律效力的规定。

根据《最高人民法院关于人民法院审理离婚案件处理财产分割问题的若干具体意见》（以下简称《意见》）第六条规定，一方婚前个人所有的财产，婚后由双方共同使用、经营、管理的，房屋和其他价值较大的生产资料经过8年，贵重的生活资料经过4年，可视为夫妻共同财产。按照该约定，房屋等资产，在经过共同管理8年后就转为了夫妻共同财产。实际上，该《意见》已被2001年婚姻法所修改。2001年《中华人民共和国婚姻法》第十八条明确规定："有下列情形之一的，为夫妻一方的财产：（一）一方的婚前财产……该法修改的时间在上述意见颁布时间之后，根据新法优于旧法的原则，该条已修改替代了前述意见中的规定。"目前的《中华人民共和国民法典》婚姻家庭编同样延续了这一规定，只要是婚前个人财产，无论婚后多少年都不会自动转化为夫妻共同财产。当然，如果

一方自愿将婚前个人财产约定为夫妻共同财产的除外。

三、对所涉知识产权的夫妻共同财产的认定

知识产权是人们就其智力创造的成果所依法享有的专有权利。知识产权具有无形性、专有性、地域性和时间性的特点。知识产权虽然无形，但它都是能够带来财富的“以权利为标的的物权”，所以在当前的离婚案件中，对所涉知识产权也可以作为夫妻共同财产来分割。这并不是讲知识产权中的所有权利夫妻都能够共同享有。因为知识产权是基于人们的智力创造的成果，从公平原则出发，应该对付出劳动的一方权益给予照顾。另外，从发挥知识产权的社会功效和经济效益，保护知识产权的完整性、知识产权领域中的有序性，以及有利于经济发展的角度来看，没有付出智力劳动的一方当事人在分割财产时只能享有分割该知识产权所得的实际财产的权利。对于其他诸如著作权中的人身权、表演权、播放展览权、发行权、改编权、翻译权、注释权等，专利权中的专利申请权、使用权、销售权、商标权中的使用权、禁止他人使用权等权利，是不能作为夫妻共同财产来分割的，并且在分割财产时对没有付出智力劳动的一方当事人的补偿应以一次性给付为宜。

四、对一方进行经商等营利性活动所得的财产和分居期间所得财产、收益的认定

《中华人民共和国民法典》婚姻家庭编规定，夫妻在婚姻关系存续期间所得的财产，归夫妻共同所有，双方另有约定的除外。夫妻对共同所有的财产有平等的处理权。从中可知我国实行的是夫妻共同财产制和约定财产制相结合的制度。夫妻在婚姻关系存续期间双方的一切所得，除另有约定的外均为夫妻共同所有，享有平等的所有权，我国的夫妻共同财产是随着夫妻身份关系的确立而形成的。所以，一方进行经商等营利性活动所得的财产只要是在夫妻关系存续期间创造的，均应认定为夫妻共同财产。那种以贡献大小有无来认定夫妻共同财产任意歪曲法律的做法是错误的。另外，《中华人民共和国民法典》婚姻家庭编也没有规定离婚必须经过分居阶段。夫妻双方在分居期间虽然没有共同生活，但他们的夫妻身份关系仍在存续期间，所以这期间所得的财产、收益的性质仍应认定为夫妻共同财产，当然有特别约定的除外。

（以上人名均为化名）

38. 两份遗嘱内容相悖怎么办

案件简介

北京市某小区某单元202室（建筑面积66.92平方米）原登记在蔡秀琴名下。2006年3月30日，经该地公证处公证，蔡秀琴立下遗嘱，称："位于该地某单元202室（建筑面积66.92平方米）的房产中属于我蔡秀琴所有的房产，在我去世后，由我的儿子刘齐一人继承。"在公证员询问的过程中，蔡秀琴称其希望将来等刘齐百年以后将该房屋留给刘美（即蔡秀琴的另一个儿子）。

蔡秀琴去世后，其法定继承人儿子刘齐、刘美以及老伴刘大爷于2018年6月共同前往该地公证处办理继承公证，两个儿子均表示其尊重蔡秀琴的遗嘱，也希望刘齐能按照蔡秀琴的意愿在刘齐百年后将房屋过户给刘美。同日，刘齐自书遗嘱一份，上面写到在刘齐和妻子章慧百年后，上述房屋交刘美全权支配。该份遗嘱交给刘美保存。

2018年9月，上述房屋过户至刘齐名下。

2019年7月21日，刘齐又自书遗嘱一份，称其所有的全部房屋及所有财产在百年后归章慧一人所有，并同时表明要撤销2018年6月所立下的遗嘱。

2019年12月9日，刘齐因病去世，刘美就该房产继承事宜多次与被告章慧协商，均未达成一致意见。故原告刘美诉至法院，请求判令由刘美继承该房屋。

【争议焦点】

两份遗嘱的内容相悖，该如何处理遗产问题？

【法院判决】

驳回原告刘美的诉讼请求。

刘齐先后立下两份自书遗嘱，内容相抵触，应以后一份遗嘱为准，且后一份遗嘱中明确撤销前一份遗嘱。因此，原告所持的落款日期为2018年6月的遗嘱已被撤销。

刘美主张，刘齐后一份遗嘱违背了母亲蔡秀琴的真实遗愿，且属于无正当理由不履行遗嘱所附义务的行为，可取消刘齐接受蔡秀琴遗产的权利，因此该遗嘱无效。对此法院认为，蔡秀琴所立遗嘱明确将其上述财产处分给刘齐，仅在立遗嘱过程中表达了对刘齐日后处理房屋的希望，该希望并非遗嘱所附的义务。刘齐未按照蔡秀琴的遗愿处理该房屋，并不影响其对该房屋享有的所有权，也不影响其处理该财产的行为的效力。因此，原告的该项主张本院不予采纳。因原告所持的落款日期为2018年6月遗嘱已被撤销，原告要求继承涉案房屋的诉讼请求，本院不予支持。

温馨提示

先后立两份遗嘱，哪份才具有法律效力？

《中华人民共和国民法典》继承编第一千一百二十二条规定，遗产是自然人死亡时遗留的个人合法财产。依照法律规定或者根据其性质不得继承的遗产，不得继承。

根据上述法律规定，虽然被继承人所立的两份遗嘱内容相悖，但均是有效的自书遗嘱，因此，法院判决以最后一份为准。

遗嘱人在订立新的遗嘱中，不论是否明确撤销、变更原遗嘱，只要前后两个遗嘱的内容相抵触，即意味着前遗嘱被推定为变更或撤销。全部抵触，全部撤销；部分抵触，部分撤销。遗嘱人的行为与遗嘱相抵触时，其抵触行为则被视为对原遗嘱的部分或全部撤销。

延伸解读

现在，很多老人的思想观念发生了转变，都会在生前留下遗嘱，安排好自己去世后的遗产继承问题。由于对法律知识的匮乏，他们也不愿意找律师，或者进行遗嘱公证，自己写一份，结果因为不符合法律规定，遗嘱被认定为无效，这样，老人生前的安排就付诸东流了。

自书遗嘱是遗嘱的一种形式，其有效要件主要是：

（1）立遗嘱人必须是具有完全民事行为能力的人。

（2）遗嘱是自己的真实意思表示。

（3）遗嘱只能处分自己的财产。

（4）遗嘱应当对缺乏劳动能力又没有生活来源的继承人保留必要的遗产份额。

（5）不能违反法律规定、社会公德。

除此之外，自书遗嘱还必须具备特殊的形式要件，《中华人民共和国民法典》继承编第一千一百三十四条规定，自书遗嘱由遗嘱人亲笔书写，签名，注明年、月、日。

自书遗嘱要注意以下几个方面：

第一，遗嘱的全部内容都要本人亲自手写，尽量不要用电脑打印，更不能让别人根据自己的口述意思来打印遗嘱。因为，打印的遗嘱，虽然有自己的签字、日期，但其法律效力具有争议，如果有相反的证据足以推翻，那么这样的遗嘱很可能会被认定为无效。

第二，只能处分自己的财产，不能处分夫妻共同财产。有很多人不知道哪些属于自己的个人财产，哪些属于夫妻共同财产，错把夫妻共同财产作为自己的个人财产写进了遗嘱里，这样也会导致遗嘱的效力存在瑕疵。

第三，尽可能写明所有的财产，关于房产，应写明房产的具体地址；存款，应写清楚开户银行和银行账号，债权和债务的具体数额和人员姓名，等等。

第四，在书写遗嘱时，可以同时进行录音录像，和遗嘱一并保存。

可见，在书写自书遗嘱时，既要具备实质要件，也要具备形式要件，否则，很可能会导致自书遗嘱不具有法律效力。

（以上人名均为化名）

39. 母亲离世继父说谎，继子起诉要回遗产

案件简介

黄老太生前是一名教师，有过两段婚姻，第一段婚姻中，丈夫意外离世，当时才30岁出头的她就带着儿子阿明改嫁给了现在的丈夫老张。后来，黄老太有了和现任丈夫的第二个儿子小张。

由于黄老太走得突然，阿明在为母亲办理后事时，就因为选墓地的事情和继父老张发生了争执。等丧事办完，阿明赌气提出了要分家产。

对此，老张似乎早有准备，他拿出一本存折往前一搁，说："余额527元，你要分就拿去分吧，别忘了先拿一半给我，然后再跟你弟我们三个人分！"继父的话狠狠刺痛了阿明。这么清楚的一笔账和自己能分到的不到100元的遗产，让他怎么都咽不下这口气。

"我妈没有大手大脚花钱的习惯，事业编制又有退休劳保，怎么可能只剩下500多元了。"阿明跑去居民会搬救兵，但老张回复得很干脆："老太婆之前就有高血压，血糖也不好，给她吃得精细，加上看病要花钱，所以钱都用光了！"

阿明一听，更来气了，且不说母亲有医保，"怎么可能看个高血压，就把全部家当花光了？"

这次谈判，最终以双方拍桌子干架草草收场。此时，阿明转念一想，"继父要转移财产，肯定会把钱都给同母异父的弟弟小张！"

随后，阿明托熟人去银行查了下母亲的账户，果然母亲账户里的30余万元在她住院时被人取走了，而同时，小张的账户里多出了28万元。

事情顿时变得明朗起来，阿明随后向法院提起诉讼，请求继承母亲的遗产，并提出继父有恶意转移遗产的迹象。

【争议焦点】

阿明是否可以继承母亲的遗产，以及其继父是否恶意转移遗产？

【法院判决】

法院对双方当事人进行了背对背的诉前调解。最后，老张终于表示愿意拿出8万元给阿明，而阿明尽管认为继父还藏了一部分钱，但苦于没有直接证据，加之也不想再与其有所纠缠，就接受了调解方案。

温馨提示

在《中华人民共和国民法典》继承编中，第一顺序继承人为：配偶、子女、父母。父母包括继父母、养父母，子女包括继子女、养子女，并且，一般情况下，同一顺序继承人按照同等份额继承遗产。

然而，在很多遗产继承案件中，由于被继承人生前并未与所有继承人一起生活，有些继承人对被继承人的遗产数额并不是很了解。在进行遗产分配时，即使知道遗产可能存在被转移的问题也苦于没有证据，不能追究，这就导致本应与其他同一顺序继承人平分遗产的当事人受到巨大损失。

对于此种情况，律师建议您可以到法院起诉，提供线索，申请法院对遗产的具体情况进行调查。

延伸解读

法定继承中遗产分配的比例怎么划分？

法定继承的遗产分配原则指的是在法定继承中确定同一顺序的法定继承人应分得的遗产份额的基本准则。其主要包括两方面的内容。

1.一般情况下同一顺序继承人继承遗产的份额应均等。

根据法定继承中遗产分配的一般原则：同一顺序的法定继承人在继承遗产时，一般情况下，应当按继承人的人数均等分配遗产数额。所谓“一般情况”是指同一顺序的各个法定继承人，彼此在生活状况、劳动能力以及对被继承人所尽抚养、扶养或赡养义务等方面，情况基本相同，条件大致相近。所谓“均等分配遗产”是指同一顺序的各个法定继承人所取得的被继承人遗产数额比例相同，没有明显差别。

2.特殊情况下法定继承人的继承份额可以不均等。

根据法律的有关规定，特殊情况主要是指下列四种情况。

（1）对生活有特殊困难又缺乏劳动能力的继承人，分配遗产时应给予照顾。

继承人只有同时具备生活有特殊困难和缺乏劳动能力两个条件的，才能在遗产分配时给予适当照顾。所谓生活有特殊困难，是指无法维持正常的生活，而不是指和其他继承人相比生活质量比较差。这里的适当照顾是指分割遗产时，一般以该继承人分得遗产能满足其基本的生活需求即可。如果被继承人遗留下的遗产特别多，继承人平均分配遗产就可以足额保证有特殊困难的继承人的生活，就没有必要对其加以照顾。

（2）对被继承人尽了主要赡养义务或者与被继承人共同生活的继承人分配遗产时，可以多分。

这是法律规定的“权利义务相一致”原则的体现。尽了主要赡养义务主要是指对被继承人的生活提供了主要经济来源，或在劳务方面给予了主要扶助。与被继承人共同生活的继承人，一般而言，他们对继承人所尽的扶养义务要比那些不与被继承人生活在一起的继承人要多一些，所以，法律规定可以多分遗产。

如果继承人和被继承人生活在一起而不照顾被继承人、不尽扶养义务的，不仅不能多分，而且还要少分。需要指出的是，这里是指可以多分，而不是应当多分，不具有强制性。

（3）有扶养能力和扶养条件的继承人，不尽扶养义务的，分配遗产时，应该不分或少分。

这里包含两个条件：首先，被继承人经济上或生活上有困难，需要继承人扶助；其次，继承人有条件和能力，却不扶养被继承人。两者需要同时具备。如果被继承人不需要扶助，或者继承人没有能力和条件尽扶养义务，都不适用该规定。

（4）经继承人之间协商一致，也可以不均等分配。

在同一顺序的各个法定继承人之间既可以均等分配也可以协商分割遗产，在达成一致意见的前提下，对被继承人的遗产也可以进行不均等分配，这是继承人自主自愿地行使其继承权的结果，法律对此不加以干预。

（以上人名均为化名）

40. 母亲去世，三姐妹状告兄弟

案件简介

邢梅生前与早年去世的老伴鲁老先生共有四个女儿和一个儿子。多年来邢梅一直承租一间公房。2014年9月底楼房拆迁，邢梅的儿子鲁涛代母亲与拆迁安置部门签订了房屋拆迁补偿安置协议，并领取了拆迁部门给付邢梅的房屋安置补偿费138万元。国庆节期间鲁涛用132万元置换了一套房屋，房屋登记在自己的名下。剩下的6万元一直由鲁涛保管。

2015年12月初，邢梅病故。由于对房屋拆迁安置补偿款的处理意见不一致，邢梅的三个女儿把自己的同胞兄弟鲁涛告上了法庭，要求依法继承母亲邢梅名下的房屋拆迁安置补偿款；而邢梅的另一个女儿明确表示放弃继承权。

三名原告在法庭上气愤地表示，鲁涛私自处分母亲的拆迁款，用母亲的钱

“购买”房屋，还写在自己的名下，在母亲尚未过世的情况下就剥夺了母亲的住房权利，违背了母亲的意愿。她们认为，母亲既然已经去世，房屋拆迁安置补偿款作为母亲的遗产，她们当然有权依法继承。

【争议焦点】

鲁涛是否有权处分邢梅的拆迁款?

【法院判决】

三姐妹有权继承遗产。

法院认为：被继承人邢梅名下承租的公房经拆迁所得安置补偿费应属邢梅生前的个人财产。由于邢梅已经死亡，对于她所遗留的拆迁补偿费138万元，应作为遗产由其主张继承的子女按法定第一继承顺序继承。三名原告与被告作为第一顺序的法定继承人，应在扣除被告为邢梅支付的医药费及丧葬费近万元后，余额由双方共同等额继承。至于被告鲁涛辩称处分拆迁款是母亲的意思，是母亲生前把拆迁款交付给他，并让他将买来的新房登记在自己的名下，就应当提供相应的证据以支持自己的主张，但他并没有提供，法院没有采纳他的主张。

延伸解读

根据法律、法规和司法解释的规定，下列财产不能纳入遗产范围，不属于遗产范围。

1.国家或集体职工因公死亡，革命军人牺牲或病故、公民因交通事故或其他意外事故而死亡时，有关国家机关、企事业单位、社会团体依照国家制定的劳动保险法规定、革命军人牺牲与病故抚恤的规定 、交通安全法规定或其他有关法律规定，给予受该死者生前抚育、扶助和赡养的家属一定金额的抚恤费和其他生活补助费。因为这些抚恤费，其性质并不是对死者个人利益的经济补偿，而是国家对死者特定家属所给予的精神慰藉和物质帮助，应由有关人员直接享受，不属于死者遗留的个人财产。

2.人身保险金。按照保险法的规定，被保险人如果指定了第三人为其人身保险合同的受益人时，如果被保险人死亡，受益人可直接请求保险人向其支付保险金，该保险金不列入被保险人遗产范围。当然，如果被保险人没有指定受益人的，该保险金仍属于被保险人遗产范围内。

应当说明的是，如果家庭财产未分割，应先析产，确定哪些财产属于死者所有，只有属于死者的那部分财产才能列入遗产范围。死者生前赠与他人的财产也不能列入遗产范围。

与人身相联系的权利、义务不能列入遗产范围（如死者生前由国家给予的抚养费、残疾扶助费等）。死者死后家属所领取的抚恤金、家庭生活困难补助金，是国家用来抚恤和帮助死者扶助生活困难的家庭和依靠死者生活的未成年人和丧失劳动能力的亲属的，也不能列入遗产范围。

如果是夫妻一方死亡，夫妻共同生活时的一些生活必需品，原则上不应作为遗产分割，应留给死者生前的配偶继续使用，不属于遗产范围。

（以上人名均为化名）

41. 男子起诉要求继承公房拆迁款

案件简介

原告李义达的父亲李峰与被告向文娟于1998年结婚，婚后共同居住在单位分配给李峰的公有住房内。2008年李峰去世，向文娟继续独自在诉争房屋内居住生活并负担相关的租赁费用。2018年该公有住房进行拆迁，拆迁人按规定对承租人向文娟给付了拆迁补偿安置款80万元。

原告李义达认为该公有住房承租权具有经济价值，可占有、使用、收益，应与其他财产一样进行继承，因此自己对该公有房屋承租权及其转化得到的经济利益享有继承和分割的权利。其父李峰去世时未对该公有住房承租权进行遗产分割，故李义达提起诉讼，请求法院对诉争的公有住房的拆迁补偿款进行遗产分割。

【争议焦点】

是否应对该公有住房的拆迁补偿款进行遗产分割？

【法院判决】

原告获得10万元房屋折价款。人民法院经审理认为，李峰死亡后，该公有住房承租权应当以遗产方式进行分割，故在原告未明示放弃继承的情况下，其继承利益依然凝聚在该公有住房承租权上。虽然后来该公有住房进行了拆迁和产权调换，但原告并未丧失对该承租权及其转化的利益的继承权，故原告依然可对拆迁安置房屋进行分割。由于公有住房租赁权的公益保障性还是第一位的，被告向文娟与原承租权人一直共同居住在该公有住房内，故在分割时应当对被告向文娟予以多分。根据拆迁安置房约定价值、产权调换时的价值以及向文娟补交房屋安置时的差价等情况，判决诉争公有住房房屋归被告向文娟所有，被告向文娟支付原告李义达房屋折价款10万元。

【律师说法】

公有住房承租权能否继承?

本案涉及公有住房承租权能否继承的问题。公有住房承租权是我国计划经济的产物，也是我国长期以来实行住房福利化的结果，公有住房的承租权与传统民法上私人所有权基础上的承租权是不同的。

第一，从权利属性来看，公有住房承租权有明显的物权特征，与用益物权相似，承租人作为权利人有权更完整地行使其权利并受到法律保护，这些法律行为包括转租、转让，当然也应当包括继承。

第二，从权利取得方式来看，公有住房承租权是基于单位职工工作贡献大小、家庭人口及其他住房等情况产生的，不仅是赋予个人的价值回馈，更体现为个人和家庭的权益，因此从这种途径取得的公有住房承租权应当可作为“遗产”在家庭和亲缘关系间进行继承。当然，由于分配取得的公有住房仍然属于社会公共资源，在继承方式上应当有别于其他私人财产。

第三，从公有住房管理模式的发展进程看，住房制度改革使公有住房承租权取得方式发生了质的变化。一是允许公有住房承租权通过有偿交换的方式，实现其交换价值。二是公有住房的承租权在一定条件下可以购买。这即认可了公有住房承租权可以作为一项财产权利。因此，随着市场发展及住房制度的改革，公有住房承租权的性质已经发生了转变，从计划经济时期简单的福利待遇载体，转变为市场经济条件下，具备商品交换的标的物，其财产性得到了充分的肯定。三是公有住房承租权在拆迁过程中可获得补偿。公有住房拆迁时，其承租人是符合补偿标准的。这也承认了公有住房承租权的财产性，而可继承是财产性的重要表现。

延伸解读

如果自己经济条件比较困难，又没有房屋的话，是可以向政府申请公有住房的。人们可以以极其低廉的租金承租房屋，有的自然人可能会发生死亡的情况，这就涉及继承的问题了。

先明确一点，公房承租与私房承租的法律规定是不同的。根据建设部《城市公有房屋管理规定》及北京市相关规定，公有居住房屋承租人死亡，其生前的共同居住人可以继续履行租赁合同，但前提条件是共同居住人在该承租房屋处有本市常住户口且共同居住两年以上又无其他住房。如果有两个或两个以上共同居住人符合该前提条件的，共同居住人之间应当协商确定承租人。协商不成的，由公房产权人根据共同居住人的住房状况书面确定承租人。

如果公房承租人死亡，房屋有两个或两个以上符合条件的共同居住人，承租权是不能直接转给某一人的。房屋由谁承租，需要由共同居住人协商确定，然后向公房产权人提出书面申请并办理更名手续，他人（包括家中的其他亲属）因不是共同居住人无权干涉。如果某人瞒着其他共同居住人去办理了承租人更名手续，则是违法的。出现争议后，权益受到侵害的共同居住人可以到房管部门要求撤销更名，或到法院起诉要求确认承租人。

公房的承租权不能继承，同样因为公房拆迁所得的款项也不能算作遗产；但是每个案件都有它的特殊性，还需具体分析。在房屋有承租人和共同居住人的情况下，如果拆迁款在承租人去世前就发放下来，其中一半就应属于承租人，其可自由支配，买房或去租房，承租人去世后，这一半拆迁款作为其个人合法财产，子女们有权利继承；如果拆迁款在承租人去世后发放下来，那么全部拆迁款就应当归属其他共同居住人，而并不是承租人的遗产，别人无权利继承。

（以上人名均为化名）

42. 难辨遗嘱真假，五姐妹对簿公堂

案件简介

老薛和妻子丁阿姨生前共生育五女一子，小儿子早年夭折，五个女儿均已成家，老夫妻俩共同拥有一套房产。

后来两位老人相继离开人世，但留下了三份内容不同的遗嘱。

按照小女儿阿敏的说法，第一份遗嘱是父亲在2004年去世前立下的，由李某代书，李某和邵某为见证人，内容为："将名下房产份额平均分为五份，二女儿、三女儿、四女儿各继承一份，小女儿继承两份。"父亲去世后，2005年，丁阿姨又立下遗嘱，再次将这套房子按照上述分法确认，并到公证处公证。

大女儿阿玉却出具了丁阿姨在2010年立下的遗嘱，上面写着："将上述房产全部留给大女儿之子小东，由丁某代书，丁某、洪某、肖某为见证人。"

小女儿阿敏和大女儿阿玉拿着各自的遗嘱争执不下，但究竟哪一份才是有效的呢？

【争议焦点】

哪一份遗嘱是有效遗嘱？

【法院判决】

公证遗嘱有效。

大女儿阿玉提出，父亲是2004年9月去世的，9月27日所立的遗嘱必定是在神志不清的情况下进行的，母亲2005年也是在住院治疗期间立的遗嘱，这两份遗嘱的真实性都值得怀疑。针对三份遗嘱的真实性及法律效力应如何认定，法官展开了询问和调查。

"老薛立遗嘱时神志清醒"。李某和邵某一致作证，因此老薛具备立遗嘱所需的行为能力，该代书遗嘱应认定为有效。

法官又查看了丁阿姨的病历记录，表明其于2004年12月至2005年1月因头部

外伤住院治疗，出院记录载明："……治疗后头痛头晕减轻，血糖控制稳定，无其他不适……遂予以出院……"不足以证明其不具备到公证机关办理遗嘱公证的时间条件。丁阿姨于2005年1月27日所立遗嘱，经公证处公证，认定为合法有效。

根据代书人洪某在出庭作证时所述，其在2010年8月为丁阿姨写完遗嘱内容后并未见证遗嘱的全过程便离开现场，且见证人肖某是继承人四女儿阿娟的丈夫，依据法律规定不能作为该遗嘱的见证人。该代书遗嘱违反了关于代书遗嘱订立的相关法律规定，并且该情况足以对遗嘱的真实性及有效性产生根本性的影响，故认定为无效。

后法院依法判决，争议房屋由二女儿、三女儿、四女儿，小女儿四人按份共有，阿敏占40%份额，其余三人各占20%份额。

【律师说法】

此案属于遗嘱继承纠纷中比较典型的案例，对于遗嘱效力的认定具有指导意义。遗嘱分为自书遗嘱、代书遗嘱及公证遗嘱、口头遗嘱、录音录像遗嘱、打印遗嘱等。此案涉及代书遗嘱效力的认定，以及代书遗嘱与公证遗嘱相冲突时的法律处理。

《中华人民共和国民法典》继承编第一千一百四十二条规定，遗嘱人可以撤回、变更自己所立的遗嘱。立遗嘱后，遗嘱人实施与遗嘱内容相反的民事法律行为的，视为对遗嘱相关内容的撤回。立有数份遗嘱，内容相抵触的，以最后的遗嘱为准。

温馨提示

遗嘱，是立遗嘱人生前确立的将个人财产在百年之后遗留给何人的意思表示，是单方法律行为，是每个人私密的自主行为，处分的是归属于自己的合法的个人财产。

立与不立，如何立，需要根据个人及其家庭关系以及财产情况而确立。与子女无关，与配偶无关，与其他任何人都无关，不需要跟任何人商量，不能受任何人的意见左右，更不能存在受胁迫或重大误解的情形，必须是立遗嘱人在意识清醒状态下的完全自愿行为。

（以上人名均为化名）

43. 女婿与岳父母争夺赔偿金

案件简介

2018年12月，王敏（女）在一场交通事故中死亡。经协商，肇事方一次性赔偿了81万元，其丈夫叶小明一人将这笔赔偿金全部领走，王敏的父母要求分割该赔偿款，叶小明则认为“嫁出去的女儿，泼出去的水”，王敏的父母没有权利分得该笔赔偿款，因此发生争执。王敏的父母向法院起诉，要求法院依法进行分割。

【争议焦点】

王敏的赔偿金是否为遗产？

第一种意见认为，将这笔赔偿款列为王敏的遗产，按照《中华人民共和国民法典》继承编的相关规定由死者的近亲属继承。第二种意见认为，这笔赔偿款不能作为遗产，应先扣除丧葬费，王敏需承担的抚养费、赡养费等费用，参照《中华人民共和国民法典》继承编确定有资格分得剩余死亡赔偿金的近亲属后，法官可根据实际情况和他们共同生活的紧密程度，来进行适当分割。

【律师说法】

赔偿金非遗产但可参照遗产分割。

笔者认为第二种意见是正确的。理由如下。

首先，根据《最高人民法院关于审理人身损害赔偿案件适用法律若干问题的解释》的相关规定，造成受害人死亡的，赔偿义务人除应当根据抢救治疗情况赔偿本条第一款规定的相关费用外，还应当赔偿丧葬费、被扶养人生活费、死亡补偿费（死亡赔偿金）以及受害人亲属办理丧葬事宜支出的交通费、住宿费和误工损失等其他合理费用。

可见，“打包”赔偿的内容应包括死亡赔偿金、丧葬费、抚养费、赡养费等。另外，如通过计算，“打包”赔偿款少于法定的死亡赔偿金应赔偿的数额，根据保护弱势群体的原则，也应先将死者生前应承担的抚养费、赡养费扣除，再进行分割。“打包”赔偿款在扣除后仍多于法定的死亡赔偿金的应赔偿的数额，笔者认为，不管当事人是否主张属于精神抚慰金的，都应一并进行分割。

其次，死亡赔偿金不能纳入死者的遗产进行继承，死亡赔偿金，又称死亡补偿费，是死者因他人致害死亡后由加害人给其近亲属所造成的物质性收入损失的一种补偿。遗产是继承法律关系的客体，是指公民死亡时遗留的、可以依法转移给他人的个人合法财产。

根据《最高人民法院关于贯彻执行〈中华人民共和国继承法〉若干问题的意见》第三条、第四条的规定来看，死亡赔偿金并没有包括在所列举的遗产范围之内。况且，如按遗产处理死亡赔偿金，根据《中华人民共和国民法典》继承编第一千一百五十九条的规定，分割遗产，应当清偿被继承人依法应当缴纳的税款和债务；但是，应当为缺乏劳动能力又没有生活来源的继承人保留必要的遗产。这有悖于立法上设立死亡赔偿金的目的。

再次，对于死亡赔偿金的分割，因《最高人民法院关于审理人身损害赔偿案件适用法律若干问题的解释》采纳了继承丧失说理论，因此，应当按照《中华人民共和国民法典》继承编第一千一百二十七条规定的法定继承顺序，由配偶、子女和父母作为第一顺序继承人共同继承。没有第一顺序继承人的，由第二顺序继承人继承。被继承人子女先于被继承人死亡的，由被继承人的子女的直系晚辈血亲代位继承。同一继承顺序中，死亡赔偿金原则上按照实际情况、继承人与被继承人共同生活的紧密程度决定分割的份额，而不适用《中华人民共和国民法典》继承编第一千一百三十条规定的同一顺序继承人继承遗产的份额一般应当均等的原则，从而更加体现公平正义。

最后，在本案中，叶小明认为，按照农村的风俗，“嫁出去的女儿，泼出去的水”，王敏不需要赡养其父母，因此王敏的父母也没有权利分得该笔赔偿款。实际上，“出嫁的女儿不养老”是一种重男轻女的封建思想残余，是与现行法律相违背的。《中华人民共和国民法典》婚姻家庭编规定，父母对子女有抚养教育的义务；子女对父母有赡养扶助的义务。不管是儿子还是女儿，也不管女儿有没有出嫁，都有赡养其父母的义务。因此，王敏的父母不仅有权利分得该笔赔偿款，而且分割前还应扣除王敏应该承担的其赡养父母的费用。

延伸解读

我国很多法律、法规虽然也都规定了死亡赔偿金，但这些规定对赔偿金的性质及归属并没有明确。根据目前的法律、法规、司法解释规定以及审判实践，交通事故中的死亡赔偿金不是遗产，其理由如下。

1.《中华人民共和国民法典》继承编规定，遗产是公民死亡时遗留的个人合法财产，也就是说遗产是公民生前或死亡时存在的个人合法财产。死亡赔偿金是在受害人死后才产生的，在公民死亡时并不现实存在，故不符合遗产的法律特征。因此，将死亡赔偿金作为遗产处理，在我国有关法律和司法解释中找不到依据。

《最高人民法院关于贯彻执行〈中华人民共和国继承法〉若干问题的意见》中对公民可以继承的其他合法财产是这样解释的：公民可继承的其他合法财产包括有价证券和履行标的为财物的债权以及承包人死亡时尚未取得的承包收益。从《中华人民共和国民法典》继承编及《最高人民法院关于贯彻执行〈中华人民共和国继承法〉若干问题的意见》的规定中我们可以看出，公民的遗产并不包含公民在交通事故中死亡时事故责任者支付的死亡赔偿金。

2. 死亡赔偿金是一种特殊的财产，填补的是受害人近亲属因受害人死亡导致的生活资源的减少丧失，是对受害人家庭损失的弥补，对死者家庭利益的赔偿，不应属于死者的遗产范围。死亡赔偿金的受益人只能是死者的近亲属。

3. 从死亡赔偿金产生的法理分析，受害人如没有死亡，便没有死亡赔偿金的给付；受害人一旦死亡，则其民事主体资格消亡。在受害人死亡这一法律事实发生时，便在加害人与受害人亲属之间形成民事法律关系。既然死者不再是权利主体就无须进行救济，近亲属依其与受害人之间的亲属关系，直接享有相关损害赔偿请求权。受害人已经死亡，如果将死亡赔偿金作为遗产，就可能被认为死者本人取得了财产。向不存在的民事主体赔偿，既不符合逻辑，在法学理论上也存在障碍。

4.2004年3月22日，最高人民法院就广东省高级人民法院《关于死亡赔偿金能否作为遗产处理的请示》做出了（2004）民一他字第26号《最高人民法院关于空难死亡赔偿金能否作为遗产处理的复函》，内容为："空难死亡赔偿金是基于死者死亡对死者近亲属所支付的赔偿。获得空难死亡赔偿金的权利人是死者近亲属，而非死者。故空难死亡赔偿金不宜认定为遗产。"从该规定可以看出，死亡赔偿金是专属于死者近亲属的财产。该复函虽系个案答复，但也充分体现出死亡赔偿金不宜认定为遗产的价值所向，对审判实践具有重要的参考价值。

5.将死亡赔偿金作为专属于死者近亲属的财产进行赔偿，可以充分体现出对死者近亲属生存权的关注，与《中华人民共和国宪法》规定的精神相一致，同时也可以更好地体现以人为本的现代司法理念。

（以上人名均为化名）

44. 胚胎能够被继承吗

案件简介*

沈明和刘娟夫妇都是家中的独子，婚后一直不孕，便在某医院做试管婴儿手术，并已将成功受孕后的胚胎冰冻保存在医院，即将可以移植到刘娟宫内孕育成人。可是天有不测风云，人有旦夕祸福。2013年3月的一天，夫妻俩为母亲过完生日回家途中遭遇车祸不幸双亡。

失独之后的沈老夫妇悲痛欲绝，整日以泪洗面。一天，他们突然想到儿子儿媳此前做试管婴儿的冷冻胚胎不是还在医院吗？这就是传承香火的“根”呀！这令他们在悲痛之余兴奋不已。在与亲家协商未果后，一纸诉状将亲家和医院告上法庭，要求获得胚胎的继承权。

医院一方表示，我国法律对冷冻胚胎的属性还没有明确，而且冷冻胚胎的处置和监管有严格的技术要求。从医学角度讲，唯一能让胚胎存活的途径只有代孕，但是法律对此明令禁止，因此不能交予任何一方，只能由医院按照医疗规则处置。

【争议焦点】

医院的说法正确吗？胚胎能够被继承吗？

医院的说法正确。原因在于，胚胎不属于法律上的“物”，不能被继承。法律上的“物”是指被人所支配的、能够为人产生使用价值的、没有权利可言的东西。如果将胚胎界定为物，是违背伦理道德的，也会引发一系列社会问题。胚胎也不属于法律上的“人”。法律上的“人”是从出生之后起算的，之前的“胚胎”“胎儿”均不是法律上的“人”，也不存在由失独老人获得监护权之说。因此，四位失独老人在法律上是无法获得胚胎的。这就是“情法冲突”。

【法院判决】

法院最终依法支持了医院的观点，做出了判决。这令四位老人都傻了眼。

【律师说法】

常言道，“法律是两权相争取其重的产物”。因此，必须维护法律的尊严和稳定性，以追求更大的利益和权利。常言又道，“法律不外乎人情”。法律不是无情物，而是饱含人们的朴素情感的有血有肉的规则，“守法”的同时也要兼顾“人情”。当情与法冲突时，我们不妨在转角处寻找出路，找出一条能够“两全其美”的方法。同时，在解决问题中发现问题，在发现问题中解决新的问题，才能从根本上化解这个棘手的社会问题，使我们的社会更加和谐安定。

那到底“小精灵”该何去何从呢？我们无法回避的问题是，既然是人家子女留下的“东西”，为何不给人家？留在医院处置未免过于残酷和不人道，同时也没有法律依据呀！这不是明摆着要断人家的“根”吗？法律是道德和人情的产物，不能过多违背人情。

笔者认为，可姑且将法律放一放，暂不去深究胚胎属于人还是物，而是由法庭组织三方当事人坐下来调解，将胚胎交由失独老人寻求更先进的医疗机构存放和保管，以期将来政策改变时实施代孕，完成梦想。想必医院一方也不会拒绝吧。因为法庭调解是可以不严格按照法律的规定进行的，只要各方当事人同意并不违反法律强制性规定就行。同时，法律也没有明确规定不可以这样做。

将代孕“松绑”在法律的围栏里。正如大家所知，代孕是被我国法律所禁止的。原因是无法律界定以及有违伦理观念。一件事情被推到风口浪尖而备受关注往往是因为它有现实需求性，代孕也不例外。社会中很多因为子宫病变等原因不能生育的妇女为传承“香火”，往往把希望寄托在代孕上。这就产生了代孕的现实需求性。

在美国的一些州以及其他一些欧美发达国家，代孕是有限制地允许的。我国有代孕需求的人会更多。那可不可以考虑借鉴国外的做法，将“代孕”适当松松绑，而不要因噎废食，一味地禁止呢？

比如，可以出台类似《人工生殖条例》的法律，允许在一定的亲属范围内实施无偿代孕（即仍然禁止有偿代孕），结合科技和法律，对可能产生法律问题的领域进行立法，对其进行规制，将法律风险控制在最低范围内。这样就可以在一定程度上缓解计划生育和失独之间的矛盾，类似于本事件中的悲剧也就可以大大降低了，有利于国泰民安，社会繁荣。再则，代孕的医疗技术已经很成熟，如果仅因为法律滞后而没能实现生育权利，想必是每位失独者和不孕不育者都非常不愿意看到的。

（以上人名均为化名）

45. 妻子意外身亡，丈夫企图“独吞”百万赔偿金

案件简介

对一个家庭来说，妻子的意外身亡，无疑是一场巨大的灾难。在这场灾难过后，一笔高达150万元的房屋拆迁补偿金，成为这个家庭争夺的对象。死者史小娟身故后，家庭财产一直由其丈夫崔涛占有和使用，史小娟的父亲、母亲作为史小娟的法定继承人依法享有继承权利，但两位老人多次与崔涛协商均遭到拒绝。

一边是死者的丈夫，一边是死者的父母，为了这笔房屋拆迁补偿金，迟迟不能达成一致意见。含辛茹苦抚养女儿成人，却在垂暮之际白发人送黑发人，不仅失去了女儿，更在生活上陷入了困境。无奈之下被继承人史小娟的父亲、母亲将昔日的女婿告上法庭。

【争议焦点】

史小娟的父母到底有没有继承权？

【法院判决】

根据《中华人民共和国民法典》继承编规定，第一顺序继承人是指法定继承遗产，排在第一顺序的人，包括配偶、子女、父母。其中配偶，不论男女继承权是平等的；子女，包括婚生子女、非婚生子女、养子女和有扶养关系的继子女；父母，包括生父母、养父母和有扶养关系的继父母。

由于房屋拆迁补偿金是夫妻在婚姻关系存续期间共同所有的财产，因此其中一半为死者丈夫崔涛的个人财产，不得参与继承，剩下的部分由崔涛与史小娟的父亲母亲，三人共同继承，共同分割赔偿金的一半。最终法院依法判决于判决生

效之日起十日内给付原告史小娟的父亲应继承的金额25万元，给付原告史小娟的母亲应继承的金额25万元。

温馨提示

本案中人物关系清晰。史小娟的父母是被继承人史小娟的第一顺序继承人，在被继承人史小娟死亡后，依法与崔涛同样享有第一顺序继承人的权利，依法对史小娟的遗产享有继承的权利。

延伸解读

房屋拆迁补偿款的继承应该如何处理？

现阶段，根据我们国家土地类型的不同，住宅类房屋一般区分为城市住宅房屋和农村宅基地房屋两大类。在城市住宅类房屋中又可区分为公民个人所有的私房和福利性公房两大类。

1.城市房屋征收补偿款的继承问题。

城市房屋征收补偿有货币补偿和房屋产权调换两种常见方式。其中，货币补偿的具体内容包括：

（1）被征收房屋价值的补偿；

（2）因征收房屋造成的搬迁、临时安置的补偿；

（3）因征收房屋造成的停产停业损失的补偿。

如果被征收的房屋属于房屋所有权人实际居住、使用，则上述补偿款依法全部属于被征收人即房屋所有权人所有。如果被征收的房屋并不是房屋所有权人实际居住、使用，则一般认定被征收房屋价值的补偿全部属于房屋所有权人所有，搬迁、停业补偿等费用则根据实际情况确认是否归房屋所有权人所有。在房屋所有权人已经过世的情况下，则属于房屋所有权人所有的征收补偿款应作为遗产依法予以继承，若被征收人有遗嘱的，按其遗嘱办理，若没有遗嘱，则按照原《中华人民共和国继承法》的规定，由其法定继承人予以继承。若采取的是房屋产权调换方式，则被继承人作为被征收人取得产权调换房亦按照上述继承原则办理。

2.农村房屋的拆迁补偿款继承问题。

农村宅基地房屋拆迁补偿原则上分房屋补偿款和宅基地补偿款。地上物（即房屋）的补偿原则上应当归属于房屋所有权人即房屋权利人。房屋权利人已经死亡的，拆迁补偿款作为遗产按继承关系处理。对于宅基地补偿款，由于农村宅基地使用权具有很强的身份属性，系农村集体经济组织无偿提供给本集体成员享有的，且按户计算，一户人口减少，宅基地使用权则由一户中剩余的成员共同使用，因此，能否作为遗产继承需要结合实际情况进行具体分析。

3.城市公房承租人去世后的拆迁补偿款能否作为遗产处理需要具体分析。

公房拆迁补偿款一般是给承租人的一种补偿及住房安置费用，归承租人和共同居住人共有。由于公房的福利性和公房出租的行政管理特点，共同居住的人一般需要特定的条件，比如要求具有本市常住户口且共同居住两年以上又无其他住房条件。在公房承租人和共同居住人共存的情况下，如果拆迁发生在承租人去世前，则拆迁款至少一半属于承租人，由其自由支配，在其去世后，该款项作为遗产，由其继承人予以继承。如果拆迁发生在承租人去世后，那么全部迁拆款一般应归属其他共同居住人，不能作为承租人的遗产被继承。

当然，无论是城市房屋还是农村房屋，若被征收的房屋并未登记在被继承人名下，则继承人需要提供相关证据证明该房屋属于被继承人所有，这样，因该房屋征收而取得的补偿款才能作为被继承人的遗产予以继承。

（以上人名均为化名）

46. 亲生儿子为何不能继承父亲的财产

案件简介

李氏三兄弟为本案原告，系被继承人李老先生的亲生儿子。李老先生与妻子离异时，三原告均已成年，并均独立生活。离异后，李老先生认识了本案的被告王女士，共同生活期间，李老先生与王女士订立了遗赠扶养协议，约定李老先生去世后，全部遗产归王女士，并经过了公证。后李老先生病逝。遗产有商品房一处。双方为继承该房产而发生争议，故诉至法院。

【争议焦点】

被继承人李老先生的全部遗产归属被继承人的亲生儿子还是王女士?

【法院判决】

人民法院经审理认为：遗赠扶养协议真实有效，判决驳回三原告的诉讼请求。

温馨提示

遗赠扶养协议是受扶养的公民和扶养人之间关于扶养人承担受扶养人的生养死葬的义务，受扶养人将财产遗赠给扶养人的协议。遗赠扶养协议是2001年《中华人民共和国婚姻法》确立的一项新制度，后《中华人民共和国民法典》予以延续。本案中被告与李老先生之间签订的遗赠扶养协议，已经办理了公证，合法有效，其有权根据该协议接受李老先生的遗产。

三原告系被继承人的亲生儿子，根据《中华人民共和国民法典》继承编的规定，他们均属第一顺序的法定继承人，若没有遗嘱、遗赠抚养协议的话，他们都可以继承老人的遗产；但遗赠扶养协议的效力优先于法定继承，因此三原告实际上不能分得遗产。

《中华人民共和国民法典》继承编第一千一百五十八条规定，自然人可以与继承人以外的组织或者个人签订遗赠扶养协议。按照协议，该组织或者个人承担该自然人生养死葬的义务，享有受遗赠的权利。

延伸解读

遗赠扶养协议是遗赠人和扶养人之间关于扶养人承担遗赠人的生养死葬的义务，遗赠人的财产在其死后转归扶养人所有的协议。

一、遗赠扶养协议的法律效力是如何体现的

1.遗赠扶养协议一经订立，即开始生效，对双方产生约束力。一方不得擅自变更解除。

2.对遗赠扶养协议中所规定的权利和义务，双方均应严格认真履行。

（1）扶养人不履行扶养义务的，构成违约，遗赠人可以请求解除协议。

（2）对不尽扶养义务或者以非法手段谋夺遗赠人财产的扶养人，即使遗赠人生前未提出解除协议，经遗赠人的亲属或有关单位的请求，人民法院亦可以剥夺其受遗赠权，或根据情节限制其受遗赠份额。

（3）对于协议中指定给扶养人的财产，遗赠人在生前有占有、管理、使用、收益的权利，但不得擅自处分。

（4）因其擅自处分行为致使扶养人无法实现受遗赠权的，扶养人有权解除遗赠扶养协议，免除扶养义务，并可要求遗赠人补偿其已经付出的扶养费用。

3. 遗赠扶养协议的效力优先于遗嘱继承和遗赠。

若遗嘱内容与遗赠扶养协议相抵触，则归于失效或在遗赠扶养协议执行完毕后执行。

4. 遗赠扶养协议对继承人、法定扶养人权利义务的影响：

（1）遗赠人与其法定扶养人之间的扶养权利义务不能因遗赠扶养协议而免除。

（2）遗赠扶养协议并不是收养，扶养人对遗赠人承担扶养责任后，扶养人与其自身的法定扶养人之间的扶养权利义务仍然存在，并应依法履行。

（3）扶养人依协议而享有受遗赠权，并不影响扶养人在自身亲属体系中的地位和继承权利；同理，对于遗赠扶养协议中未做处分的遗产，遗赠人的继承人仍有权继承。

二、遗赠扶养协议的效力高于遗嘱的效力吗

《最高人民法院关于贯彻执行〈中华人民共和国继承法〉若干问题的意见》第五条规定："被继承人生前与他人订有遗赠扶养协议，同时又立有遗嘱的，继承开始后，如果遗赠扶养协议与遗嘱没有抵触，遗产分别按协议和遗嘱处理；如果有抵触，按协议处理，与协议抵触的遗嘱全部或部分无效。"由此可见，当遗嘱和遗赠扶养协议出现冲突的时候，以遗赠扶养协议的内容执行遗产分配。

三、遗赠扶养协议的特点

1. 遗赠扶养协议的主体一般有限制。遗赠人只能是公民，扶养人可以是公民（必须是法定继承人以外的人），也可以是集体所有制组织，而且须具有扶养能力和扶养条件，同时扶养人没有法定的扶养义务。

2. 遗赠扶养协议是一种协议行为。

3. 遗赠扶养协议双方，互相权利，互负义务。扶养人负有对遗赠人生养死葬的义务，享有接受遗赠人遗赠财产的权利；遗赠人享有接受扶养的权利，负有将其遗产遗赠给扶养人的义务。

4. 遗赠扶养协议必须是书面形式，不能为口头形式，以便明确双方的权利义务，有利于协议的履行。

《中华人民共和国民法典》继承编将遗赠扶养协议置于优先于遗嘱的效力，

是为了促进一种老有所养的风气，使得一些老人能够得到更好的赡养。

（以上人名均为化名）

47. 亲生女儿能继承父亲的遗产吗

案件简介

小李的母亲与父亲老李于1995年经法院调解离婚，小李跟随母亲生活。老李离婚后一直未再婚。后父亲老李病逝，遗留80平方米的楼房一套。老李去世后，其姐姐李天主张对老李尽了主要赡养义务，并向法庭提交了老李的临终谈话记录，证明自己依法应享有继承权，而小李认为自己是父亲唯一的第一顺序继承人，应继承父亲老李的房屋。在与自己的姑姑协商未果后，小李将姑姑李天告上了法庭，要求法院依法确认自己对房屋的继承权。

【争议焦点】

亲生女儿能否继承父亲的遗产？

【法院判决】

法院审理后认为，老李的姐姐李天提供的证据证实了其对老李尽了生养死葬义务的事实，且其提供的老李临终谈话记录，有两名无利害关系人在场见证，并由临终看护人之一记录，见证人出庭接受了双方当事人质询，记录内容与见证人的当庭陈述能够相互印证，小李虽不予认可，但未提供相反证据亦未向法庭申请鉴定，对该证据法院依法予以采信。

该份证据虽然不具备遗嘱的法定形式要件，但其内容反映了被继承人老李对其房产的处理意向，在遗产分割时应予考虑。

小李作为被继承人唯一的亲生女儿，对被继承人负有法定的赡养义务。自1995年被继承人老李与前妻离婚后，小李跟随母亲在外地生活，虽然在最初几年里，小李和父亲有过来往与联系，但在老李生病期间（2000—2007年），小李未能提供证据，其有过照顾老李生活或处理丧事的证据，因此可以认定小李对父亲疏于照顾，作为老李唯一的女儿，没有赡养父亲，依法应不分或少分遗产。据此，法院依法做出判决，被继承人老李遗留的房产应由第二顺序继承人即李天一人继承，李天给付小李10万元。

温馨提示

根据《中华人民共和国民法典》继承编的规定，遗嘱有多种形式，公证遗嘱、自书遗嘱、代书遗嘱、录音录像遗嘱、口头遗嘱、打印遗嘱等。本案中老李临终谈话记录虽不是正规形式的遗嘱，但其内容真实、有效，体现了被继承人的真实意思，具有证明案件事实的证据效力。

同时，根据我国法律规定，继承人有下列行为之一的，丧失继承权：故意杀害被继承人；为争夺遗产而杀害其他继承人；遗弃被继承人，或者虐待被继承人情节严重的；伪造、篡改、隐匿或者销毁遗嘱，情节严重。

本案中，虽然因为小李父母离婚的原因，小李跟随母亲生活，但并不影响小李尽作为亲生女儿的赡养义务。

【法律链接】

《中华人民共和国民法典》婚姻家庭编规定，子女对父母有赡养扶助义务。子女不履行赡养义务时，无劳动能力或生活困难的父母，有要求子女给付赡养费的权利。

《中华人民共和国老年人权益保障法》第十四条第一款规定："赡养人应当履行对老年人经济上供养、生活上照料和精神上慰藉的义务，照顾老年人的特殊需要。"

《中华人民共和国老年人权益保障法》第十四条至第十八条有全面规定，赡养人的具体义务包括下列几个方面。

1.物质上的赡养。

生活费用的提供是最基本的。当被赡养人患病时应当提供医疗费用和护理，应当妥善安排老年人的住房，不得强迫老年人迁居条件低劣的房屋。老年人自有的或者承租的住房，子女或者其他亲属不得侵占，不得擅自改变产权关系或租赁关系。老年人自有的住房，赡养人有维修的义务。赡养人有义务耕种老年人承包的田地，照管老年人的林木和牲畜等，收益归老年人所有。赡养人不得以放弃继承权或者其他理由，拒绝履行赡养义务。赡养人不得要求老年人承担力不能及的劳动。赡养人配偶应当协助赡养人履行赡养义务。

2. 日常生活中的扶助。

对于年老体弱、丧失生活自理能力的父母给予照顾、扶助，对生病的父母应给予悉心照顾。

3. 精神上给予慰藉。

父母进入老年后需要亲情的慰藉以克服孤独感。精神慰藉是社会经济发达以后更为重要的赡养义务。因为物质条件会随着社会经济发展而提高，国家和社会对老年人能够提供更多的物质保障，许多父母不依靠子女提供物质上的帮助，所以物质赡养会弱化。日常生活的料理扶助也可依靠社会服务保障体系得到解决。唯有子女对父母的孝敬、关心、体贴、安慰是无法从其他途径得到解决的。赡养老人这一义务显得更为重要。

孙子女在一定条件下对老年人也承担赡养义务。《中华人民共和国民法典》婚姻家庭编规定，有负担能力的孙子女、外孙子女对子女已经死亡的祖父母、外祖父母有赡养义务。其法律适用条件较为严格。

1. 孙子女、外孙子女有赡养能力，即孙子女、外孙子女有可靠的生活来源，足够负担祖父母、外祖父母的生活费。

2. 直接赡养人，即子女已经死亡或丧失赡养能力。此条件下，孙子女、外孙子女成为赡养义务人。实践中多为孙子女、外孙子女由祖父母、外祖父母扶养成人，孙子女、外孙子女成年后赡养祖父母、外祖父母。

实践中需注意的问题：子女为赡养人时即儿子、女儿处于同等地位，所有赡养人都须承担义务。人民法院在处理赡养纠纷时依法要求共同义务人承担赡养责任，依据各自的经济能力共同负担被赡养人的赡养费。对法院判决拒不执行的可依法强制执行。对极少数遗弃、虐待老人的行为，严重时可构成遗弃罪、虐待罪的，依刑法有关规定追究其刑事责任。

父母子女之间具有法律与道德上的双重义务，父母在孩子未成年时需要尽到教育监督、抚养的义务，孩子需要在父母老年后尽到赡养父母的义务。

（以上人名均为化名）

48. 丧偶儿媳的继承权该如何保护

案件简介*

冯大妈的丈夫老陈因病早逝，他们有两个儿子，后来，两个儿子分别娶妻成立了自己的家庭。因冯大妈年事已高，遂以一年为期限，由两个儿子轮流赡养。天有不测风云，冯大妈的大儿子因出车祸身亡，留下妻子王娟和他们的儿子小陈。冯大妈的大儿子死后，小儿子陈涛就不再按之前的约定赡养自己的母亲，不让母亲到自己家去住。冯大妈为此伤心不已，万般无奈之下和大儿媳妇王娟说了这一情况。王娟听说之后去找冯大妈的小儿子和小儿媳妇理论，结果被打了出来。在这样的情形下，王娟将婆婆冯大妈接到自己家去住。王娟辛勤劳作、吃苦耐劳、省吃俭用，供自己的儿子上学，孝敬自己的婆婆。

后来，冯大妈因为高血压住院，王娟更像亲生女儿一样陪在床前悉心照顾婆婆。冯大妈出院后，得到了王娟更加细心的照顾。所有这些，邻居们都看在眼里，对王娟竖起了大拇指。后来冯大妈因高血压突发脑溢血死亡。

在王娟、冯大妈小儿子陈涛及其妻子整理老人的遗物时发现有6万元现金。陈涛说他的嫂子王娟与老太太没有血缘关系，属于“外人”，不同意将钱分给王娟一部分。王娟认为她为婆婆养老送终了，有权继承婆婆的遗产。为此王娟诉到法院，要求按第一顺序继承冯大妈的遗产。

【争议焦点】

丧偶儿媳有权继承婆婆的遗产吗？

【法院判决】

判决王娟、小陈、陈涛均以第一顺序继承人的身份继承冯大妈遗产6万元。（三人平均继承，每人2万元）

【律师说法】

本案中，冯大妈与王娟之间的婆媳关系在法律上是姻亲关系，是基于王娟与冯大妈长子结婚的事实而产生的。在冯大妈长子亡故的情况下，这种姻亲关系在法律上也随之消灭。由于王娟没有再嫁，她与冯大妈之间的关系按照社会伦理、传统观念来说还是“婆媳关系”。

无论在哪种情况之下（即配偶生死与否），按照我国现行法律，婆媳之间、翁婿之间是不存在法定的赡养义务的。按照我国现行法律，存在法定赡养、抚养、扶养义务的人包括配偶、父母子女、（外）祖父母、（外）孙子女、兄弟姐妹。

基于法律的规定，王娟并没有因为不用承担义务而放弃对被继承人冯大妈的赡养，而是在事实上承担起了其已故丈夫应尽的义务。根据《中华人民共和国民法典》继承编的相关规定，丧偶儿媳对公婆，丧偶女婿对岳父母，尽了主要赡养义务的，作为第一顺序继承人。

上述法律规定，体现了我国民法所强调的权利义务相一致的原则。法律规定的丧偶儿媳、丧偶女婿在合乎法定条件的情况下享有继承权，既符合法理，又顺乎人情。王娟的做法符合中华民族的传统美德，也符合现代社会的善良风俗，是值得褒扬与称赞的；她得到了所有善良人们的好评与尊重。另外，王娟的儿子小陈在本案中是代位继承人（小陈代位已故父亲继承祖母的遗产），视为第一顺序继承人。

延伸解读

同一顺序继承人的遗产继承顺序：继承开始后，同一顺序的继承人可以同时继承。在分配原则上，应当坚持平均分配为主。

按继承法规定，应当注意几种特殊情况下的不等额分配。这些特殊情况包括下列两个方面。

1. 对生活有特殊困难又缺乏劳动能力的继承人，分配遗产时，应当予以照顾。

2. 对被继承人尽了主要扶养义务或者与被继承人共同生活的继承人，分配遗产时，可以多分；有扶养能力和有扶养条件的继承人，不尽扶养义务的，分配遗产时，应当不分或少分。

（以上人名均为化名）

49. 生父继母相继去世，子女争夺遗产

案件简介

陈大爷与李大妈系再婚夫妻，他们再婚时，两个人的子女均已成家，分开单独居住。就这样老两口共同度过了十年后陈大爷去世了。三年后李大妈也去世了。在他们相继去世后，两家的子女围绕着一套房屋打起了继承官司。原来李大妈单位早些年分了房，但是房屋产权一直没有下来，后在他们婚姻期间房屋产权证下来了，登记在李大妈名下。在两位老人去世后围绕这个房屋的继承问题，两家子女矛盾不断。

陈大爷的两个儿子认为房屋虽然是李大妈的个人财产，但是自己的父亲与其结婚，自己与李大妈之间就形成了继父母子女关系，当然就有权继承李大妈的遗产，所以陈大爷的两个儿子坚持认为自己应该与李大妈的三个孩子共同继承这套房屋。李大妈的三个子女不同意他们参与继承，认为陈大爷的儿子没权利继承自己母亲的遗产。后来陈大爷的两个儿子将李大妈的三个孩子诉到了法庭，要求继承李大妈的遗产。

【争议焦点】

原告是否可以继承其继母的遗产?

【法院判决】

原告没有继承权。

法院认为，三被告系母亲的法定继承人，二原告与三被告的母亲没有形成扶养关系，也没有形成赡养关系，因此二原告没有继承权。法院经审理驳回了陈家二兄弟的诉讼请求。

【律师说法】

三被告属于第一顺序继承人自然享有继承权。二原告的父亲再婚时，二原告均已成年，二原告与三被告的母亲之间并没有形成事实上的扶养关系，因此，二

原告对三被告母亲的遗产没有继承权。

《中华人民共和国民法典》婚姻家庭编规定了继父或继母和受其抚养教育的继子女间的权利和义务，适用婚姻法对父母子女关系的有关规定。所以，继父母和继子女之间的法律关系存在两种情形。

1.形成扶养教育型关系主要是因为生父或者生母再婚后，未成年的继子女完全或者部分由继父或者继母抚养、教育，这种情况下，继父母和继子女的关系等同于亲生父母和子女的法律关系。他们之间也就具有相应的相互继承关系。继子女也相应地对继父母有赡养的义务。

2.未形成抚养教育型关系主要是因为生父或者生母再婚后，继子女已经成年，已经独立生活，这时继父母和继子女之间没有形成抚养教育关系，仅仅是名义上的父母子女关系，因而不具有法律上的父母子女关系。他们之间也就没有相应的相互继承关系。本案正是属于这一种情形。

延伸解读

在重组家庭当中就会有继子女，有的继子女是由继父母抚养长大的，但有的在重组家庭时就已经成年了，就不会存在抚养关系。那么，此时对于继父母的遗产来讲，继子女是否有继承权呢?

依据《中华人民共和国民法典》继承编第一千一百二十七条规定，第一顺序继承人中的子女，既包括婚生子女、非婚生子女、养子女，也包括“有扶养关系的继子女”。

在司法实践中，对于有扶养关系的继子女理解不一：有的认为是特指在形成继父母子女关系时未成年的子女，扶养关系特指继父母与继子女形成了抚养与被抚养的关系；有的认为是指对继父母尽到了赡养义务的继子女，包括形成继父母子女关系时已经成年的继子女。

怎样认定继子女的继承权，就源于对有扶养关系的继子女的不同理解。有扶养关系是继子女的限制定语，要准确理解有扶养关系的继子女的法律内涵，就要考察扶养关系的法律文义。

《中华人民共和国民法典》继承编第一千一百三十条规定，对被继承人尽了主要扶养义务或者与被继承人共同生活的继承人，分配遗产时，可以多分。有扶养能力和有扶养条件的继承人，不尽扶养义务的，分配遗产时，应当不分或者少分。这个条文中的扶养，也是泛指继承人对被继承人所尽的扶助供养义务。更重要的是，这个条文确立了继承人的权利义务对等原则，强调继承人继承权的合法性主要来自其对被继承人的特定贡献，弱化其亲属身份特性。

《中华人民共和国民法典》继承编第一千一百三十一条规定，确立了继承人以外的人与被继承人之间的扶养继承关系。该条文中的扶养关系完全淡化了继承人与被继承人之间的亲属关系，强调了继承人的权利义务对等原则。

（以上人名均为化名）

50. 死亡赔偿金是遗产吗，能否用于清偿死者生前债务

案件简介

2008年7月，余涛驾驶一辆摩托车到县城打工，途中，与逆向行驶的一辆出租车相会时，由于驾驶员夏刚操作不当，出租车违规将余涛撞伤，摩托车受损。该事故经公安交通部门认定：夏刚违章驾驶，对事故承担全部责任；余涛无责任。就在余涛为此事奔波时，2009年5月，夏刚又因另一起交通事故死亡，经法院调解，夏刚的法定继承人获得肇事方的死亡赔偿金、精神抚慰金、被扶养人生活费等85万元。之后，余涛诉至法院，要求夏刚的法定继承人赔偿损失17万元。

【争议焦点】

死亡赔偿金是否可以用于清偿死者生前债务？

【法院判决】

法院经审理后认为，死亡赔偿金参照遗产处理，继承人应当在继承财产的份额内偿还死者生前所欠债务。

温馨提示

死亡赔偿金应参照遗产处理，继承人应当在继承财产的份额内偿还死者生前所欠债务，就死亡赔偿金以及遗产的区分和界定可以从以下几个方面阐述。

第一，从死亡赔偿金的产生原因来看。死亡赔偿金属于死因赔偿。死亡赔偿金是因不法侵害他人生命依法应支付的一定的赔偿，此种赔偿是以侵害生命权为原因的赔偿，发生在当事人死亡后，用以填补死亡事故造成的当事人在未来的一定时间的可预期收入。遗产，从实质上讲也是由当事人死亡引起的，在其死亡之前，属于私人所有权，只有在其死亡之后，才属于遗产。死亡赔偿金与遗产的产生原因相同。

第二，从死亡赔偿金的范围来看。《中华人民共和国国家赔偿法》第二十七条第（三）项规定："……造成死亡的，应当支付死亡赔偿金、丧葬费，总额为国家上年度职工年平均工资的二十倍……"该赔偿是对死者可预期工资的赔偿。死者生前的工资，根据《中华人民共和国民法典》继承编的规定属于公民的个人合法财产，是遗产。死亡赔偿金是可预期的工资收入，也属于其合法财产，应当参照遗产处理。

第三，从立法先例上来看。在立法上，《中华人民共和国保险法》第六十四条明确规定，被保险人死亡后，在没有指定受益人或出现法定情形时，保险赔偿金为遗产。在交通事故损害赔偿中，保险赔偿金中的一部分就是死亡赔偿金，所以这时，死亡赔偿金就属于遗产。在没有指定受益人或出现法定情形时的保险金中的死亡赔偿金和一般情况下的死亡赔偿金的性质是相同的，故死亡赔偿金在某种程度上也可以认定为遗产。

第四，从司法实践上来看。审判实践中对死亡赔偿金纠纷案件也是参照《中华人民共和国民法典》继承编的有关规定处理和审判的。死者近亲属们处分死者遗产和各种死亡赔偿的所得时，一般会按照继承的规则，先偿还死者债务再进行分配，这样既稳定了债权债务关系，减少诉累和各种矛盾的产生，又有利于继承的进行。既然这种做法已经为大多数人所接受和认可，理应将人们的该认可上升到法律的高度来规范。

第五，从死亡赔偿金的分配问题看。我国现行立法虽无明文规定，但对于死者身后的权利归属的法律规定不乏先例，如《中华人民共和国保险法》第六十三条规定，人身保险合同中被保险人死亡后，在法定的条件下，保险金作为遗产，由保险人向被保险人的继承人履行给付保险金的义务。很明显，这里所指的保险金是被保险人死亡后获得的财产赔偿，与死亡赔偿金的性质非常相近。故从参考已有的法律规定的角度来讲，死亡赔偿金也明显具有遗产属性。

本案中死亡赔偿金的处理参照遗产分割，按照《中华人民共和国民法典》婚姻家庭编的相关规定来处理，既可以平衡死者的债权债务关系，又能够保护死者近亲属的继承权，有利于债权债务关系和亲权关系的稳定和健康发展，能够更好地体现出“以人为本”的现代司法理念。

综上所述，基于填补损失的赔偿原则，遭受夏刚生前侵权的余涛完全可以对具有遗产属性的死亡赔偿金享有请求权。否则，余涛遭受的损失将可能无法得到填补或充分填补，这样一来，不仅不利于维护处于弱势地位的受害者的合法权益，而且还有违民事侵权赔偿制度的设计初衷。从公平原则角度出发，若夏刚生前的近亲属获得了赔偿，而同样是死亡赔偿金权利主体的余涛却得不到赔偿，则明显有失公允。

延伸解读

一、死亡赔偿金不属于遗产，但其能参照遗产分割，死者的近亲属也可以分割

死亡赔偿金是对死者近亲属的赔偿，具有经济补偿和精神抚慰金性质。只有当自然人的物质性人格权（如生命权、健康权、身体权）受到不法侵害，受害人才能请求精神损害抚慰金赔偿，包括残疾赔偿金、死亡赔偿金以及其他情形的赔偿金。对于自然人的精神性人格权（如名誉权、姓名权、名称权、肖像权、荣誉权、人格尊严权、人身自由权、隐私权）受到不法侵害，造成受害人精神利益损害的，可以请求精神损害赔偿。

二、权利主体的确定

对于死亡赔偿金的分配，法律没有明确的规定，一般是应以与受害人生前共同生活的近亲属作为权利人。按照《山东省高级人民法院关于审理人身损害赔偿案件若干问题的意见》规定，死亡赔偿金的分配范围原则上以受害人死亡时，与受害人共同生活的近亲属为限。这就是说死亡赔偿金分割纠纷的权利主体是死者的近亲属。

三、分配比例的确定

原则上可参照《中华人民共和国民法典》继承编的规定，但在审判实践中应根据不同情况，考虑劳动能力、生活收入水平、妇女儿童权益保护等情况，进行不同的处理。

1. 对于受害人生前共同生活的近亲属，如果受害人死亡后，仍在一起生活，

不需要分割。

2.对于受害人生前共同生活的近亲属（父母），在受害人死后，到其他地方生活，权利人要求分割的，应根据权利人有无劳动能力、有无其他生活收入等情况，本着照顾老弱病残的原则，同时考虑受害人父母、未成年子女已经获得抚养费，可按《中华人民共和国民法典》继承编的规定进行分割。

3.对于受害人的成年子女，在受害人死亡前，已经成家且单独生活，因死亡赔偿金具有经济补偿和精神抚慰金性质，无论是成年子女，还是未成年子女，其亲人的突然去世，在精神上肯定是非常痛苦的，应当进行抚慰，但总的分割比例不能超过《中华人民共和国民法典》继承编的规定。

（以上人名均为化名）

51.随母改嫁子女的代位继承权是否受法律保护

案件简介

王远与李燕系夫妻，二人婚后共生育五名子女，分别为王大、王二、王三、王四、王五。其中，王三早已死亡，且无配偶和子女。王二也于早年死亡，但其有配偶张娟和婚生子女王笑笑。后王二之妻张娟带着王笑笑改嫁他人。

王远与李燕分别于2000年、2010年去世。

二人留下一套房屋，即位于北京市某胡同院内88平方米房产，二人去世后，房屋一直由王大居住。

由于张娟与王笑笑已经搬出，王家人认为老人的遗产他们不应该再分，协商未果后，王笑笑提起诉讼，要求代位继承这套房屋。

【争议焦点】

随母改嫁的子女，是否有权代位继承被继承人的合法遗产？

【法院判决】

王大、王四、王五、王笑笑均是合法继承人，应由四人平均继承所遗房产。

根据房产的结构（间数）和当事人居住现状，房屋由王大所有，由王大给付其他三人每人100万元房屋折价款。

对以上判决，王大不服，以“王笑笑之父对被继承人未尽赡养义务，王笑笑系晚辈血亲，无权继承被继承人遗产”为由向中院提起上诉。

中院审理后认为：被上诉人之父王二，虽然先于被继承人死亡，但在生前对被继承人尽到了赡养义务，因此，应当享有继承权利。至于被上诉人是王二的晚辈直系血亲，按照《中华人民共和国民法典》继承编的规定，王笑笑作为王二的女儿，有权代位继承其父王二应得的遗产份额。因此，原审判决根据当时双方赡养被继承人的经济能力，以及在遗产分割后，有利于生活需要和不损害使用的情况，将该项遗产平均分配是适当的。据此，依照《中华人民共和国民事诉讼法》的规定，驳回上诉，维持原判。

【律师说法】

《中华人民共和国民法典》婚姻家庭编规定了夫妻有相互继承遗产的权利，父母和子女有相互继承遗产的权利。《中华人民共和国民法典》继承编第一千一百二十八条规定，被继承人的子女先于被继承人死亡的，由被继承人的子女的直系晚辈血亲代位继承。被继承人的兄弟姐妹先于被继承人死亡的，由被继承人的兄弟姐妹的子女代位继承。代位继承人一般只能继承被代位继承人有权继承的遗产份额。

目前有些地方，特别是农村，仍存在着无故剥夺随母改嫁的子女继承生父遗产或代位继承的权利的陋习，这是不符合我国现行法律规定的。

延伸解读

代位继承是和本位继承相对应的一种继承制度，是法定继承的一种特殊情况。

一、谁可以行使代位继承权

代位继承人一般应该是被代位继承人的直系亲属，这是代位继承的一个原则。在这个问题上，各国的规定是一致的，但也有个别例外。如韩国民法规定，妻子可代亡夫继承公婆的遗产。值得注意的是，代位继承人必须是被代位继承人的直系卑亲属，但不一定是被继承人的直系卑亲属。实际上，在大多数国家，代位继承人的范围大大超出了被继承人直系卑亲属的范围。例如，承认父母或兄弟姐妹可以作被代位继承人的立法，代位继承人的范围就扩及侄子女、甥子女及其直系卑亲属；承认祖父母为被代位继承人的立法，代位继承人的范围就扩及叔、伯、姑、舅、姨及其直系卑亲属。代位继承原则上不受代数限制，但基于立法政策上的理由，也可以对其加以限制。如日本民法原来规定，兄弟姐妹的直系卑亲属作为代位继承人不受代数限制，后来这一规定受到人们的广泛批评，认为这样会使那些与被继承人既无亲情又无生活上的依赖扶助关系的人成为继承人，而这是不公平、不合理的。因此，1981年修改后的民法，将代位继承人限于被继承人的直系卑亲属和兄弟姐妹的子女。这反映了继承立法重视亲情和生活上的互相扶助关系。对继承权的影响以至决定作用，也反映了缩小继承人范围的立法倾向。

二、代位继承权该如何行使

1.《中华人民共和国民法典》继承编第一千一百二十八条规定，被继承人的子女先于被继承人死亡的，由被继承人的子女的直系晚辈血亲代位继承。被继承人的兄弟姐妹先于被继承人死亡的，由被继承人的兄弟姐妹的子女代位继承。代位继承人一般只能继承被代位继承人有权继承的遗产份额。

2.适用代位继承必须符合以下条件：

第一，被代位继承人必须先于被继承人死亡。

第二，代位继承人必须是被代位继承人的晚辈直系血亲。

第三，被代位继承人生前必须享有继承权。

第四，代位继承只适用于法定继承，在遗嘱继承中不适用。

第五，代位继承人无论人数多少，原则上只能继承被代位继承人有权继承的份额。

（以上人名均为化名）

52.孙女不尽心赡养，爷爷撤销赠与

案件简介

杜大爷在老伴去世后，决定将其名下的一套私产房以买卖的方式赠与孙女，由孙女负责他的生养死葬。2009年10月，杜大爷与孙女小雪签订了房屋买卖协

议，约定让孙女小雪以总价款22万元的价格购买杜大爷名下的房屋。

由于当时小雪尚未成年，其父作为监护人代为办理了相关手续。合同签订后，小雪并未支付购房款给杜大爷，杜大爷仍在该房屋内居住，由其子即小雪的父亲照顾他的生活。

2012年6月，小雪父亲去世。同年7月，杜大爷的三个女儿及其侄子在杜大爷在场的情况下，与小雪签订了一份协议，约定：由于小雪本人继承了杜大爷的房产，故杜大爷以后养老送终一切事宜由小雪全权负责承担（如生病及时积极治疗等）。若小雪能按所承诺的事宜去做，杜大爷三个女儿将放弃父亲身后一切遗产继承，全部家产归小雪所有；如若小雪不能履行承诺，则杜大爷房产及一切财产返还杜大爷所有。随后杜大爷便将房屋过户到了孙女小雪名下。一年后杜大爷起诉小雪，要求依法解除二人签订的名为买卖实为赠与的房屋买卖协议，将涉诉房屋返还给自己。

杜大爷称，自房屋过户后，孙女小雪即对他的生活不管不问，特别是现在杜大爷年老又突发疾病，小雪却从未探视过，一切医疗费用均是其女儿杜娟承担的。为此杜大爷曾多次委托亲属找小雪要求其履行承诺，小雪总是拒绝。诉讼中，被告小雪辩称，爷爷的起诉并非他的真实意思表示，应当判决驳回。

【争议焦点】

如若孙女不尽心赡养爷爷，爷爷可否请求法院撤销赠与？

【法院判决】

涉案房产归原告所有。根据已查明事实，法院认为，原告和被告虽就涉诉房屋签订房产买卖合同并将产权过户至被告名下，但协议签订后，被告并未依约定向原告支付购房款，原、被告之间的买卖合同实为赠与合同。原告三个女儿及其侄子与被告签订的协议，以及原告房屋过户前后一直居住于诉争房屋的事实表明，原、被告之间的赠与合同为附赡养条件的赠与合同，现被告不能尽到赡养责任，原告的诉请应当予以支持。由此，法院一审判决撤销原、被告间签订的房产买卖协议，涉案房产归原告所有。

温馨提示

一、赠与合同的生效

根据《最高人民法院关于贯彻执行〈中华人民共和国民法通则〉若干问题

的意见（试行）》第一百二十八条规定：公民之间赠与关系的成立，以赠与物的交付为准。赠与房屋如根据书面赠与合同办理了过户手续的，可以认定赠与有效。

根据《中华人民共和国民法典》规定，只有合同确实存在法律规定的合同无效的情形时，合同才能被确认无效。除此之外，法院或者仲裁机构是不能以其他原因宣告合同无效的。合同的有效与合同的成立是不同的概念，赠与合同的有效无效与赠与财产的交付也不能混为一谈，人们在讨论赠与合同的问题上经常将二者混淆。

二、赠与合同的赠与财产交付请求权。

1.赠与合同交付的特别规定。因为赠与行为是无偿的，所以合同法在赠与合同成立后受赠人的交付标的物请求权问题上，做出了与其他诺成合同不同的规定。《中华人民共和国民法典》合同编规定，具有救灾、扶贫等社会公益、道德义务性质的赠与合同或者经过公证的赠与合同，赠与人不交付标的物的，受赠人可以要求交付。因此，赠与合同中，虽然赠与人负有将赠与财产按照赠与合同的约定转移标的物所有权的义务，但是除上述规定的两类赠与行为外，法律又规定赠与人可以在赠与财产权利转移之前任意撤销赠与，而受赠人则无权要求赠与人交付赠与财产。

2.赠与合同的受赠人交付标的物请求权。

根据《中华人民共和国民法典》合同编的规定，在赠与合同经过公证、赠与合同具有救灾、扶贫等社会公益、道德义务性质的情况下，受赠人可以要求赠与人交付赠与财产。

3.赠与人死亡的赠与合同，赠与人的继承人仍负交付赠与财产的义务。

经公证的赠与合同，受赠人的交付赠与财产请求权并不随着赠与人的死亡而消灭，继承赠与财产份额的继承人，有继续履行交付赠与财产债务的责任。赠与合同已经合法成立并经公证的，受赠人有权请求赠与人交付赠与财产，赠与人负有向受赠人交付财产的义务。

延伸解读

赠与合同可撤销的五大情形。

1.受赠人严重侵害赠与人或者赠与人近亲属的。

受赠人实施的是严重侵害行为，而不是轻微行为。近亲属的范围包括配偶、直系亲属（父母、子女、外祖父母、孙子女、外孙子女、兄弟姐妹）。

2. 受赠人对赠与人有扶养义务而不履行的。

（1）受赠人对赠与人有扶养义务；

（2）受赠人具有扶养能力，而不履行扶养义务。

3. 受赠人不履行赠与合同义务的。

赠与人与受赠人约定了合同的义务，赠与人已经将赠与的财产交付给了受赠人，受赠人不履行合同的义务。例如，在附条件的赠与合同中，受赠人应当依约定履行其所负的义务。如不依约履行，赠与人可以撤销赠与。

4. 因受赠人的违法行为致使赠与人死亡或者丧失民事行为能力的，赠与人的继承人或者法定代理人可以撤销赠与。

5. 赠与人的经济状况显著恶化，严重影响其生产经营或者家庭生活的，可以不再履行赠与义务。

（以上人名均为化名）

53. 孙子为回祖居起诉叔叔，遗产未经分割归谁所有

案件简介

廖丰父亲早年被廖涛和廖刚的父母廖大发夫妇收养为子，一家人曾共同生活居住于北京市某社区的三间房屋内。中华人民共和国成立前夕，廖丰父亲外迁他乡，廖涛也因参加工作离开。

1960年时，廖丰父亲已死亡，上述共同居住过的三间房屋被确权给廖刚、廖大发夫妇共同共有，并颁发了房产所有证。之后，廖大发夫妇先后去世。

1992年政府对村民地籍公告进行登记，于同年7月签发“集体土地建设用地使用证”，将上述三间房屋确权给廖刚一人所有。后廖丰、廖涛知晓此事后，找到廖刚协商未果，遂诉之法院。

【争议焦点】

三间房屋的产权状态。

在本案的审理过程中，出现了两种不同的意见。

第一种意见认为，1992年政府签发“集体土地建设用地使用证”前对村民地籍进行公告后方登记，属政府按合法程序履行法定职责，廖刚已合法拥有三间房屋的所有权，讼争的房屋不再是廖大发夫妇的遗产，故应驳回原告的请求。

第二种意见认为，讼争的三间房屋中有2/3属于廖大发夫妇死亡后的遗产，且该遗产未经分割仍应视为继承人共同共有，由有权继承的继承人进行分割确权。

【律师说法】

遗产未经分割仍应视为继承人共有。

第二种意见是正确的。理由如下：尽管1992年政府按法定程序签发“集体土地建设用地使用证”，将讼争的三间祖居确权给廖刚一人所有，但行政机关的发证行为属形式审查，只要提供的证件及相关手续齐全就可办理相关证件，而民事审判则不同，进行的是实质审查。

本案中，1960年时讼争的三间房屋被确权为廖大发夫妇和廖刚三人共同共有，并颁发了房产所有证，据此可知，廖大发夫妇拥有此三间房屋中的2/3，政府对村民地籍公告进行登记和签发“集体土地建设用地使用证”时廖刚申报理应说明财产所有状况，以便清晰、明确的进行产权登记。当房屋相关证件证明的事实与其他证据证明的事实发生冲突，其他证据的证明力明显大于房屋相关证件的证明力时，法院完全可以按照证据优势的原则，确定房屋的权属。

廖大发夫妇死亡后其应拥有的房屋份额应依法确认为其遗产，因廖大发夫妇收养廖丰父亲为子，双方形成了养父母子女关系，廖刚、廖涛和廖丰父亲也形成了养兄弟姐妹关系。

根据《中华人民共和国民法典》继承编的规定可知，廖大发夫妇死亡后，廖丰父亲、廖刚和廖涛均是其遗产的合法继承人，在继承人均未明确表示放弃继承的前提下，未经分割确权，其遗产应视为继承人共同共有，因廖丰父亲先于廖大发夫妇死亡，廖丰按法律规定可代位继承其父亲可继承的份额，与廖涛和廖刚共同分配廖大发夫妇遗产。当然，在分割遗产时还应考虑对父母尽了较多赡养义务和与父母常年生活在一起的继承人给予多分的情况。

延伸解读

一、什么是遗嘱分配

遗嘱继承体现了意思自治原则。根据继承法的规定，在被继承人死亡之后，必须具备以下条件时才能依遗嘱继承办理。

1. 没有遗赠扶养协议。遗嘱继承效力高于法定继承，低于遗赠扶养协议。因此，只有在没有遗赠扶养协议或遗赠扶养协议无效，或虽遗赠扶养协议有效，但遗产中遗赠扶养协议尚未涉及的部分才可以进行继承。

2. 被继承人的遗嘱合法有效。首先，被继承人生前立有遗嘱；其次，遗嘱必须符合法律规定的有效要件，因为只有合法的遗嘱才能发生法律效力。

3. 遗嘱继承人没有丧失、放弃继承权，也未先于遗嘱人死亡。继承人必须具有继承资格。丧失或放弃继承权的遗嘱，继承人即不再具有继承资格，不能再适用遗嘱继承；遗嘱继承人先于遗嘱人死亡时，不适用遗嘱继承，也不发生代位继承。

二、遗产分割的原则和方法

根据《中华人民共和国民法典》继承编相关规定，遗产分割应当有利于生产和生活需要，不损害遗产的效用。不宜分割的遗产，可以采取折价、适当补偿或者共有等方法处理，并为胎儿等特殊保护主体保留必要份额。

在具体分割遗产时应当按照法律规定的程序本着公平和照顾弱者的原则进行。

《中华人民共和国民法典》继承编规定，不宜分割的遗产，可以采取折价、适当补偿或者共有等办法处理。根据这一规定，遗产分割的方式主要有以下几种。

（一）实物分割

遗产分割在不违反分割原则的情况下，可以采取实物分割的方式。适用实物分割的遗产，可以是可分物也可以是不可分物。对可分物，可以做总体的实物分割。如对粮食，可划分出每个继承人应继承的数量。对不可分物，则不能作总体的分割，只能作个体的分割，如电视机、冰箱等。对不可分物不能作实物分割的，应当采取折价补偿的方法。

（二）变价分割

对不宜采用实物分割的遗产，可以将其变卖，换取价金，再由各继承人按照自己应得的遗产份额的比例，对价金进行分割，各自取得与应得遗产份额相对应的价金。

（三）补偿分割

对不宜分割的遗产，如果继承人中有人愿意取得该遗产，则由该继承人取得该遗产的所有权。取得遗产所有权的继承人按照其他继承人应继承份额的比例，分别补偿给其他继承人相应的价金。

（四）保留共有的分割

遗产不宜采用实物分割，继承人又都愿意取得遗产，或继承人愿意继续保持遗产共有状况的，则可将其作为共同所有的财产，由各继承人按各自应得的遗产份额，确定该项财产所应享有的权利与应分担的义务。

（以上人名均为化名）

54. 土地补偿费可以当作遗产继承吗

案件简介

王小花系王芳的姑姑，但其与王芳不在同一个村民小组。王小花在1998年调整土地承包时取得承包的责任田2.5亩，承包期限为30年。1999年11月，由于王小花年老且孤独一个人，被民政部门确定为“五保户”并住进当地敬老院。2000年8月，民政部门撤销其“五保户”待遇后，王小花、王芳及民政部门三方共同签订一份《扶养协议书》，确定由王芳耕种其承包的责任田并负责其生养死葬。

2006年6月，王小花病逝，其承包的责任田便由王芳负责耕作。2018年，因开发需要，政府将包括王小花在内的承包田征收，王小花所在村民小组获得了土地补偿费，并按人口数进行分配，每人应分得9.8万元。由于王小花在村民小组分配该土地补偿费时已经死亡，村民小组对其名下份额未做分配。

另外，该村民小组也未与王芳重新签订土地承包合同。王芳认为其是王小花的唯一合法继承人，对王小花的遗产具有合法的继承权，多次向该村民小组要求继承该笔土地补偿费，但遭到拒绝。王芳遂向法院起诉，请求法院判决村民小组分配该笔土地补偿费9.8万元。

【争议焦点】

在审理本案的过程中，有两种不同的处理意见。

第一种意见认为，诉争的土地补偿费属于死者王小花的遗产，王芳作为其扶养协议的权利人有权取得该继承款，应当支持王芳的诉讼请求。

第二种意见认为，诉争的土地补偿费不是王小花的遗产，王芳无权取得该继承款，应当驳回王芳的诉讼请求。

【法院判决】

法院认为，王芳对王小花生前承包的土地既无所有权，也无经营承包权，且该土地的所有权和经营权均不是王小花的遗产，故王小花病故后，王芳对该土地所产生的收益，无权依据《扶养协议书》取得，故驳回王芳的诉讼请求。

【律师说法】

其一，遗产是公民死亡时遗留下来的个人财产。本案中，王小花生前承包的土地，属于小组集体所有，不是其个人财产，所以，其病故后，其承包的土地不是遗产。另外，王小花生前承包土地享有的是承包经营权，而不是所有权。农村土地承包是以户为单位并经过法定程序进行承包，承包户不存在后，该承包合同也归于终止，原承包土地归于村民小组。因王小花承包户只有其一个人，其死亡后该户即不存在，土地也应该归于村民小组。

其二，土地补偿费是征地单位给被征地单位、人员的补偿费和安置费用，是给土地所有人、使用人的补偿费用，不是承包人的承包收益，实际上是被征地的价值体现，只有该土地的所有人或者使用权人才能有权享有这份价值。

其三，村民小组按人员进行分配土地补偿费，而王芳并非该村民小组成员。

延伸解读

土地补偿费是国家因建设需要征用农民集体所有的土地时，用地单位依法向被征地单位支付的款项。其实质是国家对农民集体在被征用的土地上长期投工、投资的补偿。其标准为：征用耕地的补偿费标准为该耕地被征之前年均产值的3~6倍，征用其他土地的补偿费标准，由各地方参照耕地的补偿费标准规定，一般为该地被征前三年平均亩产值的3~5倍。土地补偿费属于专用款项，依法应由被征地单位统一掌握，主要用于发展生产，不得挪作他用。

征收土地的补偿费用包括土地补偿费、安置补助费以及地上附着物和青苗补偿费。安置补助费是发放给被安置人员的。死亡的家庭成员已经不复存在，不能对其进行安置。

农民个人承包所得的承包收益（即从事农业生产的获利部分）属于农民个人合法财产，在公民死亡时列入遗产范围并发生继承。征地补偿款是国家征收农村集体土地时补偿给村集体经济组织的，集体经济组织又根据《中华人民共和国农村土地承包法》分配给丧失承包地的承包农户家庭，用于对失去土地农户的预期损失补偿及安置，以保障失地农户将来的生产生活。因此，征地补偿款从性质上看不属于承包收益，不能列入遗产范围。承包期内，家庭内部某个成员的死亡并不影响整个农户的承包经营权，只要作为承包单位的户存在，土地承包经营权就不发生继承关系，而且，土地补偿款的性质亦决定了不能作为遗产继承。

（以上人名均为化名）

55. 第三者能凭借遗嘱获得房产吗

案件简介

2014年5月，梁先生因高血压不治身亡，妻子陈娟忙着处理好他的身后事，突然接到法院的电话，原来是梁先生生前的第三者戴女士把自己给告了，戴女士要求继承丈夫名下的房产。

原来，梁先生与陈娟感情确实不好，自2004年起两个人就已经分居，至梁先生死亡，近十年的时间双方都没有在一起生活。因为有孩子，两个人并没有办理离婚手续。

自1996年起，戴女士与梁先生以夫妻名义同居，梁先生的生活起居由她负责照顾。对于这一点，陈娟也早有耳闻，只不过睁一只眼闭一只眼。

2012年，梁先生购买了一套商品房，由于与陈娟已经分居，所以购买此房的房款是全部由梁先生一个人支付的。为了预防日后的争议，梁先生于2013年11月6日自书遗嘱一份，对此房产的归属以书面形式确定下来。自己百年之后这个房屋就由戴女士继承。

梁先生病故后，戴女士联系陈娟协商处理好梁先生的身后事，但陈娟没有理会她。为此，戴女士一纸诉状请求法院确认梁先生所立遗嘱合法有效，要求法院判决自己继承该房屋。

庭审中，陈娟和女儿辩称，遗嘱是不合法的，属于无效遗嘱，梁先生的父母亲已经身故，陈娟与女儿则是梁先生的第一顺序继承人，房产应由其继承，且讼争房屋是梁先生与陈女士婚姻存续期间的合法财产，与戴女士无关。请求驳回戴女士的诉讼请求。陈娟还认为戴女士与梁先生长期以夫妻名义同居生活是违背社会道德的，也已涉嫌重婚罪，她保留追究其刑事责任的权利。

【争议焦点】

遗赠人梁先生生前立下自书遗嘱将其财产赠与戴女士，这一遗赠行为本身是否合法?

【法院判决】

法院审理认为，遗赠人梁先生的遗赠行为虽系其真实意思表示，但内容和目的违反了法律规定和公序良俗，损害了社会公德，破坏了公共秩序，应属无效民事行为，原告戴女士提出的诉讼请求，缺乏事实和法律依据，法院不予支持。

被告陈娟及其女儿要求确认该遗嘱无效，并由其依法继承的辩解意见理由成立，法院予以采纳。

【律师说法】

本案首先应当确定遗赠人梁先生生前立下书面遗嘱将其财产赠与戴女士，这一遗赠行为本身是否具有合法性。遗赠是公民以遗嘱的方式将个人合法财产的一部分或全部赠给国家、集体或法定继承人以外的其他人，并于死后发生效力的法律行为。遗赠行为成立的前提是遗嘱，而遗嘱是立遗嘱人生前在法律允许的范围内，按照法律规定的方式处分自己的财产及其他财物，并于死后生效的法律行为。一个合法的遗嘱成立必须具备其构成要件。

合法的夫妻关系受到法律的保护。夫妻间的继承权，是婚姻效力的一种具体表现，被告陈娟作为梁先生的妻子，本应享有继承梁先生遗产的权利，但因梁先生与戴女士长期非法同居，在其生前将财产赠与与其非法同居的戴女士，实质上剥夺了其妻陈娟依法享有的合法财产继承权。

遗嘱因其内容和目的违反法律和社会公序良俗，不符合遗嘱成立要件，该遗嘱应属无效遗嘱。遗嘱无效，其遗赠行为自然无效。

温馨提示

根据我国法律规定，遗嘱有效应该具备法律规定的实质要件和形式要件两个条件。实质要件包括三个方面。

一是遗嘱人在订立遗嘱时具备完全的行为能力。

二是遗嘱的内容必须合法。

三是遗嘱必须是遗嘱人的真实意思表示。

遗嘱可以分为自书遗嘱、代书遗嘱、录音录像遗嘱、口头遗嘱、公证遗嘱、打印遗嘱等，不同形式的遗嘱形式上有不同的要求，应该符合法律规定的形式。

延伸解读

上述案例中，梁先生将房产给第三者戴女士的遗嘱，尽管从构成要件来说，这份遗嘱完全符合法律规定，应该是有效的，但是它不符合“公序良俗即公共秩序和善良风俗”原则，遗嘱无效。

《中华人民共和国民法典》规定，夫妻对共同所有的财产，有平等的处理权。夫妻有相互继承遗产的权利，父母和子女有相互继承遗产的权利。

《中华人民共和国民法典》继承编第一千一百五十三条规定，夫妻共同所有的财产，除有约定的外，遗产分割时，应当先将共同所有的财产的一半分出为配偶所有，其余的为被继承人的遗产。遗产在家庭共有财产之中的，遗产分割时，应当先分出他人的财产。

（以上人名均为化名）

56. 兄弟因遗嘱表述不明发生纠纷

案件简介

王刚与妻子育有一个儿子两个女儿，即儿子王涛，女儿王娟、女儿王霞。王刚妻子于2003年去世，王刚于2012年7月去世，二人共有房屋一处。王涛育有一子王小涛。

在王刚去世一年后，房屋被政府有关部门征收，应得征收补偿款146万元。王涛在整理父亲遗物时发现其生前于2012年4月8日留有遗嘱，内容为“我的房子拆了孙儿王小涛賣一套大房子”。王涛、王小涛父子便主张上述拆迁补偿款应归其享有，王娟、王霞亦主张享有。

因协商未果，王涛、王小涛父子遂对王娟、王霞提起诉讼，要求拆迁补偿款的分配应遵从父亲的遗嘱进行分配，即优先满足给王小涛购买一套大房子后，如有余额再分配。王娟、王霞抗辩称：父亲的遗嘱中写的是“卖”而非“买”，且该遗嘱表述不明应为无效，应适用法定继承。

【争议焦点】

遗嘱的内容如何解读?

本案中，王刚书写的遗嘱内容为“房子拆了孙儿王小涛賣一套大房子”的字据中，基于王刚的年龄、文化结构、书写习惯、想表达的意思等因素考虑，对字据上的“賣”字判断为系“买”的别字，当无异议；本案争议的焦点问题即解决问题的关键则在于对该遗嘱内容的解读。

第一种意见认为，该遗嘱中关于“一套大房子”的表述过于抽象，无法界定，也不具有可操作性，因此，该遗嘱属表述不明，应为无效，应适用法定继承。

第二种意见则认为，该遗嘱内容虽不具体，但通过该遗嘱的内容可以判断王刚生前已知晓拆迁信息，希望房屋如拆迁，拆迁补偿款用于给其孙子即王小涛购买一套大房子，即王刚的真实意思表示是将自己的财产处置给其孙子王小涛，因此可推断其通过设立遗嘱的方式将其遗产赠与王小涛所有。

因王小涛非系其法定继承人，所以，王刚书写的字据名为遗嘱，实为遗赠，即以立遗嘱实为遗赠的方式对其财产做了处置。故王刚的遗赠是有效的，王刚的遗产即其应分得的拆迁补偿款应由王小涛享有。

温馨提示

如何认定瑕疵遗嘱的效力?

从上述的意见分歧中不难看出，王刚手书的字据内容是存在瑕疵的，法官在做出判断以弥补存在的瑕疵时，需要探究当事人的真实意思，因为公民有处分其个人合法财产的权利和自由。现被继承人王刚已年过八十，如单纯从字据的文字上理解“一套大房子”确实比较抽象，难以把握。

但对于被继承人处分其财产的意思解读，应结合被继承人的文化程度、知识结构、年龄状况、身体状况及当地的风俗习惯、房价等诸多因素，探究被继承人的真实意思表示。

其所书“房子拆了孙儿王小涛賣一套大房子”，从扩张文字含义的角度来理解，实则是其处置自己财产的意思表示，即将其意思表示解读为将自己的财产处置给其孙子王小涛，更符合被继承人王刚的真实想法。故第二种意见是正确的。

延伸解读

遗嘱生效的条件。

一、自书遗嘱的生效条件

自书遗嘱是指由遗嘱人亲自书写的遗嘱。自书遗嘱必须由遗嘱人亲笔书写，亲自签名，然后注明年、月、日。注意：不能由他人代写或记录，不能打印，不能由他人代签姓名，不能用印章、指印或其他符号代替签名。

二、代书遗嘱的生效条件

代书遗嘱是遗嘱人由于疾病、文化程度等原因，需要委托他人代写的遗嘱。代书遗嘱需注意以下几点：①应当有两个以上见证人在场见证。②须由遗嘱人口述遗嘱要点，然后由见证人中的一人代为书写，写成书面遗嘱后，代书人向遗嘱人宣读。代书人不能是见证人以外的其他人，也不能是继承人、受遗赠人等法律规定的不能作为遗嘱见证人的人。③必须注明年月日，并由遗嘱人、代书人和其他见证人签名。

三、录音遗嘱的生效条件

录音遗嘱是指遗嘱人用录音机录下自己的口述遗嘱。进行录音遗嘱时，应当有两个以上见证人在场见证。见证可采取书面或录音的形式。经过见证的录音磁带应封存起来，注明年、月、日，遗嘱人与见证人在封条上签名。

四、口头遗嘱的生效条件

口头遗嘱是指遗嘱人在生命遭遇威胁的情况下口授于他人的遗嘱。口头遗嘱必须是在危急的情况下设立的，如在前线作战、船舶遇险、飞机失事、遭遇台风、地震洪水等。设立口头遗嘱应当有两个以上见证人在场见证。见证人见证的方式，可以事后做书面或口头证明。对口头遗嘱当场做出书面记录的，要注明年、月、日，并由记录人和其他见证人签名。如果危急情况解除后，遗嘱人用了其他形式设立遗嘱的，则之前所立的口头遗嘱无效。

五、公证遗嘱的生效条件

公证遗嘱是指经过公证机关公证的遗嘱。公证机关是我国专门办理证明法律行为及有法律意义文件和事实的真实性和合法性的司法行政机关。因此，公证遗嘱是方式严格、内容真实、证据力较强的一种遗嘱形式。办理公证遗嘱一般由遗嘱人在公证员二人面前，亲笔书写遗嘱，签名盖章，并注明年、月、日。也可以由公证人员代为记录遗嘱，并由其整理成书面遗嘱后向遗嘱人宣读，在遗嘱人确认无误后，由记录的公证员二人和遗嘱人签名，注明地点和年、月、日。

除以上遗嘱形式外，《中华人民共和国民法典》继承编规定还有打印遗嘱、录像遗嘱等。

当然，不同的遗嘱形式，所生效的条件也各不相同，遗嘱人要根据自己订立的遗嘱类型及其相应的生效条件，做好对应的准备工作，才能让自己所订立的遗嘱具有法律效力。

（以上人名均为化名）

57. 养孙女与逝者弟弟争遗产，代位继承如何适用

案件简介

张婷婷一直单身，1984年收养一个养子张胜，后张胜与王娟结婚，并于2004年3月生育一女张青，不幸的是同年12年张胜不幸病逝。

张胜的去世对于张婷婷打击很大，2009年1月，张婷婷去世。一生没有结婚的她留有房屋一栋，现金130万元。

对于如何继承张婷婷的遗产，张婷婷的弟弟张平与张胜的妻子王娟发生了分歧。张平认为，张胜不是张婷婷亲生的，张青作为张胜的女儿，自然也和张婷婷无血缘关系，所以不能继承张婷婷的遗产，自己作为张婷婷的亲弟弟，应由自己继承姐姐的遗产。王娟作为张青的法定代表人主张张青虽与张婷婷无血缘关系，

但她是张胜的亲生女儿，可以代位继承其养祖母张婷婷的遗产。

【争议焦点】

养孙女可否代位继承养祖母的遗产？

第一种观点认为，张青与张婷婷无血缘关系，不能继承张婷婷的遗产。张平作为张婷婷的弟弟应该以第二顺序继承人的身份继承其姐姐的遗产。

第二种观点认为，张青作为张婷婷的养孙女，其父亲张胜与张婷婷有拟制血亲关系，因此可以代位继承张婷婷的遗产。

【律师说法】

根据《中华人民共和国民法典》婚姻家庭编规定，自成立之日起，养父母与养子女间的权利义务关系，适用法律关于父母子女关系的规定；养子女与养父母的近亲属间的权利义务关系，适用法律关于子女与父母的近亲属关系的规定。根据法律规定，可以看出作为养孙女的张青与形成收养关系的养祖母张婷婷之间的权利和义务与自然血亲的权利义务一样。

本案中被继承人是张婷婷，被代位继承人是张胜，代位继承人是张青，符合代位继承人的条件。根据《中华人民共和国民法典》继承编第一千一百二十八条规定，被继承人的子女先于被继承人死亡的，由被继承人的子女的直系晚辈血亲代位继承。

《最高人民法院关于贯彻执行〈中华人民共和国继承法〉若干问题的意见》第二十六条规定，被继承人的养子女、已形成扶养关系的继子女的生子女可代位继承；被继承人亲生子女的养子女可代位继承；被继承人养子女的养子女可代位继承；与被继承人已形成扶养关系的继子女的养子女也可以代位继承。

因此，张青作为张胜的亲生女儿理应以第一顺序继承人的身份代位继承其养祖母张婷婷的遗产，而不是由张婷婷的弟弟张平作为第二顺序继承人继承其姐姐的遗产。

1.代位继承适用于遗嘱继承吗？

代位继承人一般只能继承他的父亲或者母亲有权继承的遗产份额。从法理上讲，代位继承是法定继承所派生出来的一种继承方式，是法定继承的一种补充形式，又称为间接继承。代位继承作为法定继承的一种特殊情况，适用法定继承的相关法律规范来确定继承人的范围、顺序及遗产分配份额，只有在法定继承中才能发生代位继承。代位继承属于法定继承的范畴，从代位继承人范围到代位继承时的遗产分配原则，都是法律直接规定的，他人无权任意变更。

在遗嘱继承中，因为遗嘱在继承人死亡时发生法律效力，所有遗嘱继承人死亡时并不享有继承权，因而其晚辈直系血亲就没有代位继承的权利，故遗嘱继承中不适用代位继承。

2. 代位继承人一般只能继承他的父或母有权继承的遗产份额。

《中华人民共和国民法典》继承编第一千一百二十八规定，代位继承人一般只能继承被代位继承人有权继承的遗产份额。因此，他们无权要求与被代位继承人处于同一顺序的其他法定继承人平分遗产，即有两个或以上的代位继承人只能继承其父或母的一份，不能按人头参与平分继承遗产。

《最高人民法院关于贯彻执行〈中华人民共和国继承法〉若干问题的意见》第二十八条规定："继承人丧失继承权的，其晚辈直系血亲不得代位继承。如该代位继承人缺乏劳动能力又没有生活来源，或对被继承人尽赡养义务较多的，可适当分给遗产。"

（以上人名均为化名）

58. 养子女可以继承生父母的遗产吗

案件简介

张小强幼年时，生父母将其送养给邻县的张家人。张小强30岁时，养父母去世，张小强于是找到生父母并与他们一同居住。同时未办理相关登记手续。其间，张小强对生父母尽了一定的扶养照顾义务，两年后，生父母离世。随后，张小强一直居住使用生父母的住房至今。张小强生父母育有包括张小强在内的子女共四人，对于张小强使用该住房，其他两个兄妹对住房归属未提出要求，但另一个弟弟李江以张小强无继承权为由，要求张小强搬出住房，在协商未果的情况下，张小强之弟李江诉至法院，要求张小强归还房屋。

【争议焦点】

父母的房屋遗产有张小强的份额吗？

如果享有份额，是基于父母子女的继承关系，还是基于其他法律依据，对此存在以下两种不同意见。

第一种意见：张小强可以享有该房屋相应的份额。张小强养父母虽已去世，其与养父母亲属之间的权利义务关系依然存在，其与生父母之间的关系并不必然自动恢复，故张小强不能享有继承权；但张小强在与生父母共同生活期间承担了一定的抚养照顾义务，故可分得生父母相应的遗产。

第二种意见：张小强不能分得遗产。张小强与生父母之间并不存在权利义务关系，故不能分得遗产。

【律师说法】

对生父母尽义务可分遗产。

第一种意见是正确的。理由如下：

1.根据《中华人民共和国民法典》婚姻家庭编的规定，收养关系解除后，养子女与养父母及其他近亲属间的权利义务关系即行消除，与生父母及其他近亲属间的权利义务关系自行恢复，但成年养子女与生父母及其他近亲属间的权利义务关系是否恢复，可以协商确定。张小强系成年养子女，其养父母去世，虽张小强与生父母共同生活，但张小强与生父母之间的权利义务关系并未经过协商确定，且未办理相应的法律手续，故张小强与其生父母之间的权利义务关系并未恢复。

2.《最高人民法院关于贯彻执行〈中华人民共和国继承法〉若干问题的意见》第十九条规定："被收养人对养父母尽了赡养义务，同时又对生父母扶养较多的，除可依（原）继承法第十条的规定继承养父母的遗产外，还可依（原）继承法第十四条的规定分得生父母的适当的遗产。"

《中华人民共和国民法典》继承编第一千一百三十一条规定，对继承人以外的依靠被继承人扶养的人，或者继承人以外的对被继承人扶养较多的人，可以分给适当的遗产。

张小强对生父母尽了一定的赡养照顾义务，符合上述意见第十九条规定的"被收养人对养父母尽了赡养义务，同时又对生父母扶养较多的"与（原）继承法第十四条（现《中华人民共和国民法典》继承编第一千一百三十一条）规定的"继承人以外的对被继承人扶养较多的人"的情形，故此，张小强并非依据父母子女关系，而是依据上述两条规定，可以适当分得生父母的遗产，享有对该房屋适当的份额。

延伸解读

1. 对父母多尽孝心是否可以多分遗产？

尊老敬老不仅是我们中华民族的传统美德，而且法律鼓励每一位公民对老人多关心照顾，多尽一份孝心，对于尽了主要扶养义务或者与被继承人共同生活的继承人，可以多分遗产，对于没有孝心不尽扶养义务的继承人，应当不分或者少分遗产。对父母多尽孝心可以多分遗产。

《中华人民共和国民法典》继承编第一千一百三十条规定，同一顺序继承人继承遗产的份额，一般应当均等。对生活有特殊困难又缺乏劳动能力的继承人，分配遗产时，应当予以照顾。对被继承人尽了主要扶养义务或者与被继承人共同生活的继承人，分配遗产时，可以多分。有扶养能力和有扶养条件的继承人，不尽扶养义务的，分配遗产时，应当不分或者少分。

同时，《最高人民法院关于贯彻执行〈中华人民共和国继承法〉若干问题的意见》第三十条规定："对被继承人生活提供了主要经济来源，或在劳务等方面给予了主要扶助的，应当认定其尽了主要赡养义务或主要扶养义务。"

2. 被收养的子女，能继承生父母的遗产吗？

《中华人民共和国民法典》婚姻家庭编规定，自收养关系成立之日起，养父母与养子女的权利义务关系，适用法律关于父母子女关系的规定；养子女与养父母的近亲属间的权利义务关系，适用法律关于子女与父母的近亲属关系的规定。可见，养子女与养父母之间依据法律拟制形成了一种父母子女关系。养父母和养子女之间具有抚养、赡养的义务，也有相互继承财产的权利。

养子女和生父母之间的权利和义务，因收养关系成立而消除。也就是说，养子女和生父母虽然有血缘关系，但从法律上讲，他们从与养父母确定合法收养关系起，父母子女之间就不存在抚养和赡养的义务及其继承权了。

因此，一般情况下，养子女只能继承养父母的遗产，不能继承生父母的遗产。《最高人民法院关于贯彻执行〈中华人民共和国继承法〉若干问题的意见》第十九条规定，被收养人对养父母尽了赡养义务，同时又对生父母扶养较多的，除可依（原）继承法第十条的规定继承养父母的遗产外，还可依（原）继承法第十四条的规定分得生父母的适当遗产。如果养子女还对生父母抚养较多，应根据养子女对生父母所尽义务的多少，适当分得生父母的遗产。

（以上人名均为化名）

59. 遗赠房产未过户，房子是谁的

案件简介

王娟自己打小就和外公外婆同住，感情很好。长大后，王娟也很孝顺，以外公的名义买下了一套房屋，给两位老人及自己的父母居住。这事当时全家人都知道，老两口也一再表示，以后此套房屋仍属于王娟。

2000年时，王娟的外公想到自己年事已高，还有一位养子，为防去世后大家对房子有争议，便同老太商量后去公证处办理了遗赠书，表示在其去世后房屋归王娟所有，该公证书一直存在王娟的母亲处。2002年时，王娟的外公去世。考虑到外婆还在，自己又持有房产证和遗赠书，王娟就想把房屋过户的事情缓一缓。直至2018年，王娟的外婆去世，王娟才去办理房屋过户。让其没想到的是，公证处的人说该遗赠书已经过期，不能办理，而作为法定继承人的王娟的舅舅又下落不明，无法配合其办理房屋过户手续。情急之下，王娟只能将外公外婆的法定继承人告上了法院。

在法庭上，王娟的亲属分别证明了王娟的母亲曾在2007年时召开过家庭会议，向大家出示了该份公证遗嘱，得到了大家的一致肯定。王娟表示，外公去世后，为了方便照顾外婆，便让其同自己的父母去乡下住了。期间，自己则将该房重新装修并入住，后还将此房以其个人名义出租。

【争议焦点】

未过户的遗赠的房产属于谁?

【法院判决】

房屋归受遗赠人所有。

经法院审理查明后认为，根据《中华人民共和国民法典》继承编规定，继承开始后，按照法定继承办理；有遗嘱的，按照遗嘱继承或者遗赠办理；有遗赠扶养协议的，按照协议办理。王娟出示的遗赠书合法有效，其提供的证据以及对房屋装修、居住、对外出租的行为，均表明其早已接受该案遗赠。现王娟的外公、外婆已去世，王娟要求确认房屋归其所有合法有据。最后，法院判决该案所涉房屋归王娟所有。

【律师说法】

因疼爱孙辈，不少年长者会选择将财产留给他们，生前立下遗嘱，但许多受赠人不了解遗赠具有时效性，即其应在知道受遗赠后的六十日内做出对遗赠接受的表示，否则就被视为放弃。

《中华人民共和国民法典》继承编第一千一百二十四条规定，受遗赠人应当在知道受遗赠后六十日内，做出接受或者放弃受遗赠的表示，到期没有表示的，视为放弃接受遗赠。也就是说接受遗赠要明示，未明示的视为放弃。

接受遗赠可通过召开家庭会议告知法定继承人，或去公证处公证，或者通过邮寄给法定继承人的方式证明都可以。

（以上人名均为化名）

60. 遗赠人六十日内没有做出接受的表示，该怎么办

案件简介

小王的爷爷生前留下公证遗嘱，去世后将房子赠给小王 。2008年1月，老人去世。同年6月，小王拿着遗嘱及爷爷的死亡证明去公证处办理遗嘱继承权公证，公证员告知这份遗嘱的遗愿已经失效。

公证员告诉他，爷爷的这份遗嘱属于遗赠，他需在爷爷去世后六十日内表示接受遗赠意愿。过期没有表示，视为放弃。小王称他不知道有此规定，爷爷生前也没说把房产留给他，爷爷去世后他才知道，因为是爷爷的意愿，他认为房子自然应该是他的。后来，他通过调取他爷爷立遗嘱时签署的告知书，上面明确写着："继承开始后，受遗赠人应当在知道受遗赠后六十日内，做出是否接受遗赠的表示，到期没有表示的，视为放弃。"

【争议焦点】

根据《中华人民共和国民法典》继承编的规定，受遗赠人应当在知道受遗赠后六十日内，做出接受或者放弃受遗赠的表示。到期没有表示的，视为放弃受遗赠。鉴于接受遗赠的时效性的特殊规定，虽然公证员在办理此类公证时，会多次提醒立遗嘱人，在适当的时候告知受遗赠人该条规定，但一些老年人时间长了会遗忘，导致遗嘱中的意愿无法实现。

遗赠需在继承开始后两个月内表达意愿。公证员在办理遗嘱公证书时，最好附上继承法关于接受遗赠时效的规定，提醒遗嘱人在生前及时告知受遗赠人，或在遗嘱人去世后，取得公证书的遗赠人能够在法律规定的时效内做出接受遗赠的表示，尽早取得遗产。

温馨提示

《中华人民共和国民法典》继承编第一千一百三十三条规定，自然人可以依照本法规定立遗嘱处分个人财产，并可以指定遗嘱执行人。自然人可以立遗嘱将个人财产指定由法定继承人中的一人或者数人继承。自然人可以立遗嘱将个人财产赠与国家、集体或者法定继承人以外的组织、个人。

《中华人民共和国民法典》继承编第一千一百二十四条规定，继承开始后，继承人放弃继承的，应当在遗产处理前，以书面形式做出放弃继承的表示；没有表示的，视为接受继承。受遗赠人应当在知道受遗赠后六十日内，做出接受或者放弃受遗赠的表示，到期没有表示的，视为放弃受遗赠。

从这一规定来看，法定继承、遗嘱继承与遗赠继承在意思表示上会有不同的法律效果。法定继承和遗嘱继承中，在遗产处理前，继承人没有表示的，视为接受继承；而在遗赠继承中恰恰相反，受遗赠人在法定期限内没有做出接受表示的，视为放弃。可见，在遗赠中，在法定期限内及时做出接受遗赠的表示至关重要。

延伸解读

房产赠与，是指房屋所有权人将自己的房产无偿给予受赠人，受赠人表示接受的行为。一般来说，房产继承发生在被继承人死亡之后。房产赠与发生在赠与人（原业主）健在且具有完全民事行为能力期间。有一种民事法律行为，兼具继承和赠与的一些属性，那就是遗赠。一般来说，接受继承、接受赠与，是没有时效性的，但是接受遗赠，则有时效性规定。接受房产遗赠，并非随时可以开始也并非随时可以终止，是有有效期限的，超过这个时效期间，遗赠协议就失去法律效力，受遗赠人的合法权益将遭受损害。

《中华人民共和国民法典》继承编第一千一百二十四条第二款规定：受遗赠人应当在知道受遗赠后六十日内，做出接受或者放弃受遗赠的表示，到期没有表示的，视为放弃受遗赠。

（以上人名均为化名）

61. 遗嘱不能免除对未成年子女的抚养义务

案件简介

张涛的父亲有两段婚姻，在张涛三岁那年，父母就离婚了，他跟着母亲生活，一开始父亲正常支付抚养费。三年后他的父亲再婚了，并且有了一个同父异母的弟弟名叫张青，再之后，连张涛的抚养费也不给了。张涛的母亲几次索要未果，也就不再找他要抚养费了。

2010年7月张涛的父亲去世，去世前曾立下遗嘱将自己所有的遗产即位于某市区的两套房屋全部留给其子张青，张涛知晓此事后，非常生气，将张青及其母亲一并诉至法院，要求继承父亲的遗产。

【争议焦点】

父亲的遗嘱是否有效?

本案在审理过程中存在两种理论分歧。第一种观点认为，父亲的遗嘱合法有效，原告的主张不应得到支持。《中华人民共和国民法典》继承编第一千一百三十三条规定，自然人可以立遗嘱将个人财产指定由法定继承人中的一人或者数人继承。原、被告的父亲系完全民事行为能力人，且原、被告都是其父亲的法定继承人，父亲亲笔书写的遗嘱指定由其子张青继承其个人所有的财产，符合相关法律规定，该遗嘱应属合法有效。

另外，根据《中华人民共和国民法典》继承编第一千一百四十一条规定，遗嘱应当为缺乏劳动能力又没有生活来源的继承人保留必要的遗产份额。原告张涛虽然未满十八周岁也没有收入来源，但原告母亲作为原告的法定监护人，完全有能力抚养未成年的张涛，因此，原告张涛并不属于缺乏劳动能力又没有生活来源的范畴。

第二种观点认为，该遗嘱无效，原告张涛有权与被告张青平均分配父亲的遗产。原告张涛是否属于缺乏劳动能力又没有生活来源并非本案的争议焦点，本案的关键是原、被告的父亲对原告张涛具有法定的抚养义务，其立下的遗嘱能否免除该法定义务，显然这是不能的，该遗嘱明显违反了法律保护未成年人利益的精神，单方面免除了自己的法定义务，侵犯了原告的合法权益。

【法院判决】

遗嘱不能免除对未成年子女的抚养义务。

原告张涛有权与被告张青、张青之母平均分配其父亲的遗产。

首先，虽然《中华人民共和国民法典》继承编中规定遗嘱应当对缺乏劳动能力又没有生活来源的继承人保留必要的遗产份额，而原告张涛虽然不属于该范畴，但根据《中华人民共和国民法典》婚姻家庭编规定，父母对子女有抚养教育的义务，父母不履行抚养义务的，未成年的或者独立生活的子女，有要求父母给付抚养费的权利。原告父母虽然已经离婚，但这并不影响父亲对原告应尽的抚养义务。

原告张涛的法定监护人的确具有一定的经济来源，足够满足原告的生活需要，能够确保原告生活无忧，但这也不是免除父亲对其应尽抚养义务的理由，抚养原告是父亲的法定义务，原告父亲以遗嘱形式单方面免除自己的义务，剥夺原告张涛的继承权，违反了法律的强制性规定，应属无效。

其次，从法理学的角度来讲，遗嘱自由原则必须有一定的限制。各国在有关遗嘱法律关系的规定中往往对遗嘱的形式做了明确规定，这一方面是对遗嘱自由的某种限制，同时也是对有效遗嘱的一种法律制度保障。本案中，原告父亲立下遗嘱确定其遗产的归属本该属于当事人意思自治的范畴，但因其单方面免除了自己的法定抚养义务，违反了法律对于未成年人权益的保护，应当受到一定的限制，因而，该遗嘱是无效的。

温馨提示

就本案而言，第一种观点明显模糊了争议焦点，去探究原告张涛是否属于缺乏劳动能力又没有生活来源的想法明显有失偏颇，法官做出裁判时更应考虑到的是遗嘱能否免除父母对子女应尽的抚养义务，当事人意思自治必须在法律规定的框架之下而不是随意行使对于遗产的处分权，任何自由都不能突破法律的底线。

延伸解读

抚养子女是父母的法定义务，因此在离婚的时候，不与子女共同生活的一方需要支付一定数额的抚养费，也应尽到一定的抚养义务，那么抚养义务规定到多少岁？抚养的义务有哪些？

一、抚养义务规定到多少岁

中国现行的法律规定：一般父母对子女的抚养义务是十八年，对非因主观原因不能独立生活的子女有抚养义务。

凡是满十八周岁的公民，不论其性别、精神健康状况如何，均视为成年人。达到成年且精神健全的人具有完全的民事行为能力是完全民事行为能力人。超出十八周岁，父母没有法定抚养义务。

同时《中华人民共和国民法典》婚姻家庭编规定，父母不履行抚养义务时，未成年的或不能独立生活的子女，有要求父母付给抚养费的权利。《最高人民法院关于适用〈中华人民共和国婚姻法〉若干问题的解释（一）》第二十条规定"不能独立生活的子女"，是指尚在校接受高中及其以下学历教育，或者丧失或未完全丧失劳动能力等非因主观原因而无法维持正常生活的成年子女。

根据以上规定，子女超过十八岁，尚需父母履行抚养义务的情形有以下方面。

1. 子女尚在校接受高中及其以下学历教育。

2. 子女非因主观原因（丧失或未完全丧失劳动能力等）无法维持正常生活。

二、抚养的义务有哪些

所谓抚养，是指父母对子女的养育和生活上的照料。抚养教育好后代，这不仅是父母对子女应尽的义务，同时也是对社会应尽的义务。父母对子女负有抚养教育的义务。作为父母，应按照法律规定与社会伦理，自觉履行义务，为子女创造良好的生活学习条件。父母对子女的生活和学习应提供一定的物质条件，承担一定的经济责任。父母对未成年子女的抚养义务是无条件的，除了法律另有规定以外，任何情况下都不能免除，即使父母离婚，仍应负担抚养义务。父母对成年子女的抚养是有法律条件的，当成年子女没有劳动能力或者因某种原因不能维持生活（如继续上学等），父母也应承担抚养义务。

（以上人名均为化名）

62. 遗嘱分割他人共同财产行为的定性

案件简介

原告刘婕的母亲于2013年1月病故，病故时母亲账户上共有银行定期存款51万元，但这笔存款刘婕并不知情。于是刘婕的父亲未告知刘婕，于2013年12月1日立下了一份自书遗嘱，将这笔钱款以遗嘱的方式给了蒋娟（刘婕父亲的同事）。直到父亲在2014年5月去世，刘婕拿着父亲的遗嘱过来找她去公证处签字，她才知道这笔钱的存在。原来这是父母的共同财产，父亲无权单独处分。

刘婕在与蒋娟协商未果后，诉到了法院，要求确认遗嘱无效，自己才是父母的唯一法定继承人，由自己全部继承父母的定期存款51万元。

【争议焦点】

原告父亲在未经得原告同意的情况下，将原本属于原告继承的财产份额以遗嘱形式赠与被告的行为是否具有法律效力？

【法院判决】

法院认为，遗嘱只能处分自己的财产，处分他人财产的遗嘱无效。因此本案中原告父亲赠与被告蒋娟的银行存款及利息中属于他人份额部分无效。后经法院调解，双方达成调解协议，本金部分由刘婕继承25万元，蒋娟继承26万元，利息归蒋娟所有。

【律师说法】

公民有权利将其个人财产以遗嘱方法赠与他人，但不能将他人的财产赠与。

本案中，原告父亲立遗嘱赠与蒋娟属其个人的财产部分有效，但赠与属于刘婕的财产部分无效。原告父母在银行有共同存款51万元，刘婕母亲去世后，属于其母亲的部分发生继承。本案中刘婕母亲共有两个继承人，即原告以及原告的父亲，二人每人共继承51/2/2=12.75万元。所以原告的父亲在继承后应该享有12.75万元+51/2=38.25万元。也就是说在原告母亲去世后，该存款已经转换成刘婕与刘婕父亲共有。

延伸解读

一、共同财产没有分割可以立遗嘱吗

夫妻共同遗嘱是指夫妻之间经过商量，对共同财产采取一致意见，用同一种遗嘱方式处理死后的财产。夫妻共同遗嘱的设立是基于夫妻双方的共同意思表示，遗嘱处分的对象是夫妻共同财产。夫妻双方可以用共同遗嘱形式来处分其共同财产。在这里还要说明的是，一方死后，活着的一方是没有权利代替死者立遗嘱的。

如果遗嘱涉及的财产已经超出立遗嘱人的财产范围，则超出部分无效。

二、夫妻共同遗嘱何时发生效力

所谓遗嘱，是指遗嘱人生前在法律允许的范围内，按照法律规定的方式对其遗产或其他事务所作的个人处分，并于遗嘱人死亡时发生效力的法律行为。共同遗嘱与被继承人单独立遗嘱最大的不同是为了保护后去世的被继承人，若一位被继承人去世了，就分割遗产的话，后去世的被继承人就可能会出现生活困难的情况。

因此我们认为，夫妻共同遗嘱的生效时间是共同遗嘱的所有被继承人全部去世以后。

三、公证遗嘱的形式

公证遗嘱由遗嘱人经公证机关办理。办理遗嘱公证需要立遗嘱人亲自到其户籍所在地的公证机关申请办理，不能委托他人代理。如果遗嘱人因病或其他特殊原因不能亲自到公证机关办理遗嘱公证时，可要求公证机关派公证员前往遗嘱人所在地办理。值得注意的是，立遗嘱人如果要变更或撤销原公证遗嘱，也必须由原公证机关办理。

遗嘱有下列几个特征。

1.遗嘱是单方法律行为，即遗嘱是基于遗嘱人单方面的意思表示即可发生。

2.遗嘱即可预期法律后果的法律行为。

3.遗嘱人必须具备完全民事行为能力。

4.设立遗嘱不能进行代理。代书遗嘱，必须由本人在遗嘱上签名，并要有两个以上见证人在场见证。

【准备材料】

财产凭证（如涉及房产，指房产所有权证、土地使用权证、契证）、户口本、身份证，到公证处办理即可。如公证人员认为老人民事行为能力存在缺陷，可能影响遗嘱的效力的，会要求当事人提供专业卫生机构出具的健康证明。

在婚姻法中明确规定了，夫妻双方在办理了婚姻登记手续后，双方的收入就属于共同财产，在处置和使用共同财产时都需要征求配偶的意见；如果在夫妻双方办理离婚手续，则需要将夫妻的共同财产进行分割，当双方出现了纠纷争议时，是可以通过诉讼等法律途径解决的。

（以上人名均为化名）

63. 已故儿子的“私生女”诉请继承房屋拆迁款

案件简介

83岁的苏大爷和老伴梁大妈是一对退休工人。2002年，独子苏先生离婚，第二年苏先生因为心肌梗死去世，留下才10岁的孩子小苏。之后老两口与孙子小苏相依为命，2019年1月，小苏已经27周岁。同年，苏大爷所居住的房屋拆迁，一家人与拆迁单位签订了《北京市住宅房屋拆迁货币补偿协议》，不菲的拆迁款也分到了苏家。

随后不久，苏家便接到了被起诉的传票——童小欣自称是已故苏先生的私生女，她将苏家三口诉到法院，要求继承拆迁房屋的拆迁款，而童小欣的母亲，则是在15年前曾经在苏家当过保姆的杨女士。

童小欣起诉称，2002年，当时父亲苏先生离异不久，不方便结婚，母亲就以苏家保姆的身份住进了苏家，随后苏先生因为突发心肌梗死病逝，其母亲就独自回到了河北老家。第二年便生下了童小欣，之后一直由母亲杨女士抚养。

为了证明与苏家的血缘关系，童小欣向法院提出要求进行亲子鉴定。

苏大爷与老伴儿感到十分错愕，儿子去世10多年，怎么会突然蹦出一个孙女？全家还被这个“孙女”一起告到了法院。苏大爷回忆说，2010年8月26日，曾经在苏家当过保姆的杨女士再次登门，拿着一份文件让苏大爷签字，视力不好的苏大爷问是什么文件，杨女士回应说，自己的孩子童小欣要在北京上学，因为曾经在苏家当过保姆，所以请苏大爷签字做个证明。当时杨女士对童小欣与苏家的关系只字未提，苏大爷没有多想就签了那份文件。直到现在才明白，那份文件其实是一份关于确认童小欣身份的情况说明，杨女士拿着该份文件，作为让童小欣讨要拆迁款的有力证据。

【争议焦点】

童小欣能否诉请法院继承过世父亲的房屋拆迁款？

【法院判决】

法院认为，童小欣要求分割房屋拆迁款需首先证明，她与苏先生存在父女的身份关系。童小欣提供的出生证明与副页不一致，导致不能证实二人的父女关系；而苏大爷所签字的情况说明即便真实，依据相关司法解释，也不能以此确认童小欣与苏先生之间的身份关系属实。因此，由于证据不足，法院驳回了童小欣的诉讼请求。

【律师说法】

由于被拆迁的房屋为苏先生所有，若童小欣确实是苏先生的女儿，自然可以分得拆迁利益。根据《中华人民共和国民法典》继承编的规定，童小欣有依法继承遗产的权利，因此她要求对苏先生遗留下的房屋的拆迁款进行继承。

继承权属于民事权利，公民的民事权利能力自出生时开始，到死亡时终止。胎儿因尚未出生，不享有民事权利，但是《中华人民共和国民法典》继承编对于胎儿是否可以分得遗产做出了明确的规定。

《中华人民共和国民法典》继承编第一千一百五十五条规定，遗产分割时，应当保留胎儿的继承份额。可见，虽然胎儿因还不具有生命不享有继承权，但在对遗产进行处理时，仍然应当为其保留一定的份额。

同时，我国继承法规定的第一顺位继承人子女中包括私生子女，因此，未婚遗腹子依法享有继承权。本案中的童小欣如果能拿出有力证据来证明其与苏先生存在父女关系，就可以获得继承资格。

延伸解读

一、非婚生子可以参与遗产分配吗

《中华人民共和国民法典》婚姻家庭编和继承编都明确规定，非婚生子女与婚生子女一样，享有平等的继承权。如《中华人民共和国民法典》婚姻家庭编规定，父母和子女有互相继承遗产的权利。非婚生子女享有与婚生子女同等的权利，任何人不得加以危害和歧视。

因此，非婚生子女是享有继承权的。我国法律之所以规定非婚生子女同婚生子女一样享有平等的继承权是因为非婚生子女和婚生子女一样，与生父母有直接的血缘关系，是直系血亲，而且非婚生子女和婚生子女一样，都是社会的成员、国家的公民，所以，国家法律应当一视同仁，对其加以保护。

二、非婚生子女怎么继承财产

1.和婚生子女地位平等。

《中华人民共和国民法典》婚姻家庭编规定非婚生子女和婚生子女享有同等的权利，这意味着在继承的地位上也是平等的，也就是说婚生子女和非婚生子女享有平等的继承权。

2.第一顺位继承人。

《中华人民共和国民法典》继承编规定，法定继承应当按照一定的顺序进行，而配偶、父母、子女排在第一位，非婚生子女因为享有与婚生子女平等的继承权，所以也属于这里所说的子女范畴，应当首先获得继承。

（以上人名均为化名）

64. 因继承取得共有不动产，缘何不得处分

案件简介*

被继承人王刚生前名下登记有一套房屋，并育有三个子女，分别为王甲、王乙、王丙。2018年年初，王甲以遗嘱继承为由将王乙、王丙起诉至法院。经审理，法院判决，认定王甲、王乙、王丙对被继承人王刚所有的房屋分别拥有50%、30%、20%的所有权。判决生效后，因家庭矛盾三位继承人未能至不动产登记部门将房屋变更登记到三人名下。在协商无果的情况下，王甲以分割共有物为由又将王乙、王丙起诉至法院。

【争议焦点】

是否可以应王甲请求分割由王甲、王乙、王丙的共有物房产?

【法院判决】

本案中，三位继承人通过遗嘱继承诉讼只是确定了各自对房屋的所有权份额，但在判决生效后，三位继承人未能依法到不动产登记部门办理所有权变更登记，房屋仍然登记在被继承人王刚名下，因此法院驳回王甲的请求。

【律师说法】

首先，根据生效判决，三位继承人对被继承人王刚名下房屋拥有的所有权份额得到确定，该物权变动属于非基于法律行为而发生的，无须进行登记即发生物权变动的法律效力。为了维护第三人的利益和交易安全，《中华人民共和国民法典》物权编规定，因继承取得不动产所有权的，处分该不动产物权时，应当至不动产登记部门办理不动产变更登记，未经登记，不发生物权效力。

王甲要求对房屋进行分割，实际上是三位继承人之间相互转移或对外转移其对共有物的应有部分，性质上为处分行为，依据“非经登记不得处分”的上述规定，三位继承人均不得分割按份共有的房屋。

其次，三位继承人继承房屋后，如依法至不动产登记部门办理所有权变更登

记，则应当依法缴纳相应的税费。而在房屋登记为三位继承人按份共有后，如经共有物分割纠纷后，又将房屋在三位继承人之间相互转移或对外转移，则仍然需要依法缴纳相应的税费。

本案中，在对共有房屋的所有权份额确定后，王甲未经依法登记径行要求对共有房屋进行分割，不论采用协议分割、竞价分割或折价分割，如法院判决将共有房屋直接由被继承人王刚转移登记到其他继承人名下或转移登记给其他人，都会发生偷逃国家税费的情况。

因此，法院可以依法向当事人释明上述情况，告知其先办理产权变更登记。如王甲坚持要求分割共有物，则应当依法驳回。

（以上人名均为化名）

65. 有了遗嘱就能避免纷争吗

案件简介

王老先生是一名国画家，与李女士系夫妻关系，二人育有四个子女。

王老先生于2010年过世。王老先生在世时，担心自己去世后出现子女争遗产情况，特地订立了一份遗嘱。在遗嘱中，王老先生将他的全部财产都留给了妻子李女士。并将遗嘱挂在家中墙上同妻子合影，以此为证。

没有想到的是，王老先生过世后不久，两个子女就开始起诉李女士，要求继承父亲的遗产，当李女士拿出王老先生的遗嘱时，遭到了两个子女的质疑。

【争议焦点】

原告起诉称，其父生前是著名的国画家，收藏了大量名人字画。现在父亲去世了，要求对这些遗产进行分割，在“遗产”清单里，有许多名人的作品，价值无法估量。庭审中由于双方都没有申请对这些物品进行作价，所以市值多少，无从知晓。

被孩子起诉后，李女士向法庭提供了一份王老先生留下的手书遗嘱，这份遗嘱是用毛笔所书，内容是：“我百年以后，我的一切文物、字画及所有财产归我夫人李女士所有。”王老先生的部分子女对遗嘱的真伪存在质疑。他们认为父亲一生严谨认真，而遗嘱中的签名乱成一团，字迹和以往明显不同。

王老先生的毛笔字遗嘱真伪成为争议焦点，众子女同意对遗嘱进行鉴定，并纷纷提交父亲的信札、字幅、题字等作为鉴定样本。

【法院判决】

庭审中原、被告双方对于遗嘱的真伪各执一词，法院委托了多家权威鉴定机构，用了约两年时间，得出的结论却依旧是无法鉴定。于是法院判决王老先生的遗产归其老伴李女士继承。

【律师说法】

《中华人民共和国民法典》继承编第一千一百二十七条规定，遗产按照下列顺序继承：第一顺序，配偶、子女、父母；第二顺序，兄弟姐妹、祖父母、外祖父母。继承开始后，由第一顺序继承人继承，第二顺序继承人不能继承；没有第一顺序继承人继承的，由第二顺序继承人继承。

在遗产继承中，被继承人立有遗嘱将其个人财产指定由法定继承人中的一人或者数人继承，或者在遗嘱中明确将其个人财产赠给国家、集体或者法定继承人以外的人的，应遵照该遗嘱执行。

延伸解读

遗产继承的方式有法定继承、遗嘱继承、遗赠和遗赠扶养协议四种方式，通过遗嘱继承的方式指定继承人进行遗产继承的，需要继承人提供一份有效的遗嘱。如果该遗嘱是无效的，被继承人的遗产只能按照法定继承的方式继承。那么，要订立有效遗嘱，可以遵循以下几个步骤。

第一步：厘清遗产范围，明确遗嘱发生作用的领域。遗嘱人应当对自己去世之后的遗产予以交代，包括遗产的范围、名称和数量。只要是遗嘱人合法的个人财产，不论动产、不动产、有价证券、债权还是知识产权中的财产权，均可作为遗产进行分配。

第二步：指定继承人，明确遗产的归属。遗嘱人可以通过遗嘱将自己的遗产遗留给法定继承人中的一人或数人。如继承人不明确，遗嘱将因无法执行而视为无效，继承人只能按法定继承分配遗产。

第三步：列明继承份额，明确遗嘱的执行方法。在遗嘱中，遗嘱人应当指明各继承人可以继承的具体财产的名称、份额或数量。如果指定由数个继承人共同继承某项财产的，应当写明各继承人所得的具体数目或份额。如未写明继承份额，法律一般推定为均等享有继承权，即平均分配该项遗产；遗嘱中尚有没有处分的财产的，该财产即视为遗嘱未处分的遗产，按法定继承处理。

第四步：指明继承人的附加义务，设定遗嘱适用前提。遗嘱人可以在遗嘱中对继承人设置附加义务，作为继承人继承的前提条件。如生父在遗嘱中将遗产留给女儿，同时要求女儿为继母养老送终等。

第五步：再指定继承人，防止指定继承不能实现。如遗嘱人可以在遗嘱中声明遗产由小儿子XX继承，若小儿子XX先于他死亡或放弃继承时，则由其兄YY继承，则该人之兄YY即为再指定继承人。遗嘱中的再指定继承人，只有在指定继承人空缺的前提下，才可实际享有继承权。

（以上人名均为化名）

66. 孕妇起诉讨遗产，分割遗产应保留胎儿的继承份额

案件简介

谢坤是一位汽车驾驶员，家庭经济状况较好。谢坤生育三个儿子，其妻早年去世。2005年5月，谢坤的第三个儿子谢苗因车祸死亡，此时，谢苗的妻子肖静已怀孕6个月。同年10月，谢坤突然发病死亡，安葬完毕之后，其长子与次子将谢坤遗留的100万元现金和一栋价值360万元的楼房进行了分割。肖静得知后，遂向两位大哥提出异议，认为其怀孕胎儿应分得一份遗产。为此，两位大哥反对，认为弟弟已去世，肖静腹中胎儿不具有继承权。故肖静诉至法院，要求保护腹中胎儿的合法权益。

【争议焦点】

遗腹子是否享有继承权？

【法院判决】

本案争议的焦点是遗腹子的继承权问题，在审理中有两种不同的意见。

第一种意见认为，谢坤的第三个儿子已去世，因此不存在继承问题。肖静腹中的胎儿能否顺利出生无法确定，因此无法享有继承权。胎儿即使顺利出生，但其不是第一顺序继承人，也不能享有继承权。谢坤的遗产只能由其长子与次子平分。

第二种意见认为，谢坤的第三个儿子谢苗虽已去世，但其妻肖静已经怀孕。根据《中华人民共和国民法典》继承编的有关规定，遗产分割时，应当保留胎儿的继承份额。胎儿出生时是死体的，保留的份额按法定继承办理。所以应该为胎儿保留份额。

法院最终采纳了第二种意见，虽然需要为胎儿保留份额，但是因为胎儿没有出生，所以无法直接参与继承。其份额应该保留，因此判令谢坤的长子与次子停止办理谢坤房屋的过户手续。驳回肖静的其他诉讼请求。

温馨提示

《中华人民共和国民法典》继承编第一千一百五十五条规定，遗产分割时，应当保留胎儿的继承份额。胎儿娩出时是死体的，保留的份额按照法定继承办理。

为了妥善处理继承中有关胎儿的问题，《最高人民法院关于贯彻执行〈中华人民共和国继承法〉若干问题的意见》第四十五条规定："应当为胎儿保留的遗产份额没有保留的应从继承人所继承的遗产中扣回。为胎儿保留的遗产份额，如胎儿出生后死亡的，由其继承人继承；如胎儿出生时就是死体的，由被继承人的继承人继承。"上述法律规定表明，我国法律对于未成年人利益的保护范围已经延伸到未出生的胎儿。

本案还有一个特殊之处，即胎儿的父亲谢苗先于被继承人谢坤去世。此种情况下，胎儿能否继承谢坤的遗产呢？这又涉及代位继承的问题。对于代位继承，《中华人民共和国民法典》继承编第一千一百二十八条规定，被继承人的子女先于被继承人死亡的，由被继承人的子女的直系晚辈血亲代位继承。代位继承人一般只能继承被代位继承人有权继承的遗产份额。

延伸解读

本案涉及两个法律问题：第一，胎儿是否享有继承权？第二，胎儿是否可以代位继承？

依据《中华人民共和国民法典》继承编第一千一百五十五条规定，遗产分割时，应当保留胎儿的继承份额。胎儿娩出时是死体的，保留的份额按照法定继承办理。腹中胎儿是需要预留遗产份额的，应从继承人继承的遗产中扣回。

为胎儿保留份额的处理情形共有三种。

1. 当出生的胎儿为活体时，胎儿可以取得该份遗产。

2. 胎儿出生时为死体的，原保留的遗产份额仍视为被继承人尚未分割的遗产，由被继承人的继承人依法分配。

3. 如果该胎儿出生时为活体，但不久后死亡，则原来为其保留的遗产份额应当属于胎儿的遗产，由他的法定继承人依照法定继承方式继承。

针对本案情况，涉及代位继承问题，依据《中华人民共和国民法典》继承编第一千一百二十八条规定，被继承人的子女先于被继承人死亡的，由被继承人的子女的直系晚辈血亲代位继承。代位继承人一般只能继承被代位继承人有权继承的遗产份额。

【法律链接】

《中华人民共和国民法典》继承编第一千一百五十五条规定，遗产分割时，应当保留胎儿的继承份额。胎儿娩出时是死体的，保留的份额按照法定继承办理。

《最高人民法院关于贯彻执行〈中华人民共和国继承法〉若干问题的意见》第四十五条规定：应当为胎儿保留的遗产份额没有保留的应从继承人所继承的遗产中扣回。为胎儿保留的遗产份额，如胎儿出生后死亡的，由其继承人继承；如胎儿出生时就是死体的，由被继承人的继承人继承。

《最高人民法院关于贯彻执行〈中华人民共和国继承法〉若干问题的意见》第五十二条规定：继承开始后，继承人没有表示放弃继承，并于遗产分割前死亡的，其继承遗产的权利转移给他的合法继承人。

（以上人名均为化名）

67. 再婚夫妻一方死亡，财产该如何继承

案件简介

段大娘今年59岁，与万大爷于1997年再婚，两人婚后没有生育子女。段大娘与万大爷婚后曾共同出资购买了万大爷单位的集资建房一套（建筑面积88平方米），当时登记产权人为万大爷。段大娘只有一个亲生女儿，名叫高燕，已经结婚。万大爷这边有两个儿子，分别为万刚、万旭，也已经成家。

所以平日里家中只剩下段大娘与万大爷一起生活，日子虽不富裕，但也过得清净。

2016年11月，万大爷突发脑溢血，经抢救治疗无效死亡。就在万大爷住院治疗期间，其两个儿子拿走了他的存款，并为其操办丧事，后从段大娘处拿走户口本，为其父办理户口注销，并领取安葬费、抚恤金。

段大娘知晓此事后，打电话给万刚，万刚却拒绝承认。

2018年7月，段大娘与高燕气愤不已，一纸诉状将万刚、万旭告上法庭。

母女俩认为，抚恤金是给予死者家属或生前被扶养人的精神抚慰金，请求法院对被告已领取的抚恤金进行合理分配；段大娘与万大爷生前购买的住房，属于老两口的共同财产，也是段大娘的唯一住所，双方的三个子女均已成家并各有住所，请求法院判令上述住房归段大娘所有；属于万大爷遗产的部分，段大娘愿意按法定继承份额依照房屋评估价值，对万刚、万旭给予折价补偿。

被告辩称：父亲去世后，在为其办理后事过程中，原告段大娘没有出钱出力。他们同意对领取的抚恤金依法进行分割。他们没有向段大娘索要住房，也没有骚扰过她，同意她继续居住于上述房屋中。他们认为，段大娘对该住房委托评估的价值过低，要求保留对该房屋享有的财产份额，暂不作遗产继承，不同意现有的遗产分割。不同意段大娘做经济补偿后住房归其所有。

【法院判决】

在此案中，原、被告均是万大爷遗产的第一顺序继承人，依法享有继承万大爷遗产的权利。双方争议的那套企业集资修建的住房，是原告段大娘与万大爷夫妻关系存续期间共同出资购买的，属于夫妻共同财产，该房屋一半的产权属于原告段大娘所有，另一半产权属于万大爷的遗产，依法应由原、被告共同继承。对于遗产的处理，应以有利于生产、生活，不损害遗产效用为原则，住房不宜作实物分割。原告段大娘系被告的继母，长期居住使用该房屋，且已步入晚年，考虑到其居住、生活等条件，该房屋应归段大娘所有。由段大娘对被告应分割的遗产进行价值补偿。

【律师说法】

继承从被继承人死亡时开始。遗产是公民死亡时遗留的个人合法财产。继承开始后，按照法定继承办理；有遗嘱的，按照遗嘱继承或者遗赠办理；有遗赠扶养协议的，按照协议办理。

在法定继承的情形下，遗产按照下列顺序继承：第一顺序，配偶、子女、父母；第二顺序，兄弟姐妹、祖父母、外祖父母。继承开始后，由第一顺序继承人继承，第二顺序继承人不继承。同一顺序继承人继承遗产的份额，一般应当均等。对被继承人尽了主要扶养义务或者与被继承人共同生活的继承人，分配遗产时，可以多分。

夫妻在婚姻关系存续期间所得的共同所有的财产，除有约定的以外，如果分割遗产，应当先将共同所有的财产的一半分出为配偶所有，其余的为被继承人的遗产进行遗产继承。遗产分割应当有利于生产和生活需要，不损害遗产的效用。不宜分割的遗产，可以采取折价、适当补偿或者共有等方法处理。不动产或者动产可以由两个以上单位、个人共有。共有包括按份共有和共同共有。

延伸解读

婚姻不易，尤其是老年人再婚。因为有子女，有婚前财产，在一起磨合很不容易。对于再婚后，已经形成具有扶养关系的继父母、继子女，与亲生子女一样享有同等继承权。

一、再婚夫妻财产制度

《中华人民共和国民法典》第一千零六十二条规定："夫妻在婚姻关系存续期间所得的下列财产，为夫妻的共同财产，归夫妻共同所有：（一）工资、奖金、劳务报酬；（二）生产、经营、投资的收益；（三）知识产权的收益；（四）继承或者受赠的财产，但是本法第一千零六十三条第三项规定的除外；（五）其他应当归共同所有的财产。夫妻对共同财产，有平等的处理权。”

二、再婚夫妻的相互继承权

夫妻互相享有继承权，是夫妻双方在婚姻关系、家庭关系中地位平等的一个重要标志。夫妻间的继承权是基于婚姻的法律效力产生的，是以夫妻的人身关系为前提的。也就是说，只有具备合法婚姻关系的夫妻双方，才能以配偶身份继承对方的遗产。

根据《中华人民共和国民法典》继承编的规定，在分割遗产时，夫妻在婚姻关系存续期间所得的共同所有的财产，除另有约定外，应当将共同所有的财产的一半分出为配偶所有，其余的为被继承人的遗产。

三、《中华人民共和国民法典》婚姻家庭编对于夫妻间的遗产继承权有哪些规定

《中华人民共和国民法典》婚姻家庭编规定，夫妻有相互继承遗产的权利。

第一，合法的配偶身份是夫妻遗产继承权的前提。

第二，配偶一方死亡，另一方系无民事行为能力人或者限制民事行为能力人的，依然享有夫妻遗产继承权。

第三，夫妻相互继承遗产时，应先行分割夫妻共同财产和家庭成员共有财产，确定遗产范围，防止侵害生存方和其他家庭成员的合法利益。

第四，我国实行限定继承制度，继承遗产应当清偿被继承人依法应当缴纳的税款和债务，缴纳税款和清偿债务以遗产的实际价值为限。

第五，夫妻互为第一顺序法定继承人。继承开始后，被继承人有子女、父母的，生存配偶一般应按份额均等原则与他们共同继承；子女先于被继承人死亡的，由其直系晚辈血亲代位继承。没有其他第一顺序法定继承人和代位继承人的，由生存配偶单独继承。

第六，《中华人民共和国民法典》继承编第一千一百四十一条规定，遗嘱应当为缺乏劳动能力又没有生活来源的继承人保留必要的遗产份额。

（以上人名均为化名）

68. 再婚家庭如何继承遗产

案件简介

袁刚与张燕系再婚夫妻，2000年袁刚带着两个儿子袁今、袁古与张燕结婚，刚好张燕有一个女儿张小京，就这样组建了新的家庭。五口之家，其乐融融。

然天有不测风云，2010年7月，袁刚去世。留有一套房屋。该房屋原为袁刚承租单位的公房，2004年单位房改售房时，袁刚以15万元的价格买下了这套房子，并登记在他名下。

袁刚去世后，袁家二儿子袁古拿着一份称是袁刚留给他的遗嘱找到张燕，并叫来张小京、袁今，要求按照袁刚的遗嘱，将这套房过户登记在他名下。

三人不同意，袁古与他们争执不过，遂将袁今、张燕和张小京诉至法院。庭审中，袁古提供署名为袁刚的代书遗嘱一份，诉请法院按照遗嘱继承审理此案。张小京表示，对代书遗嘱的效力不予认可。

【法院判决】

后经法院开庭审理，确认了代书遗嘱无效，因为有一个见证人根本没有见过袁刚，只是袁古拿遗嘱去找他签字，说是做个见证而已。因此，法院判决袁刚名下的房屋中属于袁刚的个人部分由张燕、张小京、袁古、袁今共同继承。

【律师说法】

一个自然人死亡后，其父母、配偶、子女为第一顺序继承人。其中子女，按照法律的规定，包括婚生子女、非婚生子女、养子女和有扶养关系的继子女。

什么才算有扶养关系呢？实践中，可以从以下四个方面来考虑：①继子女受继父母经济上的供养；②继子女受继父母生活上的扶养、教育；③继子女在经济上供养继父母；④继子女在生活上扶助继父母。具备其中之一即可。

袁刚与张燕结婚时，两个人的孩子均是未成年人，两个人组建家庭，与三个孩子共同居住生活，已经形成了有扶养关系的继父母子女关系，因此对于袁刚的遗产，张小京同样有继承权。

延伸解读

遗产继承是指生前享有财产因死亡而转移给他人的死者为被继承人。如果自然人生前没有订立遗嘱的，就应当按照法定继承的方式进行遗产继承。那么，遗产继承顺序分配比例是如何规定的呢?

一、遗产继承顺序是怎样的

首先，应该看死者是否有遗嘱，有遗嘱的，应按遗嘱执行。

其次，没有遗嘱的，应该确定哪些人可以作为继承人?继承人分第一顺序（配偶、子女、父母）和第二顺序（兄弟姐妹、祖父母、外祖父母）。继承开始后，由第一顺序继承人继承，第二顺序继承人不继承；没有第一顺序继承人继承的，由第二顺序继承人继承。

最后，才是确定各继承人的份额。按照继承法的规定，同一顺序继承人继承遗产的份额，一般应当均等。对生活有特殊困难又缺乏劳动能力的继承人，分配遗产时，应当予以照顾。对被继承人尽了主要扶养义务或者与被继承人共同生活的继承人，分配遗产时，可以多分。有扶养能力和有扶养条件的继承人，不尽扶养义务的，分配遗产时，应当不分或者少分。继承人协商同意的，也可以不均等。

二、法定遗产继承分配比例

法定遗产继承分配比例指的是在法定继承中确定同一顺序的法定继承人应分得的遗产份额的基本准则。

1.同一顺序继承人继承遗产的份额，一般应均等。这是法定继承中遗产分配的一般原则，即同一顺序的法定继承人应该平均分配遗产。该法条中的“一般”是指法律没有特别规定的情况。

2.特殊情况下法定继承人的继承份额可以不均等。根据继承法的有关规定，“特殊情况”主要是指下列三种情况。

（1）对生活有特殊困难又缺乏劳动能力的继承人，分配遗产时，应当予以照顾。继承人只有同时具备生活有特殊困难和缺乏劳动能力的情形时，才能在遗产分配中给予照顾，而且一旦具备了这两个条件就应当给予照顾。

（2）对被继承人尽了主要扶养义务或者与被继承人共同生活的继承人，分配遗产时，可以多分，不是应该多分，不具有强制性。

（3）有扶养能力和扶养条件的继承人，不尽扶养义务的，分配遗产时，应当不分或少分，这是继承法中权利义务相一致原则的重要体现。继承人符合下列条件的，应当不分或少分遗产：①继承人有扶养能力和条件，②不尽扶养义务，③继承人协商同意也可以不均分。

在我国，遗产范围主要是指生活资料，也包括法律允许个人所有的生产资料。

世界各国民法确定遗产的范围和价值，都是从继承开始时，即被继承人死亡或宣告死亡（见失踪和死亡宣告）这一法律事实发生的时间确定的。在中国，一般，在继承开始地点（即死亡人最后的住所或主要财产所在地）的继承人，负责通知不在继承地点的其他继承人和遗赠受赠人和遗嘱执行人关于被继承人死亡的事实；保存遗产的人应当负责保管好遗产，不得擅自处理、隐匿和侵吞。如果在继承人中无人知道被继承人死亡，或虽有继承人知道但该继承人无民事行为能力又无法定代理人进行通知和管理的，则应由被继承人生前所在单位或居住地基层组织或公证机关负责通知和保管遗产。

（以上人名均为化名）

69. 怎样认定尽了较多扶养义务

案件简介

原告黄娟与被继承人陈小同系朋友关系。黄娟多年来一直对陈小同照顾有加。2010年10月，因陈小同身体渐差，在其要求下，黄娟将陈小同送至某地福利院，相关费用由陈小同本人工资收入缴纳。后黄娟与陈小同在福利院签订委托书，载明："本人因年老独身无子女，生活不方便。随着年龄的增长，考虑今后的养老问题，特委托朋友黄娟作为我的监护人负责我的生活事宜：包括安排入住养老机构、缴纳养老费用和后事安排。"

两年后，陈小同因心脏骤停死亡。陈小同未婚，无子女，亦无法定继承人。2014年10月28日，黄娟诉至法院，请求判决由黄娟继承陈小同应享受的职工住房补贴约15万余元。

经法院调查，陈小同在福利院居住期间，黄娟经常看望老人，陈小同对黄娟亦十分信任。黄娟的同事李某及邻居丁某均向法庭证实黄娟多年来一直对陈小同悉心照顾，并为陈小同办理后事。

【争议焦点】

黄娟是否有权利继承被继承人陈小同的财产，即在陈小同的养老金足以支付入住养老院费用的情况下，黄娟对陈小同多年生活起居的照顾是否可适用《中华人民共和国民法典》继承编的规定，继承人以外的对被继承人扶养较多的人，可以分给适当的遗产？

【法院判决】

法院经审理后认为，黄娟并不是陈小同的法定继承人，双方亦未签订遗赠扶养协议，故黄娟不具有合法继承人的资格，黄娟不能以继承人或受遗赠人的身份继承陈小同的遗产。根据查明的事实，陈小同生前无直系亲属在旁照顾，黄娟作为其朋友，在陈小同生前对其照顾较多，不仅在生活起居上进行了照料，在精神上也对陈小同给予了慰藉，在其身故后亦承担了丧葬的义务。虽然陈小同有退休工资及医疗保险，其生前在养老院的费用亦大部分由自己负担，但对老年人的扶养并不仅限于财物的供养、劳务的扶助，更重要的是精神上的陪伴与抚慰。黄娟作为独居老人陈小同多年的朋友，对其生活起居的帮扶及精神的慰藉应视为其尽了主要扶养义务，值得赞扬。遂判决陈小同的职工住房补贴约15万元由黄娟继承。

【律师说法】

近年来，随着我国快速进入老龄化社会，养老问题已经成为全社会关注的焦点，但“独居老人去世多日无人知晓”的新闻屡见报端，在让人深感遗憾、震惊的同时，也值得每一个人深思。对于老人的赡养，子女通常只关注经济上的供给和生活起居上的照料，却常常忽略了老人精神慰藉的需求。

本案中的争议焦点即为，在陈小同的养老金足以支付入住养老院费用的情况下，黄娟对陈小同多年生活起居的照顾是否可适用《中华人民共和国民法典》继承编第一千一百三十一条的规定从而分得遗产。

《中华人民共和国民法典》继承编第一千一百三十一条的规定，对继承人以外的依靠被继承人扶养的人，或者继承人以外的对被继承人扶养较多的人，可以分给他们适当的遗产。适用《中华人民共和国民法典》继承编第一千一百三十一条的规定的情形有两种。

1.继承人以外的依靠被继承人扶养的人。这种情况下需要满足以下两个条件。

（1）缺乏劳动能力又没有生活来源。两者必须同时具备，只具备其中之一是不符合规定的。是否缺乏劳动能力又没有生活来源是以被继承人死亡、继承开始的情况为准的。如果虽曾经是缺乏劳动能力又没有生活来源，但在被继承人死亡、继承开始时已经具有劳动能力或有了生活来源，就不能再适用此规定。

（2）依靠被继承人扶养。这类可分得遗产的人不仅要缺乏劳动能力又没有生活来源，而且还要依靠被继承人扶养。是否由被继承人扶养，须以被继承人死亡、继承开始时为准。如果被继承人死亡时已不再扶养，那么即使是曾经扶养过也是不符合规定的。扶养的成立，不论时间长短，都可以适用本规定。

2.继承人以外的对被继承人扶养较多的人。这类人通常是被继承人的同事、朋友，对被继承人本没有扶养义务，但由于某种原因，负有法定扶养义务的继承人对被继承人并未尽到全部义务或被继承人没有法定继承人的，而这类人却对被继承人提供了较多照顾。继承法设置该条款的意义就在于通过对无扶养义务人的积极评价，鼓励邻里相助的行为。

笔者认为，法院在审查是否尽了较多扶养义务时，不能简单地用经济价值的尺度来衡量，生活上的照料，尤其是对老人的陪伴和精神上的慰藉，也应认定为尽了较多扶养义务，据此可分得适当遗产。本案中，黄娟作为陈小同老人的同事、朋友，不仅多年以来对老人的生活起居照顾有加，并且能时常给予老人精神上的慰藉，让其在举目无亲的情况下仍能安享晚年，实属难得。法院认为，不能仅仅以物质、金钱付出的多寡来衡量扶养人是否尽到扶养义务，具体生活的照料及独居老年人精神上的慰藉同样也是一种扶养行为，司法裁判对此应给予积极评价和回应。

延伸解读

被继承人无法定继承人且未留有遗嘱、遗赠扶养协议的情况下，非负有法定赡养义务的人对被继承人的生活起居照顾较多的，可依据《中华人民共和国民法典》继承编第一千一百三十一条的规定适当继承财产。

（以上人名均为化名）

70. 赠与房屋公证后未办理过户登记，能否获得赠与

案件简介*

张天与赵梦系夫妻关系，生前生育四个子女，张小可、张小心、张小意、张小明。张天与赵梦和张小可于2005年10月在公证处签订了一份《赠与合同》，合同载明：①张天、赵梦自愿将位于某区301、302室两套房屋的产权全部赠与张小可；②张小可应对张天、赵梦尽赡养义务，并保证其对房屋的生前居住使用权；③赠与经公证，并在办妥房屋过户登记手续后成立。双方应履行合同，在办理产权过户登记手续前，如张小可违约，张天和赵梦有权撤销《赠与合同》；如果张天和赵梦违约，造成张小可损失的，应负赔偿责任。在办理产权过户手续后，若张小可违约，张天和赵梦有诉讼法院请求撤销赠与或要求继续履约的权利。

同日，该区公证处出具《赠与合同公证书》，公证员告知双方其签订《赠与合同》后应当办理系争房屋产权过户手续，并在公证书中特地注明要求当事人在办理公证后及时办理产权变更登记手续。

2015年张天去世，2019年赵梦也因病去世。共同生活期间，301、302室房屋产权证一直由张小可保管。2020年上述两套房屋因拆迁征收，张小可与征收单位签订房屋征收补偿协议，获得300万元补偿金。张小心、张小意、张小明遂诉至法院，要求确认《赠与合同》不成立。由四人平均分配这300万元补偿金。

【争议焦点】

张小可在获得赠与并公证后却未办理过户登记，张小心、张小意、张小明能否请求法院确认赠与合同关系不成立？

【法院判决】

张小可和张天与赵梦虽然在公证赠与时达成了《赠与合同》的成立需以办理房屋过户手续为条件，但在签订《赠与合同》数年之间，双方的各自行为改变了

《赠与合同》的约定，张小可已经完成了《赠与合同》中所约定的赡养义务，并且根据合同取得了产权证书并实际占有、使用系争房屋，所以本院认定《赠与合同》成立并生效，张小可主张系争房屋的所有权，本院予以支持。

【律师说法】

本案《赠与合同》在公证时，公证人员加入了“本赠与经公证，并在办妥房屋过户登记手续后成立”的条款，系按照当时赠与规定的要求，为避免与法律规范相冲突而设，张小可与其父母在公证人员的明确告知下将此条款写入合同并进行公证，应当视为双方对《赠与合同》的成立条件达成了一致意见，即系争房屋须在办理过户登记后赠与才成立生效。

然而本案的《赠与合同》系附义务的赠与，依照约定，张小可对张天和赵梦尽到了赡养义务并保证两位老人对系争房屋的居住使用权。从《赠与合同》签订并经过公证后的十余年时间内，张小可一直与两位老人生活在一起，没有间断地占有、使用系争房屋，故本案《赠与合同》是否最终成立，须审查张小可及其父母在签订合同之后的履约行为是否改变了《赠与合同》的成立条件，从而以此适用（原）《最高人民法院关于贯彻执行〈中华人民共和国民法通则〉若干问题的意见（试行）》第一百二十八条的规定：“公民之间赠与关系的成立，以赠与物的交付为准。赠与房屋，如根据书面《赠与合同》办理了过户手续的，应当认定赠与关系成立；未办理过户手续，但赠与人根据书面《赠与合同》已将产权证书交与受赠人，受赠人根据《赠与合同》已占有、使用该房屋的，可以认定赠与有效，但应令其补办过户手续。”认定赠与有效。

（以上人名均为化名）

71. 丈夫身亡获赔110万元，妻女仅得零头

案件简介

2019年7月，潘小丽抱着3岁大的女儿，到法院递上了一纸诉状。她状告的不是别人，正是她的公公婆婆。

原来2019年4月，潘小丽的老公林林在北京某建筑工地意外身亡。潘小丽与其公婆等人与施工单位协商达成赔偿协议，施工单位一次性赔偿亲属110万元，并如期将款项汇进了林林的银行账户中。

“事情过去几个月，我却只拿到了10万元的赔偿款。”潘小丽称，她多次要求公公婆婆分割赔偿款，“但他们都以没钱了、花光了为由拒绝。”还未走出丧夫之痛，又得不到应得的赔偿款，潘小丽抱着年幼的女儿四处寻求帮助，但都以失败告终。无奈之下，潘小丽不得不拿出最后的“武器”，与其女儿作为共同原告将公公婆婆告上法庭。

【法院判决】

潘小丽称丈夫在工地意外身亡，获得赔偿款110万元，而自己作为妻子，以及女儿两个人只拿到了其中的10万元，中间的委托人却得到委托费用25万元，其余款项则由公公婆婆获得。对于25万元的委托费用，潘小丽一直持否决态度。“只有婆婆与委托人两人，无其他人在场，无法辨别委托书真伪。”赔偿款应属于她和女儿及公公婆婆共有的财产，如此巨额委托，实为无权处分，对其没有约束力。

最终法院支持了潘小丽的诉求，婆婆单独委托，由于潘小丽不认可，应该由婆婆单独承担。最后在法院的支持下，双方达成了调解，由婆婆再支付36万元给潘小丽母女二人。

【律师说法】

我们看到本案中婆婆支付的25万元委托费用争议最大，也最引人注目。

委托合同，又称“委任合同”。是指受托人以委托人的名义和费用为委托人办理委托事务，而委托人则按约支付报酬的协议。大陆法各国民法对委托合同的限制不尽相同。按多数国家的法律规定，委托合同的标的既包括法律事务，也包括非法律事务；合同内容可以是有偿的，也可以是无偿的。受托人在委托权限内与第三人所为法律行为的后果完全由委托人承担。其特征有：委托合同是典型的劳务合同；受托人以委托人的费用办理委托事务；委托合同具有人身性质，以当事人之间相互信任为前提；委托合同既可以是有偿合同，也可以是无偿合同；委托合同是诺成的、双务的合同。委托合同又称委任合同，是指委托人和受托人约定，由受托人处理委托事务的合同。

本案中婆婆拿出了一张与其外甥杨明签订的授权委托书和一张25万元的收据。委托书约定：由杨明全权代理谈判赔偿事宜，在谈判过程中，经济赔偿不得低于60万元，如果赔偿金额高于60万元，则杨明分得高出部分的一半金额。最终，双方达成了110万元的赔偿协议，这样杨明分得25万元的委托费用。这份委托合同只有婆婆一个人签字，没有得到潘小丽的认可，故而对潘小丽不发生法律效力。

延伸解读

委托合同的法律特征。

1.建立在委托人与受托人的相互信任基础上。

委托人之所以选定受托人为自己处理事务，是以他对受托人的办事能力和信誉的了解、信任为基础的；而受托人之所以接受委托，也是出于愿意为委托人服务，能够完成委托事务的自信，这也是其基于对委托人的了解和信任。委托合同只能发生在双方相互信任的特定人之间。没有当事人双方相互的信任和自愿，委托合同关系就不能建立，即使建立了合同关系也难以巩固。因此，在委托合同中，受托人应当亲自处理受托的事务，不经委托人的同意，不能转托他人处理受托的事务。同时，在委托合同建立后，如果任何一方对他方产生了不信任，都可以随时终止委托合同。

2.标的是处理委托事务。

委托合同是提供劳务类合同，其标的是劳务，这种劳务体现为受托人替委托人处理委托事务。关于委托事务的范围，《中华人民共和国合同法》并没有将委托事务限于法律行为，因而解释上应不限于法律行为。应当指出的是，委托事务的范围也并不是没有任何限制的，委托事务必须是委托人有权实施的，且不违反法律或者社会公共利益、社会公德的行为。

3.受托人以委托人的名义和费用处理委托事务。

受托人处理事务，除法律另有规定外，不是以自己的名义和费用，而是以委托人的名义和费用进行的。因此，委托合同的受托人处理受托事务的后果，直接归委托人承受。这是委托合同与行纪合同、承揽合同、居间合同等类似合同的重要区别。

4.委托合同可以是有偿的，也可以是无偿的。

委托合同可以是有偿合同，也可以是无偿合同，委托合同是否有偿，由当事人双方约定。如约定收取报酬，则为有偿合同。如法律没有另外规定，当事人双方又没有约定给付受托人报酬的，则为无偿合同。

（以上人名均为化名）

72. 丈夫私自将房产过户，二婚妻子诉至法院要求确认买卖无效

案件简介*

丈夫去世一个月后，张婷意外得知房产已被过户至他人名下。近日，张婷一纸诉状将房屋买受人告上某地法院，要求确认丈夫生前擅自买卖房屋的行为无效。

张婷与其丈夫孙某为再婚夫妻，婚后第五年，孙某通过房改政策购得所住房产，产权登记在其个人名下。然而，孙某在产权登记部门填写婚姻状况时，却称自己为单身。其后不久，孙某瞒着张婷将房屋过户至其前妻之外孙女孙慧名下。几年后，孙某过世，张婷意外发现房产已被过户，便诉至法院要求确认孙某买卖房屋的行为无效。

庭审时，被告孙慧辩称，孙某为房屋登记的唯一所有权人，登记信息中并未显示有其他共有人，其与孙某的房屋买卖行为应属合法有效。孙慧还称，该处房屋系其向孙某支付52万元购买所得。

【争议焦点】

张婷能否要求法院确认孙某买卖房屋行为无效？

【法院判决】

法院审理后认为，诉争房屋为张婷与孙某的共有财产。房屋共同共有人张婷在知道诉争房屋已被转移登记至孙慧名下后，以孙某无完全所有权为由主张房屋转让行为无效，应视为张婷拒绝追认孙某的无权处分行为。本案中，孙慧作为孙某前妻的外孙女，在房产过户时应知晓孙某并非单身，关于交付购房款一节，孙慧亦未提供充分证据。综上，法院判决确认孙某将房屋转让给孙慧的民事行为无效。

温馨提示

在共同共有关系存续期间，部分共有人擅自处分共有财产，而追认权人拒绝追认的，该处分行为自始无效。房屋买受人明知出卖人无权处分，即使买卖双方并未恶意串通，此种情形下，无权处分行为所签订的合同也应无效。

延伸解读

一、法定夫妻共同财产

法定夫妻共同财产是指在夫妻双方婚前或婚后未对夫妻财产做出约定或者约定无效的情况下，直接适用法律规定的夫妻财产制度。《中华人民共和国民法典》婚姻家庭编对夫妻财产制采取的是法定财产制与约定财产制相结合的制度，在没有约定或约定不明确时，才适用法定财产制。法定财产制又可分为法定共同财产制和分别财产制，剩余共同财产制，联合财产制等。

二、法定夫妻共同财产特征

第一，时间的限定性，即从领取结婚证开始，到解除夫妻关系为止的婚姻关系存续的整个期间的劳动所得、生产经营所得、投资所得、知识产权的收益、继承和赠与所得，以及其他合法所得都是夫妻共同财产。即使双方未同居或分居两地，也不论财产是一方或者双方分别管理、使用，只要是婚后所得财产，就是夫妻共同财产，如工资，奖金，是最具有时间性的。

第二，仅局限于所有权范畴的财产的归属利益，即有形的实物、现金和可预期的收益。

三、婚内共同财产范围。

1.《中华人民共和国民法典》婚姻家庭编第一千零六十二条规定，夫妻在婚姻关系存续期间所得的下列财产，为夫妻的共同财产，归夫妻共同所有：①工资、奖金、劳务报酬；②生产、经营、投资的收益；③知识产权的收益；④继承或者受赠的财产，但是本编第一千零六十三条第三项规定的除外；⑤其他应当归共同所有的财产。夫妻对共同财产，有平等的处理权。

2.《最高人民法院关于适用〈中华人民共和国婚姻法〉若干问题的解释（二）》第十一条规定：婚姻关系存续期间，下列财产属于夫妻共同财产：①一方以个人财产投资取得的收益；②男女双方实际取得或者应当取得的住房补贴、住房公积金；③男女双方实际取得或者应当取得的养老保险金、破产安置补偿费。

3.《最高人民法院关于适用〈中华人民共和国婚姻法〉若干问题的解释（二）》第二十二条规定：①当事人结婚前，父母为双方购置房屋出资的，且明确表示赠与双方的为夫妻共同财产。②当事人结婚后，父母为双方购置房屋出资的为夫妻共同财产。

4.《最高人民法院关于适用〈中华人民共和国婚姻法〉若干问题的解释（三）》第五条规定：夫妻一方个人财产在婚后产生的收益，除孳息和自然增值外，应认定为夫妻共同财产。

5.《最高人民法院关于适用〈中华人民共和国婚姻法〉若干问题的解释（三）》第七条第二款规定：由双方父母出资购买的不动产，产权登记在一方子女名下的，该不动产可认定为双方按照各自父母出资份额按份共有。

四、家庭共有财产与夫妻共同财产如何区别

家庭共有财产是指属于整个家庭所有的财产，其产生可以基于血缘关系，也可能是基于婚姻关系、收养关系等；而夫妻共同财产是指夫妻关系存续期间所获得的财产，其产生仅仅基于婚姻关系。

（以上人名均为化名）

73. 丈夫死后，老伴儿能否获得被扶养人生活费

案件简介

65周岁的徐大爷在一场交通事故中不幸死亡，其妻子王老太现年65岁，王老太及两位子女在协商过程中，曾向肇事司机及保险公司提出了要求其支付被扶养人生活费，保险公司辩称王老太现年才刚刚65岁，身体健康，且还有两名成年子女在身边，并不属于被扶养的对象，拒绝支付被扶养人生活费用。因保险公司拒绝赔偿扶养费，王老太及其两位子女提起诉讼。

【法院判决】

在庭审中，通过法院调查发现，2018年1月，某建筑公司曾向徐大爷的网银

汇入3万元，备注为工资结算。同时，王老太虽然达到了退休年龄，但是并未领取过职工养老金。根据法律规定，被扶养人是指受害人依法应当承担扶养义务的未成年人或者丧失劳动能力又无其他生活来源的成年近亲属。被扶养人还有其他扶养人的，赔偿义务人只承担受害人依法应该承担的部分。本案被告并无证据证实王老太有生活来源，王老太符合被扶养人的条件。同时，徐大爷虽然已经是65周岁的高龄，但是根据《中华人民共和国民法典》婚姻家庭编的规定，夫妻之间相互扶养的义务并不因为年龄大而归于消灭，且徐大爷生前的银行卡有收款记录，这意味着老人有收入的能力，能够通过自己的劳动获取报酬，以供家庭开销，是王老太名副其实的扶养人。

因两位老人共生育两名子女，故而王老太的扶养人共三个，至于赔偿的年限，根据《最高人民法院关于审理人身损害赔偿案件适用法律若干问题的解释》第二十八条之规定，被扶养人生活费根据扶养人丧失劳动能力的程度，按照受诉法院所在地上一年度城镇居民人均消费性支出和农村居民人均年生活消费支出标准计算。被扶养人为未成年人的，计算至十八周岁；被扶养人无劳动能力又无其他生活来源的，按二十年计算；但是六十周岁以上的，年龄每增加一岁减少一年；七十五周岁以上的，按五年计算。被扶养人还有其他扶养人的，赔偿义务人只赔偿受害人依法应当负担的部分。综上，王老太能享受被扶养人生活费的年限为15年。

故而，本案当中被扶养人生活费的计算方式为：被扶养人生活费＝上一年度城镇居民人均消费性支出标准×15年÷3人。

【律师说法】

被扶养人生活费赔偿金额的计算公式及相关法律法规。

一、被扶养人生活费的概念

被扶养人生活费，是指受害人在因道路交通事故死亡或者伤残而丧失劳动能力的情况下，由其进行扶养的、无其他生活来源的人因为生活来源的丧失而遭受不利益，其扶养费给付请求权难以实现，直接影响其现实生活，由事故相关责任人按照一定的标准给予这些人的一定数额的赔偿。被扶养人扶养利益的减损是道路交通事故致人死亡或者致人伤残而丧失劳动能力的直接后果，应当受到赔偿。

二、被扶养人生活费赔偿金额的计算公式

《最高人民法院关于审理人身损害赔偿案件适用法律若干问题的解释》第

二十八条规定：“被扶养人生活费根据扶养人丧失劳动能力程度，按照受诉法院所在地上一年度城镇居民人均消费性支出和农村居民人均年生活消费支出标准计算。被扶养人为未成年人的，计算至十八周岁；被扶养人无劳动能力又无其他生活来源的，按二十年计算。但六十周岁以上的，年龄每增加一岁减少一年；七十五周岁以上的，按五年计算。被扶养人是指受害人依法应当承担扶养义务的未成年人或者丧失劳动能力又无其他生活来源的成年近亲属。被扶养人还有其他扶养人的，赔偿义务人只赔偿受害人依法应当负担的部分。被扶养人有数人的，年赔偿总额累计不超过上一年度城镇居民人均消费性支出额或者农村居民人均年生活消费支出额。”

根据上述规定，在确定被扶养人生活费时，应当首先确定哪些人属于被扶养的人，然后主要依据年龄分别计算。确定被扶养人时，以“实际扶养”为判断标准，实际扶养属于事实上的扶养而非法律上的扶养，不论交通事故的受害人同其扶养的人之间有无法律上的扶养关系，只要他们之间形成事实上的扶养关系，被扶养的人就能够请求交通事故责任人支付必要的生活费用。

被扶养人没有其他生活来源，是指被扶养人的生活来源主要依靠交通事故的受害人，在交通事故的受害人死亡或致残而不能再提供生活来源时，被扶养人难以通过其他途径取得生活来源。

至于交通事故责任人负担被扶养人生活费的年限，依被扶养人的年龄和有无劳动能力而有所不同。公民年满十八周岁，取得基本劳动能力，可以通过自己的劳动获得生活来源；而公民在十八周岁以下的，不具有完全的民事行为能力，不能参加劳动以取得生活保障，所以，一般的原则是事故责任人负担其至十八周岁的扶养费。

【法律链接】

《最高人民法院关于审理人身损害赔偿案件适用法律若干问题的解释》第二十八条规定，被扶养人生活费根据扶养人丧失劳动能力程度，按照受诉法院所在地上一年度城镇居民人均消费性支出和农村居民人均年生活消费支出标准计算。被扶养人为未成年人的，计算至十八周岁；被扶养人无劳动能力又无其他生活来源的，按二十年计算。但六十周岁以上的，年龄每增加一岁减少一年；七十五周岁以上的，按五年计算。

（以上人名均为化名）

74. 丈夫与第三者所生女儿能否认定为妻子的法定继承人

案件简介

妻子遗嘱将名下的房产全部由养女孙慧一人继承，丈夫却要求将其在婚姻存续期间与第三者所生的女儿作为妻子的法定继承人。

孙华和妻子李兰于1988年结婚，婚后一直没有生育子女。1997年，孙华和李兰抱养了一个女孩，取名为孙慧。2012年，孙华在外出经商过程中，和案外人刘玲生育一女取名孙莹。面对老公的背叛，李兰悲痛至极，经常以泪洗面。不久，李兰得了尿毒症。2018年4月，李兰立下公证遗嘱，将三套房屋中属于自己的部分在自己去世后由唯一的女儿孙慧继承。半年后，李兰因病去世。

2019年7月，孙慧起诉父亲孙华和外公李品至某法院家事法庭，请求依法继承李兰的遗产。法庭上，孙华辩称，孙莹也是李兰的法定继承人，要求参加诉讼。

法院依法通知孙莹作为原告参加诉讼。孙莹通过法定代理人孙华主张：孙莹和李兰生前构成继女和继母的关系，李兰2016年的公证遗嘱没有对缺乏劳动能力，又没有生活来源的法定继承人孙莹保留必要的遗产份额，属于无效的遗嘱，李兰所有的遗产应当按照法定继承处理。

孙慧和李品都认为，李兰生前对孙华出轨一事深恶痛绝，孙莹不是李兰的法定继承人，公证遗嘱合法有效。

为了弄清楚孙莹有没有和李兰一起共同生活，家事法庭委托家事调查员多次走访李兰生前的邻居、社区民警以及孙莹的生母刘玲，并做出调查报告。

【争议焦点】

被继承人丈夫与第三者的女儿孙莹能否认定成为被继承人的法定继承人？

【法院判决】

庭审中经过质证，最终法院认定李兰因慢性肾衰竭（尿毒症期）没有扶养孙莹的能力，也没有扶养孙莹的意愿。

该家事法庭经审理认为，孙莹并非李兰的养女，也不是李兰的继女，因此孙莹并非李兰的法定继承人，公证遗嘱合法有效，遂判决支持了孙慧的诉讼请求。

【律师说法】

法院做出的判决要尊重公序良俗。若认定孙莹是李兰的法定继承人不仅没有法律依据，而且违背公序良俗。

我国现行法律确认的拟制血亲有两类：一是养父母与养子女以及养子女与养父母的其他近亲属；二是在事实上形成了扶养关系的继父母与继子女、继兄弟姐妹。该案中，孙莹并非李兰的亲生女儿，那么就要判断孙莹和李兰是否构成拟制血亲。

首先，孙莹并非李兰的养女。

其次，孙莹也并非李兰的继女。根据继子女与继父母之间是否形成了扶养关系，可分为以下几类：一是由共同生活的法律事实形成的拟制血亲的继父母子女关系；二是直系姻亲的继父母子女关系。孙莹为孙华与李兰婚姻关系存续期间与案外人非婚生育的女儿。孙莹的生父母均健在，即使孙莹与李兰曾经共同生活，亦不可能形成法律上的继子女关系。

《中华人民共和国民法典》总则编规定，处理民事纠纷，应当依照法律；法律没有规定的，可以适用习惯，但是不得违背公序良俗。

《中华人民共和国民法典》婚姻家庭编规定了一夫一妻的婚姻制度、夫妻之间应当相互忠实、互相尊重。

孙华在与李兰婚姻关系存续期间与案外人共同生活生育子女，违反了《中华人民共和国民法典》婚姻家庭编的上述规定。如果认定孙莹是李兰的法定继承人，等于变相鼓励违背夫妻之间忠实义务的行为，不仅违反了《中华人民共和国民法典》婚姻家庭编的基本原则，亦将极大损害社会公序良俗。

延伸解读

法定继承是指在被继承人没有对其遗产的处理立有遗嘱的情况下，由法律直接规定继承人的范围、继承顺序、遗产分配的原则的一种继承形式。法定继承又称为无遗嘱继承，是相对于遗嘱继承而言的，词语源自罗马法的successio ab intesta，亦即非遗嘱继承。

法定继承是遗嘱继承以外的依照法律的直接规定将遗产转移给继承人的一种遗产继承方式。在法定继承中，可参加继承的继承人、继承人参加继承的顺序、继承人应继承的遗产份额以及遗产的分配原则，都是由法律直接规定的。因而法定继承并不直接体现被继承人的意志，仅是法律依推定的被继承人的意思将其遗产由其亲近亲属继承。

一、法定继承人的继承顺序

适用法定继承时，依照下列规则分配遗产。

1. 继承开始后，由第一顺序继承人继承，第二顺序继承人不继承；没有第一顺序继承人继承的，由第二顺序继承人继承。

2. 同一顺序继承人继承遗产的份额，一般应当均等，法律另有规定的除外。

第一顺序继承人包括下列几种。

（1）配偶。合法婚姻关系中配偶双方互为第一顺序继承人。所以，同居关系的双方、婚姻被宣告无效或被撤销的双方互不享有继承权。

须注意：①配偶一方在离婚诉讼中死亡的，另一方仍为第一顺序法定继承人。②被宣告死亡人（若于判决宣告时并未自然死亡）于判决宣告之后才自然死亡的，若死亡宣告的判决尚未撤销，其原配偶即使尚未再婚，也不享有继承权。

（2）父母。父母包括被继承人的生父母、养父母和形成扶养关系的继父母。继父母继承了继子女遗产的，不影响其继承生子女的遗产。

须注意。生父母对被他人收养的亲生子女不享有继承权。

（3）子女：子女包括被继承人的婚生子女、非婚生子女、养子女和有扶养关系的继子女。

须注意：①继子女继承了继父母遗产的，不影响其继承生父母的遗产。②养子女不能继承生父母的遗产。养子女对生父母扶养较多的，可以作为法定继承人以外的人适当分得生父母的遗产。丧偶儿媳对公、婆，丧偶女婿对岳父、岳母，尽了主要赡养义务的，无论其是否再婚，均作为第一顺序继承人。名义上为养孙子女，实际上属于养父母与养子女关系的，该“养孙子女”为第一顺序继承人。

（4）胎儿。胎儿的父亲死亡，给胎儿保留应继份额的时候，胎儿的地位相当于其父亲的地位。

第二顺序继承人包括下列几种。

（1）兄弟姐妹。包括同父母的兄弟姐妹、同父异母或者同母异父的兄弟姐妹、养兄弟姐妹（养子女与生子女之间、养子女与养子女之间，亦属“养兄弟姐妹”）、有扶养关系的继兄弟姐妹（只有彼此形成扶养关系的继兄弟姐妹才能互为第二顺序的法定继承人）。继兄弟姐妹之间相互继承了遗产的，不影响其继承亲兄弟姐妹的遗产。

（2）祖父母、外祖父母。被继承人死亡的，其祖父母、外祖父母均可作为第二顺序的继承人参与继承。

（以上人名均为化名）

75. 侄女与叔伯争房屋遗产，转继承案件继承份额如何计算

案件简介

张刚、张涛、张强为三兄弟，张家母亲在他们很小的时候就去世了，三兄弟均是由张家老父亲一个人独自带大的。

1998年张涛结婚，婚后育有一女张华。2001年张涛与妻子协议离婚，张华由妻子直接抚养。2005年张涛参加单位房改，购买公房一套，并于2008年取得房产证书。2014年张涛因病去世。张华回来料理完父亲的丧事后就直接回到了母亲身边。

张涛去世后，张涛的房屋便被其兄弟张刚、张强占了，他们俩把房子出租了，二人平均分配租金。

2017年年初张家父亲张老汉去世，张华过来参加爷爷的丧事，无意中得知父亲张涛生前有一套房产，遂找到张刚、张强协商，但是张刚、张强认为张华已经跟着母亲改嫁他人，不再属于张家人，故不同意将房屋返还给张华。2018年年底张华诉诸法院，要求依法继承父亲遗留的房产。

【争议焦点】

张华能否继承父亲遗留的房产？

【法院判决】

房屋归张华所有。

庭审中，经鉴定诉争房屋价格为300万元。经法院主持调解达成调解协议：房屋归张华所有，由张华给付张刚和张强共计100万元补偿。

【律师说法】

转继承案件继承份额如何计算？

本案涉及《中华人民共和国民法典》继承编规定的转继承与代位继承。转继承指继承人在继承开始后遗产分割前死亡，并没有放弃继承的，该继承人的法定继承人代其接受其有权继承的遗产。被继承人的子女先于被继承人死亡的，由被继承人的子女的直系晚辈血亲代位继承。

就本案来说，张涛死亡后其法定继承人为张华、张老汉；但张涛的遗产还未分割，张老汉并未实际接受遗产就去世了，张老汉对张涛遗产的继承份额则转由其法定继承人张涛、张刚、张强继承。张涛已先于张老汉死亡，则张涛对张老汉的继承份额由张华代位继承，张华对张老汉遗产的继承属于代位继承。依照继承法规定，张华与张刚、张强应继承份额的计算方式如下。

1.张涛死亡后，张华和张老汉各继承张涛房产的1/2产权份额。

2.张老汉死之后，张老汉应继承张涛房产1/2的份额转由张老汉的三个儿子张涛、张刚、张强继承，三个人各继承张涛房产1/6（1/2÷3）的产权份额；由于张涛已死，张涛应继承张老汉遗产的份额则由张华代位继承。

3.张华对房产继承的份额为1/2+1/6=2/3。

张华与其叔叔张强、张刚因法定继承对房屋形成按份共有关系，张华对房屋享有2/3的产权份额。

依照《中华人民共和国民法典》物权编的规定，处分按份共有的不动产应当经占份额2/3以上的按份共有人同意。本案中张华经析产继承后对房屋享有的产权份额为2/3，如果其主张所有权，应予以支持。该房屋价值300万元，因此张华应给付张刚、张强100万元补偿款。

【解读转继承】

一、什么叫转继承

转继承，是指继承人在继承开始后实际接受遗产前死亡，该继承人的法定继承人代其实际接受其有权继承的遗产。转继承人就是实际接受遗产的死亡继承人的继承人。

依据《最高人民法院关于贯彻执行〈中华人民共和国继承法〉若干问题的意见》第五十二条“继承开始后，继承人没有表示放弃继承，并于遗产分割前死亡的，其继承遗产的权利转移给他的合法继承人”和第五十三条“继承开始后，受遗赠人表示接受遗赠，并于遗产分割前死亡的，其接受遗赠的权利移转给他的继承人”的规定，适用转继承，必须具备以下条件。

1. 继承人于被继承人死亡后遗产分割前死亡。

2. 继承人未丧失继承权，也未放弃继承权。

二、转继承的效力

在具备转继承的条件，适用转继承时，转继承人继承被转继承人应继的遗产。在法定继承中，转继承人应继承的为被继承人的应继份额；若被转继承为遗嘱继承人，则其依合法遗嘱应继承的遗产由转继承人继承。

三、转继承的特征

转继承具有以下特征。

1. 只有在被继承人死亡之后，遗产分割之前，继承人也相继死亡，才发生转继承。

2. 只有继承人因在前述的时间内死亡未实际取得遗产，而不是放弃继承权。

3. 只能由继承人的法定继承人直接分割被继承人的遗产。

4. 转继承人一般只能继承其被转继承人应得的遗产份额。

5. 转继承人可以是被继承人的直系血亲，也可以是被继承人的其他法定继承人。

四、确定转继承人应注意的具体问题

1. 确定先后两个继承法律关系各自的继承人。

有的人是前一个继承法律关系中的继承人，有的人是后一个继承法律关系中的继承人，也有的人既是前一个继承法律关系中的继承人，又是后一个继承法律关系中的转继承人。

2. 准确认定有相互继承关系的几个人在同一事件中死亡后的转继承人。

有相互继承关系的几个人在同一事件中死亡，能确定死亡先后时间的，除子女先于父母死亡的，其他均适用转继承。如不能确定死亡先后时间的，死亡中无继承人的，推定没有继承人的先死亡，有继承人的后死亡，后死亡人的继承人为转继承人。如不能确定死亡先后时间，死亡人各自都有继承人的，但几个死亡人辈分不同，推定长辈先死亡，晚辈后死亡，该晚辈的继承人为转继承人。

3.注意继承开始的时间。

不仅要查明被继承人死亡或宣告死亡的时间，还要查明被转继承人死亡或宣告死亡的时间。

4.被转继承人如丧失或其生前放弃继承权的，注意丧失或其生前放弃继承权的时间。

5.遗嘱继承中的转继承，还必须注意立遗嘱时间和遗嘱生效时间。

（以上人名均为化名）

76.转继承遇到代位继承怎么办

案件简介

杨大妈与何大爷夫妻共有两个子女，即女儿何芬、儿子何建。何建与前妻叶小新在2000年10月离婚，其子何华由何建独自抚养。2003年7月，何建在一次交通事故中遇难，杨大妈与何大爷共收到赔偿金120万元。此后何华便跟随杨大妈与何大爷共同生活。

2004年12月，何大爷去世，杨大妈觉得自己一个人无法独自抚养照顾何华便跟何华说，让他去找自己的母亲。这时何华母亲提出要求分割何建的赔偿款，杨大妈不同意，何华母亲叶小新便以何华的名义，将杨大妈告上法庭，要求分割何建的赔偿金120万元。

【争议焦点】

何华能否主张分割这笔赔偿金？

【法院判决】

法院经审理认为，本案涉及普通继承、转继承和代位继承三个继承关系。

本案中，何芬请求参加诉讼，法院认为何芬有独立的请求权，应当准予何芬参加诉讼。法院认为，何建的赔偿金120万元虽不属于遗产范围，但可参照遗产进行分割。何建的丧葬费1万元，应该从中予以扣除。

何华系未成年人，其至十八岁的抚养费10万元也应该从中予以扣除。剩下的部分（120万元－1万元－10万元=109万元）可以参照遗产予以分割。何华系未成年人应适当多分。何建去世时，父母健在，有一个儿子。最终法院在计算数额时，分配给何大爷、杨大妈每人35万元，何华39万元。

本案由于何大爷在何建死亡后遗产分割前死亡，产生转继承，分配给其的35万元应该由何大爷的继承人转继承。何大爷的第一顺序继承人则有老伴杨大妈、女儿何芬、儿子何建等额分配，每人约分得35万元/3=11.67万元，由于何建去世，故何建应该继承的部分由何华代位继承。

最终法院在扣除1万元丧葬费后，判决何芬获得11.67万元，杨大妈获得35万元+11.67万元=46.67万元，何华获得10万元+11.66万元+39万元=60.66万元。

法院判决后三人均未上诉。

【律师说法】

本案审理中同时涉及法定继承、转继承、代位继承三个法律关系，还有何芬的诉讼地位问题，应当予以剖析。

在继承人为数人的条件下，遗产占有人为特定事项处分的遗产在继承分割时应当予以扣除。

被继承人死亡继承就已开始，继承人取得被继承人的遗产继承权。在继承人为数人且遗产未分割前形成共同继承，各继承人对遗产共同享有所有权，部分继承人一般不得单方处分共有遗产。

在实际生活中，随着被继承人死亡而来的不仅是继承的开始，而且产生了安葬被继承人的义务。在法定继承下，这种义务往往是由继承人来承担的，而且无论被继承人是否留有遗产。如果根据被继承人生前与各继承人之间的生活关系，各继承人都负有为安葬被继承人而支付丧葬费的义务。如被继承人留有足够遗产，则遗产占有人享有为安葬被继承人而从其遗产中支付丧葬费的权利。

本案中何建死亡，其遗产按法定继承为其父母及其子何华所继承。继承人的父母同时又是何建遗产（赔偿款）的占有人，其依法享有为特定事项即安葬事宜处分何建的遗产。

根据何建生前杨大妈、何大爷的父母子女关系和与何华之间的父母子女关系，在何建死后共同取得了遗产继承权，他们负有安葬何建的义务。所以，遗产占有人杨大妈、何大爷为安葬何建而先行从其占有的遗产中支付适当的丧葬费是合情、合理、合法的，应当从遗产中予以扣除，扣除后剩余的赔偿款参照遗产再由各个继承人进行分割，故法院的计算方式是正确的。

本案在何大爷死亡时就产生了转继承关系，这时何芬应当作为第三人参加诉讼，在转继承关系中又涉及何华的代位继承关系。

在何建的遗产未分割之前，其父何大爷作为其继承人死亡，因何大爷生前未表示放弃继承遗产，并于遗产分割前死亡的，其继承遗产的权利转移给他的合法继承人，由此产生了第二次继承，且继承关系呈多样化。

何华既是普通法定继承人，又是代位继承人，还是转继承人，三种身份集于一身。一方面，应当明确在代位继承中，代位继承人首先取得的是被代位继承人继承被继承人遗产的继承期待权，从而取得代位身份，在被继承人死亡后，方取得对被继承人遗产的继承既得权。如果继承中继承人已获得了继承既得权，则他的继承人的继承就只能是普通继承或转继承。本案中何建先于何大爷死亡，何华在依普通继承取得对何建遗产的继承既得权的同时，还获得了代位继承人身份，代表享有何建生前对何大爷财产的继承期待权，此期待权在何大爷死后转化为继承既得权。

另一方面，由于何大爷在何建死后遗产分割前死亡，故其遗产应由其继承人杨大妈、何芬及代位继承人何华转继承。

关于何大爷遗产的具体范围，在本案中应是其生前与杨大妈分别所获得的对何建遗产的继承既得权之和（70万元）的一半，而不是其生前单方从何建处所获得的继承既得权（35万元）的一半，因为杨大妈和何大爷的遗产继承既得权是夫妻共同财产，划分一半给杨大妈后仍然还是从何建处继承和分得的数额。

这里应当明确法院是进行了划分的，不能理解为何大爷从何建处继承的遗产就是自己的遗产，还有一半是属于杨大妈的财产，而杨大妈继承的一半也是属于何大爷的，因为他们的数额是一样多的，所有数据产生了竞合。

从整个继承过程来看，继承事件对何华可分为两部分：其一，是对何建遗产的普通继承；其二，转继承情况下，实际可发生什么性质的继承关系，应依被转继承人生前是否留有遗嘱而定，即被转继承人有遗嘱的，其遗嘱继承人是转继承下的合法继承人；没有遗嘱的，其法定继承人是转继承下的合法继承人。本案被转继承人何大爷生前没有立下遗嘱，其法定继承人是其合法继承人，法定继承制度中包括代位继承的原则，而不论法定继承是发生在直接继承还是转继承之中。

所以，转继承按法定继承处理的，同时要考虑代位继承事实的存在及代位继承人代位继承权的实现问题。何华的父亲何建是何大爷的儿子，又先于何大爷死亡，何大爷死亡时就发生了代位继承的事实。因此在确定何大爷的法定继承人中，除了其妻杨大妈及其女儿何芬以外，还应当包括先于其死亡的何建之子何华。不能因为要分割的何大爷的遗产是何大爷继承其子何建的，而排除何华的代位继承权及其实现。这是对何大爷遗产产生转继承时的代位继承，而转继承和代位继承在案件中也是竞合的，这也正是本继承案件中的一大特点。

延伸解读

关于何芬在本案中的诉讼地位，即其是有独立请求权的第三人，还是本案的共同原告，这要从其实际所处的实体法律关系来确定。《最高人民法院关于适用〈中华人民共和国民事诉讼法〉若干问题的意见》规定，在继承遗产的诉讼中，部分继承人起诉的，人民法院应通知其他继承人作为共同原告参加诉讼；被通知的继承人不愿意参加诉讼又未明确表示放弃实体权利的，人民法院仍应把其列为共同原告。该条款规定适用的条件，应当是指同一继承关系下的部分继承人起诉，部分继承人未作为被告，也未作为原告提起诉讼的，此种诉讼属必要的共同诉讼，因此才有必要将这部分继承人列为共同原告参加诉讼。

本案中，何芬不是何建第一顺序的法定继承人，不符合该条规定适用的条件，是不应被列为共同原告的。何芬参加何华与杨大妈的诉讼中来，并不是因为她与何华一样在第一个继承关系中处于相同顺序的法定继承人，而是因为何华所提起的继承诉讼同时要解决转继承的问题，她作为转继承关系中的法定继承人对争议所指向的遗产的部分享有了独立的请求权，故她属于有独立请求权的第三人。

（以上人名均为化名）

77. 子女能否为父母代书遗嘱

案件简介

张欣与被继承人李先生系朋友关系，李先生有四个子女李小明、李小刚、李小天、李小燕。位于某小区的02号房屋（以下简称02号房屋）的产权人为李先生。房屋系李先生与配偶赵娟共同出资购买。赵娟先于李先生死亡，其法定继承人（赵娟父母已经去世，继承人有李先生以及四子女）未对遗产进行分割。后李先生因病入院，其间李先生邀请了邻居二人为其进行了代书遗嘱，并对书写遗嘱的整个过程进行见证，该代书遗嘱表明李先生自愿于其百年后，将02号房屋内所占份额全部无偿留予张欣。李先生死亡后，张欣诉至法院要求继承并确认房屋归其所有。

四子女辩称，父亲李先生去世前也曾留给他们一份书面遗嘱，该遗嘱有父亲签字、由李小明代书，找到两位邻居作为见证人的代书遗嘱，该遗嘱记载李先生愿在去世后，将本案诉争房屋一套及财产全部留给孙子李帅（李小明之子）所有。因此，要求按照这份遗嘱继承，将父亲遗留的财产全部给李帅。

现原告张欣及四被告均否认对方所持遗嘱的法律效力，对真实性亦提出质疑。

【争议焦点】

由李先生的子女李小明代书的遗嘱是否具有法律效力？

【法院判决】

子女为父母写的代书遗嘱无效。

法院通过审查认为，本案的两份遗嘱的形式均属代书遗嘱，根据《中华人民共和国民法典》继承编对代书遗嘱形式要件的要求，李先生邀请了两位邻居为其进行的代书遗嘱，从见证形式和内容上均无违反相关法律法规之情节，程序严谨、内容准确，具有较强的真实性，应当认定合法有效。代书遗嘱应当有两个以上见证人在场见证，由其中一人代书，并由遗嘱人、代书人和其他见证人签名，注明年、月、日。

李先生所签字的另一份代书遗嘱，虽然有两名无利害关系人见证了整个过程和内容，但二人同时证实了该遗嘱系由被告李小明代为书写，而李小明本人并非遗嘱的见证人之一，也没有作为代书人进行签字，且李小明是李先生的法定继承人。因此，第二份代书遗嘱存在严重的效力瑕疵，影响了该遗嘱的合法性，本院认定该份遗嘱无效。

鉴于此，第一份代书遗嘱当然成了确认涉案房屋所有权的合法依据，张欣依法可以继承该房屋中李先生的合法份额（李先生自己享有的房屋份额以及继承赵女士的房屋份额：1/2+1/2 × 1/5=3/5）。

四子女作为李先生的遗产的法定继承人虽未分割遗产，但其仍然可以继承赵娟的房屋份额（每个人继承：1/2 × 1/5=1/10，共计2/5）。

在庭审中，法院委托鉴定机构对房屋进行了评估，目前房屋现价为450万元。

遂判决如下：02号房屋一套为原告张欣所有，张欣分别给付四被告每人45万元房屋折价款。

【律师说法】

代书遗嘱的法律要件如下。

1.遗嘱人口述遗嘱内容，由见证人代替遗嘱人书写遗嘱。

2.代书遗嘱必须有两个以上见证人在场见证，由其中一人代书。

3.代书人、见证人和遗嘱人必须在遗嘱上签名，并注明年、月、日，不允许他人代签。

4.遗嘱代书人应当具有完全的民事行为能力，不是未成年人或者精神上、智力不健全的人，遗嘱代书人必须不是继承人、受遗赠人，也不是与继承人、受遗赠人有利害关系的人。

实践中，经常出现老人不会书写，想立遗嘱时由子女代替书写的情况，本案中，李小明替父亲李先生代书遗嘱便是这种情形。法律规定，无民事行为能力人、限制民事行为能力人，继承人、受遗赠人，与继承人、受遗赠人有利害关系的人，不能成为遗产见证人。

由于继承人、受遗赠人直接参加继承，同继承存在着直接而重大的利害关系，如果让他们担任遗嘱代书人，有可能弄虚作假，损害其他继承人的利益，甚至出现篡改遗嘱、歪曲遗嘱本意、增加或减少遗嘱内容等行为，给其他继承人的利益造成损害。即使本人没有恶意，也没有弄虚作假从中渔利，但因为其特殊的身份，必然引起其他人的猜疑，引发不必要的纠纷。因此，子女替父母写遗嘱因为不符合代书遗嘱的要件而无效。

【法律链接】

代书遗嘱又称“代笔遗嘱”，即因遗嘱人不能书写而口述内容，委托他人代为书写的遗嘱。代书遗嘱须经合法证明属实。《中华人民共和国民法典》继承编第一千一百三十五条规定，代书遗嘱应当有两个以上见证人在场见证，由其中一人代书，并由遗嘱人、代书人和其他见证人签名，注明年、月、日。

（以上人名均为化名）

78. 丈夫去世，妻子出轨，千万元遗产花落谁家

案件简介

王刚自幼父母双亡，与姐姐相依为命。姐姐独自一人将其抚养成人。王刚本人非常勤奋，大学毕业后一直从事环保生意，经过10多年的打拼，资产达千万元。由于其一直打拼事业，无暇顾及个人感情。

直到2015年10月，王刚在一个朋友的聚会上结识了从事媒体工作的李霞。李霞年轻漂亮，比王先生小十八岁，非常善解人意。两个人一见钟情，王刚与李霞很快确立了恋爱关系。于是他们在认识一周后便领取了结婚证。由于王刚平时工作特别忙，无暇陪李霞逛街，李霞经常抱怨，为此两个人常常争执不下。

半年后，王刚下午回到家，突然发现李霞已经出轨，当晚两个人就发生了激烈的冲突。王刚一气之下，半夜开车出去散心，不曾想出了车祸，导致王刚当场去世。王刚的姐姐很伤心。然而李霞一直着急催着王刚姐姐协商财产问题，王刚的姐姐很是生气，没有理睬她。见协商未果，李霞便诉讼到法院，要求继承遗产。

【法院判决】

王刚的遗产由其配偶李霞继承。

【律师说法】

根据《中华人民共和国民法典》继承编规定，第一顺序法定继承人包括：配偶、父母、子女；丧偶儿媳对公、婆，丧偶女婿对岳父、岳母尽了主要赡养义务的可作为第一顺序继承人；收养他人为养孙子女，视为养父母与养子女的关系的可互为第一顺序继承人。第二顺序法定继承人包括：兄弟姐妹、祖父母、外祖父母。继承开始后，由第一顺序继承人继承，第二顺序继承人不继承；没有第一顺序继承人继承的，由第二顺序继承人继承。子女包括婚生子女、非婚生子女、养子女和有扶养关系的继子女。父母包括生父母、养父母和有扶养关系的继父母。兄弟姐妹包括同父母的兄弟姐妹、同父异母或者同母异父的兄弟姐妹、养兄弟姐妹、有扶养关系的继兄弟姐妹。

本案中王刚父母早已经去世，也没有子女。继承人只有妻子李霞、姐姐。妻子李霞属于第一顺序继承人，姐姐属于第二顺序继承人，当继承开始后，若有第一顺序继承人，则遗产由第一顺序继承人继承，第二顺序继承人不继承。故法院判决王刚的遗产由李霞继承，王刚的姐姐不继承。

延伸解读

关于继承份额。

1. 同一顺序继承人继承遗产的份额，一般应当均等。继承人协商同意的，也可以不均等。在同一顺序的各个法定继承人的条件大致相当的情况下，继承人之间既可均等分配也可以协商，在达成一致同意的基础上，对被继承人的遗产进行不均等分配，这是继承人自主自愿的行使其继承权的结果，法律对此不加以干预。

2. 对生活有特殊困难又缺乏劳动能力的继承人，分配遗产时，应当予以照顾。生活有特殊困难是指继承人因为没有独立的经济收入或其他生活来源，难以维持其起码的物质生活条件。缺乏劳动能力是指继承人因尚未成年而不具备劳动能力或因年迈、疾病等原因部分丧失或全部丧失劳动能力。

对于具备上述条件的继承人，在分配遗产时，必须给予照顾，其实际取得遗产份额，应当较其他继承人多。

3.对被继承人尽了主要扶养义务或者与被继承人共同生活的继承人，分配遗产时，可以多分。对被继承人尽了主要扶养义务是指对被继承人负有法定的扶养、抚养和赡养义务的继承人，为被继承人的生活提供了主要经济来源或者提供了主要劳务扶助。与被继承人共同生活，是指继承人与被继承人在日常生活方面处于相互紧密联系状态，彼此相互关心和照顾。

对于符合上述情况的继承人，在分配遗产时，可以适当多分。

4.有扶养能力和有扶养条件的继承人，不尽扶养义务的，分配遗产时，应当不分或者少分。对被继承人负有法定的扶养、抚养和赡养义务的继承人，在其具有履行扶养、抚养和赡养义务的条件下，如果拒绝履行上述义务，那么在分配遗产时，不应分给这类继承人任何遗产，或者仅分给其极少数额的遗产，以此作为对这类继承人的法律制裁。但应注意，如果被继承人因有固定收入和劳动能力，明确表示不要求其扶养的，分配遗产时一般不应因此而影响其所应取得的遗产份额。

5.对继承人以外的依靠被继承人扶养的人，或者继承人以外的对被继承人扶养较多的人，可以分给适当的遗产。

（以上人名均为化名）

79. 祖父母遗留房产引纠纷

案件简介

许群的祖父母共生育二子（许群的父亲与叔叔）。祖父母于1963年去世，留下三间平房，叔婶居住多年去世后，一直由堂兄许发一家居住。因祖父母未留下遗嘱，按法定继承，该房屋应由许群的父亲与叔叔两人继承。

2015年10月，该房产动迁之前，许群找到许发，要求共同继承祖父母留下的房产。可许发认为，祖父母早已经去世多年，且多年来一直由自己一家占有、居住使用，哪有许群的份额？双方协商不成，无奈许群将许发诉至法院，请求确认祖父母三间房产为原、被告共同共有，每人各占50%的份额。

【争议焦点】

是否应按许群的要求共同继承祖父母留下的房产？

【法院判决】

支持原告的诉求。

《最高人民法院关于贯彻执行〈中华人民共和国民法通则〉若干问题的意见（试行）》第一百七十七条规定：继承的诉讼时效按继承法的规定执行。继承开始后，继承人未明确表示放弃继承的，视为接受继承；遗产未分割的，即为共同共有。诉讼时效的中止、中断、延长，均适用民法通则的有关规定。

本案中，虽然被继承人死亡已超过20年，但所涉遗产房屋并没有为他人所有，依然登记在祖父母名下，仅仅是由堂兄许发一家管理、使用，其所有权并没有发生转移，处于一种共同共有、未经分割的状态。在共同共有状态下，法定继承人可随时主张权利，无诉讼时效的限制。

【律师说法】

诉讼时效是为了督促权利人及时地行使权利，如果权利人在诉讼时效内不行使权利，诉讼时效过了以后，不再享有胜诉权。

继承发生之后，继承人对于房屋处于共同共有的状态，未经继承程序，任何人不得剥夺他人的权利。本案中，房屋属于祖父母的遗产，在祖父母未留下遗嘱的情况下，在祖父母去世后，遗产发生法定继承，由许发的父亲、许群的父亲二人共同继承，在其二人去世后，遗产没有分割，故又发生转继承。由于二人之父在继承房屋时都是第一顺序继承人，继承份额一样，所以发生转继承后二人的继承份额也是一样的。每人各享有房屋50%的产权份额。

（以上人名均为化名）

80. 父母过世，亲兄弟对簿公堂争夺遗产

案件简介

张海和张松是两兄弟，其父母均为会计师，二老生前一直精打细算地过日

子，家庭日常的每笔收支都在账本上记得明明白白。2002年父亲去世后就由母亲保管账本，但是2006年母亲因病去世，两兄弟操办完母亲丧事后，因为过于忙乱，兄弟二人并没有将父母的存款、股票等遗产明确分配，而是谁想起来就独自去办理。

后来，张海找到父母的账本，发现上面记录父母的存款至少有20多万元，加上其他股票、基金价值达40万元左右。张海的母亲临终前因为跟随二儿子张松住过一段时间，这期间一直让张松去银行保险柜取东西。

张海认为这些东西理所当然在弟弟张松手里，但是张松却一直不承认。就这样，原本感情比较好的兄弟因为父母遗产分配问题而心存芥蒂。

在多次争吵和交涉后，兄弟二人达成了一份书面协议，约定二老的房屋由张海继承，其他股票、基金、存款等遗产由张松继承，另外在张松的执意要求下，张海额外给予他5万块钱折价款。

张海原本以为，其与弟弟争吵了这么久，好商好量地签订这份协议，可以息事宁人。没有想到张松反悔，认为自己没有得到父母的房产吃了亏，就撕毁两份协议，不同意履行。无奈之下，张海一纸诉状请求法院确认协议合法有效，并请求法院按照协议内容分割父母的遗产。

【争议焦点】

张海和张松签订的遗产分配协议是否具有合法性和有效性?

【法院判决】

因双方各执一词，本案调解不成。在庭审中，张松辩称，自己和张海签订遗产分配协议，是在亲戚的劝说下一时没有想清楚而签订的。母亲去世前一直是自己在悉心照料，张海除必要时来看一眼外，其余时间都是忙于自己的工作，很少能抽出时间来看望母亲。父母除了留下房子，没有什么值钱的东西。存款里面的钱，因为给母亲治病和办葬礼，所剩不多。父母的股票、基金等投资，因为经济不景气也面临价值贬损的困境。现在其兄长张海想继承父母最值钱的房子，于是请求法院驳回张海的诉讼请求，并提出反诉，请求法院将父母的房产分配给自己。

开庭质证中，因协议被撕毁，张海并未向法院提供协议原件，只是向法院出示了没有张松签字的遗产分配协议。张松向法庭出示了母亲存折，上面仅有余款两万元，并记录着支出明细，以及母亲生前住院证明和医院的发票和单据。张松称这些支出均用于母亲生病期间的花销和筹办葬礼的支出。

法院经审理认为，张海出示的协议原系张海和张松口头协商后的结果，但根据《中华人民共和国民法典》合同编的规定，因该遗产分配协议没有张松的签字，该协议无效。根据被告提供的存款明细和医院单据、发票以及住院证明等，均可详细证明其母亲生前日常花销以及葬礼开支，法院应予以采纳。原告张海提出的诉讼请求，缺乏事实和法律依据，法院不予支持，驳回原告诉讼请求。

根据我国法律规定，没有遗嘱继承的，按照法定继承处理。继承人应当本着互谅互让、和睦团结的精神，协商处理继承问题。针对被告的反诉，当事人同意调解，经法院调解，双方达成协议，同意双方共有父母的房产，父母其他的遗产，折合成人民币共计5万元，由原、被告均分。

温馨提示

根据我国法律规定，同一顺序继承人继承遗产的份额，一般应当均等。继承人协商同意的，也可以不均等。

延伸解读

上述案例中，虽然原告张海和被告张松签订了遗产分配协议，但是因为原件损毁，失去了效力，不能作为定案根据。法院在审理过程中，根据当事人提供的证据，证明张松的答辩符合法律依据，故驳回原告张海的诉讼请求。针对被告张松的反诉以及继承案件纠纷应本着互谅互让、和睦团结的精神，协商处理继承问题，原、被告达成调解协议具有法律效力，相当于判决书的效力。在一方未按调解协议履行义务的情况下，张海和张松任何一方均可依据调解协议向执行法院申请强制执行。

调解书和只记入笔录的调解协议生效后，可以产生以下几个方面的法律后果。

第一，结束诉讼程序。调解协议生效，表明人民法院最终解决了双方当事人的纠纷，民事诉讼程序也因此而终结，人民法院不得对该案继续进行审理。

第二，确认当事人之间的权利义务关系。调解协议生效后，当事人之间的权利义务关系在调解协议中得到确认，民事争议已得到解决，当事人不得对此法律关系再发生争议。

第三，不得以同一诉讼标的、同一事实和理由再行起诉。调解协议生效后，民事纠纷已依法解决，当事人不得以同一诉讼标的、同一事实和理由，向人民法院再次提起民事诉讼。

第四，不得对调解协议提出上诉。无论是在一审、二审还是再审程序中达成的调解协议，均不能提起上诉。

第五，有给付内容的调解协议书具有强制执行力。调解协议是双方当事人在人民法院主持下自愿达成的，一般情况下当事人都能自觉履行。

如果具有给付内容的调解协议生效后，负有义务的一方当事人不履行义务时，对方当事人可以向人民法院申请强制执行。

（以上人名均为化名）

81. 被继承人死亡所得的保险金能否作为遗产清偿债务

案件简介

夏天系汤周之女，汤周生前是职业技术学院老师。2014年10月，汤周向平安人寿保险公司购买人寿保险一份，基本保险金额10万元。保险合同约定的投保人和被保险人均为汤周，身故受益人及分配方式为夏天。

汤周生前从2012年1月至2013年6月先后四次向其朋友路小唯借款共计19万元。2018年5月，汤周因交通事故受伤经抢救无效死亡，夏天是汤周遗产的唯一继承人，前述借款本金至今未偿还。

汤周死亡后，夏天向平安人寿保险公司提出保险金理赔申请，夏天可获得汤周身故保险金共计120万元，其中夏天已领取15万元，余下保险金尚未领取。后债权人路小唯知道夏天继承汤周的遗产后，便要求偿还其母生前的债务，协商未果后，路小唯向法院提起诉讼，请求法院判决夏天以汤周死亡而获得的保险金清偿汤周向路小唯所借的借款本金及利息。

【争议焦点】

被告夏天从平安人寿保险公司获得的汤周身故保险金是否为汤周的遗产?

【法院判决】

法院经审理认为，没有证据证明案涉民间借贷违法，故该民间借贷关系合法有效，应受法律保护。

遗产是公民死亡时遗留的个人合法财产，继承遗产同时应该在遗产限额内承担偿债义务。夏天是否应该偿还债务取决于其取得保险金是基于受益人身份，还是继承人身份。本案中，根据保险合同的约定，夏天为合同的受益人，故夏天领取保险金系受益人身份，而非继承人身份，故夏天没有以其获得的案涉保险金清偿汤周生前所负债务的法定义务，原告路小唯关于被告夏天应当以其继承的案涉保险金清偿汤周生前对其所负债务的主张无事实及法律依据，不予支持。

【律师说法】

关于夏天从平安人寿保险公司获得的汤周身故保险金是否为汤周的遗产问题，涉及夏天从前述保险公司获得的保险金是基于继承人身份还是基于保险受益人身份，该身份问题又指向保险合同是否约定了受益人。

本案中，汤周的保险合同指定了夏天作为受益人，故其保险金不作为遗产。

根据《中华人民共和国保险法》以及《最高人民法院关于适用〈中华人民共和国保险法〉若干问题的解释（三）》，夏天为案涉保险合同约定的受益人，在此情况下，因汤周死亡产生的保险金不是其遗产，夏天获得该保险金是基于保险合同约定的受益人身份，而非继承人身份。所以无须承担偿还汤周生前的债务的义务。

【法律链接】

《中华人民共和国保险法》第四十二条第一款第（一）项规定:“被保险人死亡后，有下列情形之一的，保险金作为被保险人的遗产，由保险人依照原《中华人民共和国继承法》的规定履行给付保险金的义务:（一）没有指定受益人，或者受益人指定不明无法确定的。”

《中华人民共和国民法典》继承编第一千一百五十九条规定，分割遗产，应当清偿被继承人依法应当缴纳的税款和债务。缴纳税款和清偿债务以所得遗产实际价值为限。超过遗产实际价值部分，继承人自愿偿还的不在此限。

根据《最高人民法院关于适用〈中华人民共和国保险法〉若干问题的解释（三）》第九条第二款第（一）项“当事人对保险合同约定的受益人存在争议，除投保人、被保险人在保险合同之外另有约定外，按照以下情形分别处理：（一）受益人约定为‘法定’或者‘法定继承人’的，以继承法规定的法定继承人为受益人”的规定，受益人约定为“法定”或者“法定继承人”的，应以继承法规定的法定继承人作为受益人。

（以上人名均为化名）

82. 经过公证的赠与协议也能撤销吗

案件简介

艾达与贾芳于1990年结婚，婚后因多年不孕不育而领养一子，名为艾康，一家三口居住在一栋别墅内，面积200平方米，共3层。2009年艾康恋爱结婚，艾达与贾芳二人将其中一层房屋作为艾康婚房使用，并将其赠与艾康，二人与艾康自愿签订一份赠与协议，为了保证该赠与协议的效力，在艾康的强烈要求下，三人一起去当地公证处进行了公证。但是并没有办理房屋过户手续。

2016年，该房屋涉及被拆迁。艾达和贾芳夫妇获得拆迁款。艾康知道后想取得属于赠与房屋的拆迁款，但是艾达和贾芳夫妇与艾康协商，如果艾康能给他们养老送终，则该笔拆迁款夫妇二人可赠与艾康。艾康当时答应下来。三人一同去公证处办理了赠与公证。但是艾康随后违反约定。

2018年，艾达与贾芳一纸诉状向法院起诉，状告艾康不履行赡养义务而要求撤销赠与协议的请求。

【法院判决】

撤销艾达、贾芳与艾康之间签订的赠与协议。

法院认为，作为艾达与贾芳夫妇二人的养子，艾康具有赡养义务。在艾达和贾芳夫妇二人年迈体弱多病时，艾康理应积极承担一份孝道，积极履行赡养义务，而非一味主张争夺二人手中的财产。作为艾康的养父母，艾达和贾芳有权利要求艾康随时履行赡养义务，但是艾康拒绝履行。根据《中华人民共和国民法典》合同编及有关诉讼时效的规定，附条件的赠与协议，当受赠人未按照赠与协议履行自己的义务时，赠与人有权撤销赠与协议。本案中的赠与协议为附条件的赠与协议，条件不成立时，赠与人有权撤销赠与协议。

【律师说法】

本案中双方当事人签署的赠与合同系附条件的赠与，当受赠人违反约定，赠与人即可以行使撤销赠与的权利。根据《中华人民共和国民法典》合同编规定，赠与人享有可撤销赠与的权利，当出现法律规定的事由时，赠与人可通过行使前述权利撤销赠与。

（以上人名均为化名）

83. 录音遗嘱如何才能有效

案件简介

程峰因爱抽烟喝酒，从50岁开始，各种疾病缠身，后因为妻子意外离世对他打击太大，身体越来越糟糕。2016年，程峰在自己得了一场重感冒以后，感觉自己的身体再也经不起折腾，于是与儿女们商量，拟订了一份遗书，约定自己在海淀区的房产由自己的女儿程妍所有，在通州区的房产归儿子程楠所有。后因程峰在一次出门后，不小心摔倒，瘫痪在床。

儿子程楠对瘫痪在床需要照料的程峰不管不问，只有女儿程妍担起了悉心照料程峰的责任。程峰将这一切看在眼里，对自己儿子程楠的所作所为伤心失望，于是在程峰临终之前，程峰让自己的外孙帮忙，将遗嘱用手机录下来，表示自己将原本留给儿子程楠的通州区房产转给女儿程妍，并把这部手机让自己的外孙在自己死后转交给女儿。

2017年9月程峰去世，程妍收到了程峰的录音遗嘱。拿着这个录音遗嘱，程妍找到程楠理论，但是程楠一直拒绝交出通州的房子。无奈之下，程妍向法院起诉，请求法院判决通州区房产归自己所有。

【争议焦点】

原告程妍提供的其父亲临终前的录音遗嘱是否有效?

【法院判决】

法院经审理认为，被告程楠提供的父亲程峰于2016年拟写的遗书，经过原告程妍和被告程楠以及程峰签字，属合法遗嘱，具有法律效力，说明原、被告均同意本案讼争房屋归被告程楠所有。原告提供的录音内容为程峰临终前将本案讼争房产转给原告程妍所有，属于以录音形式订立的遗嘱，但是程峰在录音时只有其外孙在场，根据法律规定，程峰的外孙不能作为遗嘱见证人，因此该录音遗嘱无效。就程峰的遗产继承分配应按2016年程峰签订的遗书执行。法院最终判决驳回原告程妍的诉讼请求。

【律师说法】

本案为继承纠纷，出现了两份遗嘱，即2016年程峰拟写的遗嘱和其临终前的录音遗嘱，根据法律规定，这种情况不能按照法定继承。两份遗嘱订立时间有先后之分，按照法律规定，在两份遗嘱均有效的前提下，应认定后订立的遗嘱是对前面遗嘱的变更或撤销，应以后订立的遗嘱为准。

判断遗嘱是否有效需要满足以下条件。

1.遗嘱人在立遗嘱时必须具有完全民事行为能力。

2.遗嘱必须是遗嘱人的真实意思表示。

3.遗嘱内容必须合法。

4.遗嘱的形式必须符合法律规定。

程峰于2016年订立的遗嘱符合上述四个条件，且经过继承人和被继承人的签字承认，合法有效。但是录音遗嘱，虽然符合上述遗嘱有效的前三个条件，但是根据《中华人民共和国民法典》继承编的相关规定，以录音形式立的遗嘱，应当有两个以上见证人在场见证。见证人不能与继承人、受遗赠人存在利害关系。很明显，录音遗嘱的见证人为继承人的外孙，又是受遗赠人的儿子，存在利害关系，不能作为法定的见证人，因而该录音遗嘱无效。因此，程峰的遗产继承分配应按照2016年的遗嘱进行分配。

【法律链接】

《中华人民共和国民法典》继承编规定，公证遗嘱由遗嘱人经公证机构办理。

自书遗嘱由遗嘱人亲笔书写，签名，注明年、月、日。

代书遗嘱应当有两个以上见证人在场见证，由其中一人代书，并由遗嘱人、代书人和其他见证人签名，注明年、月、日。

以录音录像形式立的遗嘱，应当有两个以上见证人在场见证。

遗嘱人在危急情况下，可以立口头遗嘱。口头遗嘱应当有两个以上见证人在场见证。危急情况消除后，遗嘱人能够以书面或者录音录像形式立遗嘱的，所立的口头遗嘱无效。

下列人员不能作为遗嘱见证人。

1. 无民事行为能力人、限制民事行为能力人。前者不能辨认自己的行为，不能以自己名义参加民事活动并享有民事权利和承担义务；后者则是其民事行为能力受到限制，二者均不是完全民事行为能力人，不能参与订立遗嘱这类较复杂的民事活动。如果他们在场，其见证不具有法律效力。

2. 继承人、受遗赠人。他们与遗嘱有直接的利害关系，一般来说，他们在场不利于遗嘱人毫无顾忌或受外界影响按照自己的意愿处分财产。因此，法律规定继承人、受遗赠人不能作为遗嘱见证人。

3. 与继承人、受遗赠人有利害关系的人。与继承人、受遗赠人有利害关系的人，由于利益关系的影响，难以保证其证明的客观性、真实性，所以这些人也不能做遗嘱见证人。根据有关司法解释，继承人、受遗赠人的债权人、债务人，共同经营的合伙人，也应当视为与继承人、受遗赠人有利害关系，不能作为遗嘱见证人。

（以上人名均为化名）

84. 丧偶女婿是否享有继承权

案件简介

张明的妻子杜霞因为意外去世，留下两个年纪尚小的女儿。后两个女儿长大成人各自出嫁。张明为了女儿一直未再婚，等到张明年纪大了以后，两个女儿商量着张明由二人轮流赡养。后来，张明的小女儿张秀因突发疾病不幸去世，留下丈夫王阳和他们的儿子小王。小女儿张秀去世后，张明的大女儿张娟突然不想按照之前的约定赡养自己的父亲张明，而对住在小女儿张秀家的父亲不管不顾。王阳为此多次与大女儿张娟理论，但是张娟一直不讲理，坚决不再对她的父亲张明履行赡养义务。

看着张明每日以泪洗面，王阳为了不再让老人伤心，每天除照顾自己的儿子小王上学生活外，还任劳任怨地悉心照料张明的日常起居。街坊邻居都将张明的家事看在眼里，也对其女婿王阳的行为大加赞赏。天有不测风云，张明随后因为心肌梗死突发而亡，留下60万元现金，在大女儿张娟和小女婿王阳整理张明的遗物时被发现。

大女儿看到60万元后想独吞自己父亲的遗产，就声称小女婿王阳跟自己的父亲没有任何血缘关系，没有资格继承这笔钱财。后王阳觉得委屈，认为自己的老丈人生前一直是由自己在悉心照料，理应继承该笔遗产。在双方发生激烈争吵数次均解决未果的情况下，王阳一纸诉状将大女儿诉至法院，要求法院确定自己和儿子小王以第一顺序继承人的身份继承张明的遗产。

【法院判决】

判决王阳、小王以第一顺序继承人继承张明的遗产40万元，张娟继承20万元遗产。

【律师说法】

本案中，王阳与张明之间的丈人和女婿关系在法律上属于姻亲关系，该关系是基于王阳与张明的小女儿张秀结婚的事实而产生。在小女儿张秀亡故后，该姻亲关系在法律上也随之消失，但是根据社会伦理观念来讲，王阳因为没有再娶，其与张明仍存在丈人和女婿的关系。

另外，无论小女儿张秀是否去世，其配偶王阳按照我国现行的法律法规规定，存在法定赡养、扶养、抚养义务的人包括配偶、父母、子女、祖父母、外祖父母、孙子女、外孙子女，兄弟姐妹。故王阳与张明之间的翁婿关系不存在法定的赡养义务。事实上，王阳未因此而拒绝承担赡养义务，而是继续代替亡妻张秀履行赡养张明的义务。根据《中华人民共和国民法典》继承编相关规定，丧偶女婿对自己的岳父尽了主要的赡养义务，有权利作为第一顺序继承人继承其遗产。该法律规定既合乎情理，又符合中华民族传统美德的要求，体现了现代社会的美德培养风气，值得鼓励和倡导。

此外，张秀的儿子小王在本案中属于代位继承人，有权代替张秀继承张明的遗产，为第一顺序继承人。

【法律链接】

《中华人民共和国民法典》继承编第一千一百二十九条规定，丧偶儿媳对公婆，丧偶女婿对岳父母，尽了主要赡养义务的，作为第一顺序继承人。《中华人民共和国民法典》继承编第一千一百二十八条规定，被继承人的子女先于被继承人死亡的，由被继承人的子女的直系晚辈血亲代位继承。被继承人的兄弟姐妹先于被继承人死亡的，由被继承人的兄弟姐妹的子女代位继承。代位继承人一般只能继承被代位继承人有权继承的遗产份额。

《最高人民法院关于贯彻执行〈中华人民共和国继承法〉若干问题的意见》第二十九条规定，丧偶儿媳对公婆、丧偶女婿对岳父、岳母，无论其是否再婚，依继承法第十二条规定作为第一顺序继承人时，不影响其子女代位继承。第三十条规定，对被继承人生活提供了主要经济来源，或在劳务等方面给予了主要扶助的，应当认定其尽了主要赡养义务或主要扶养义务。

延伸解读

《中华人民共和国民法典》继承编规定，丧偶儿媳对公婆，丧偶女婿对岳父母，尽了主要赡养义务的，作为第一顺序继承人。儿媳与公婆、女婿与岳父母之间是一种姻亲关系，没有血缘关系，在一般情况下，他们之间没有继承权；但在我国传统家庭结构中，由于种种原因，儿媳死了丈夫或女婿死了妻子后，其有可能继续与公婆或岳父母共同生活，并担负主要的赡养义务。

根据权利义务相一致原则，在公婆或岳父母死亡之后，丧偶的儿媳或女婿可以作为第一顺序继承人继承公婆或岳父母的遗产。《中华人民共和国民法典》继承编的这一规定，对于赡养、照顾老人，保护老人和丧偶人双方的利益，巩固家庭关系，稳定社会秩序，具有积极的现实意义。

本案中，在丧偶女婿王阳对丈人张明履行了赡养责任和义务时，也获得了丈人遗产的继承权。也就是说，丧失了配偶以后的儿媳妇或女婿，要有与公婆或者岳父母共同生活并赡养的行为，才能真实形成继承人的继承关系。

（以上人名均为化名）

85. 遗嘱设定“嫁人后丧失继承权”有效吗

案件简介

2016年10月，张涛自书遗嘱一份，将自己所有遗产都留给了自己的结发妻子蔡娟，但其担心妻子再婚后，财产被别人占有，于是在遗嘱最后注明，“我妻蔡娟今后若嫁人，则我所有遗产均归我侄子张翔继承”。2017年12月，张涛去世。2019年1月，张涛妻子蔡娟与他人结婚。2019年12月，张涛侄子起诉蔡娟，要求判令张涛名下某某楼房等归其所有。

【法院判决】

遗嘱中设定“我妻蔡娟今后若嫁人，则我所有遗产均归我侄子张翔继承”等约束内容，因限制继承人婚姻自由，违反法律规定，应无效。驳回张涛侄子的诉讼请求。

【律师说法】

公民可以依法立遗嘱处分个人财产。本案中张涛亲笔书写遗书及签名，注明年、月、日，对其居住房产予以处分，故其书写遗书为自书遗嘱。公民立遗嘱将个人财产赠给国家、集体或法定继承人以外的人，为遗赠。张涛侄子属法定继承人以外的人，其诉讼主张基于遗赠法律关系而提出，故本案应为遗赠纠纷。

婚姻自由系我国宪法规定的一项公民基本权利，亦系《中华人民共和国民法典》婚姻家庭编规定的基本婚姻制度，具体而言体现为婚姻自主权这一人格权利，即自然人有权在法律规定范围内，自主自愿决定本人婚姻，不受其他任何人的强迫与干涉。张涛去世后，蔡娟是否再婚应完全由其自行决定，如蔡娟选择再婚亦人之常情，故张涛立下遗嘱设定“我妻蔡娟今后若嫁人，则我所有遗产均归我侄子张翔继承”约束内容，系限制蔡娟的婚姻自由，违反有关婚姻自由的法律规定，故张涛遗嘱中该内容应属无效，即张涛受遗赠内容无效。

（以上人名均为化名）

86. 遗产未经分割是否应视为继承人共同共有

案件简介*

关伟的父亲关民身世坎坷，其母在生下他时就因为营养不良而去世，其父亲因不堪生活重负，就将尚在襁褓中的关民抛弃在邻居门前便离家出走。邻居正好有一个远房亲戚已结婚两年，一直为没有孩子的事情发愁。于是在关民不记事的时候就被其邻居的远房亲戚关强夫妇收养为子。后关强夫妇又生育一儿一女，分别取名关国和关玉。

一家五口曾经共同居住在某社区的四间房屋里面。1949年中华人民共和国成立前夕，因鸡毛蒜皮的小事，关民与关强发生争执，在争吵中，关强不小心说出关民非自己亲生，而是领养的孩子。关民听闻很是震惊，于是跑去向养母跟前对质后，才知道自己的身世。一气之下，关民离家出走，外迁他乡。后发生车祸去世，而女儿关玉因为远嫁他乡也离开他们一起居住的地方。

1951年土改时，家里只有关国与关强夫妇共同居住。上述关强夫妇及三个孩子一家五口居住过的四间房屋被政府确权给关强夫妇和关国三个人共同所有，同时颁发了房产所有证。

三年之后，关强夫妇因为身体旧疾复发相继去世。1995年政府对村民地籍公告进行登记，经调查，上述四间房屋仅由关国一人使用并居住，于是政府在同年8月签发了“集体土地建设用地使用证”，将上述四间房屋最终确权给关国一人所有。

关民生前离家期间，遇见了外乡人丁佩，二人一见钟情，生活在一起，丁佩怀孕期间，关民出车祸身亡，留下遗腹子关伟。在关伟成年后丁佩改嫁，并告知关伟关于其父亲关民的身世。

2018年关伟想回父亲的祖居居住，却遇到了关国的强烈阻拦。关国告诉关伟，其父亲关民是个不孝子，跟他们没有任何血缘关系。关伟认为关国强词夺理，听不得别人辱骂自己的父亲，于是二人动手打了起来。关伟与关国争执许久，仍无法搬回父亲的祖居，于是无奈之下，向法院提起诉讼，请求法院将父亲祖居的一部分判给自己。

【争议焦点】

关强夫妇去世后，讼争的四间房屋是否应视为继承人共同共有？关民是否在该遗产未经分割的情况下享有四间房的共有权？有权继承的继承人是否有权进行分割确权？

【法院判决】

本案在审理过程中，原告关伟称自己父亲关民虽然为养子，但是属于法律上的父母与子女的关系，受《中华人民共和国民法典》继承编保护。该四间房中有二分之一属于关强夫妇死亡后的遗产，且该遗产未经分割仍应视为继承人共同共有，因此原告认为自己作为关民的合法继承人，有权对该四间房进行分割确权。

被告关国辩称，自己才是这四间房的唯一合法继承人。在质证期间，其向法官出示了1995年政府签发的《集体土地建设用地使用证》，确认该房屋为自己所有。该确权程序是政府按照合法程序履行其法定职责，并将村民地籍进行了公告后才登记，故被告关国称自己已经合法享有该四间房屋的所有权，讼争的房屋不再是关强夫妇的遗产，请求法院驳回原告关伟的请求。

根据《中华人民共和国民法典》继承编的规定，在关强夫妇去世后，关国、关民、关玉兄妹三人均为其遗产的合法继承人。在继承人均没有明确表示放弃继承的前提下，未经分割确权的，其遗产应视为继承人共同所有。本案中，因关民先于关强夫妇死亡，关伟享有法定的代位继承权，可代位继承其父亲关民可继承的份额，与关国和关玉共同分配关强夫妇的遗产，即1/2的四间房屋。法院判决同意原告关伟的诉讼请求，对该房屋进行分割。

【律师说法】

本案中关民与关强夫妇为养父母子女关系，关民与关国、关玉为养兄弟姐妹关系。根据《中华人民共和国民法典》婚姻家庭编的规定，养父母子女关系与亲生父母子女关系一样，受我国法律的保护。

1951年讼争的四间房屋确权为关强夫妇和关国三人共同共有，且进行公告登记，颁发了确权证书，由此，该四间房屋的1/2由关强夫妇共有。

关强夫妇二人去世后，其所有的两间房屋成为遗产，在未经分割仍应视为继承人共同共有。二人的继承人包括关国、关玉、关民，而关民先于关强夫妇去世，故而其份额应该由关伟继承。

关于政府于1995年签发“集体土地建设用地使用证”时按照法律规定的程序进行确权，但是行政机关的发证行为属于形式审查，在实践中，政府在签发“集体土地建设用地使用证”将讼争的四间房屋确权给关国一人所有时，只是根据其提供的相关证件来审核，并在审查关国提供的手续齐全后就可以直接办理该证件。政府在履行确权程序时，关国应负有明晰所有财产真实情况的义务，一般政府审查时能够准确确权。但是关国未向政府说明情况，所以对于关国的抗辩法院没有采纳。

根据《中华人民共和国民法典》继承编规定，被继承人的子女先于被继承人死亡的，由被继承人的子女的直系晚辈血亲代位继承。代位继承人一般只能继承他的父亲或者母亲有权继承的遗产份额。

本案中，关国可依据《中华人民共和国民法典》继承编第一千一百三十条第三款，“对被继承人尽了主要扶养义务或者与被继承人共同生活的继承人，分配遗产时，可以多分”的规定要求多分遗产。因为关民去世较早，关玉外嫁他乡，只有关国与关强夫妇在生前一直共同生活，故关国可以主张自己对二老尽了主要的赡养义务，多分该房屋的份额，法院可予以支持。

（以上人名均为化名）

87. 分居协议是否影响遗产分割

案件简介

练纬父母均早已去世。练纬与闫晶系夫妻关系，二人育有一子练亮，练纬系再婚。练纬与前妻史涵曾生育一女练橙，离婚后由其前妻史涵抚养。

练纬与闫晶婚后因性格不合经常吵架，感情一直不稳定。

2010年10月，练纬与闫晶签订了《分居协议书》，双方约定：练纬与闫晶的感情已经破裂。为了不给儿子的心灵带来伤害，我们决定分居。双方的财产做如下分割：现在位于某小区的两室一厅和位于某小区的三室一厅的房屋归闫晶所有。闫晶可以任何方式处置这些房产，练纬不得阻挠和反对，并有义务协助办理相关事务。位于某处的一套独栋别墅归练纬所有，练纬可以任何方式处置该房产，闫晶不得阻挠和反对，并有义务协助办理相关事务。儿子练亮归闫晶抚养，练纬仍承担监护、抚养、教育的责任，每月支付儿子生活费5000元。双方采取离异不离家的方式解决感情破裂问题，且对对方的私生活，各方均不得干涉。

练纬和闫晶均在《分居协议书》上签字。2011年9月，练纬在外地出差期间突发疾病猝死，未留下遗嘱。练纬死后，女儿练橙与闫晶因练纬的遗产分配未达成一致意见而发生纠纷，练橙认为登记在练纬名下的所有财产均为父亲的遗产，自己均有资格参与分配。于是一纸诉状向法院提起诉讼，请求法院判决由其自己与闫晶、练亮共同依法继承练纬的全部遗产。

【争议焦点】

本案中如何确定练纬的遗产范围?

【法院判决】

被告闫晶及练亮辩称，认可原告练橙作为练纬的继承人参与继承，但根据《分居协议书》，登记在练纬名下的位于某小区的两室一厅和位于某小区的三室一厅的房屋归闫晶所有，并不属于练纬的财产，不应作为其遗产继承。

法院经审理认为，原告练橙与被告练亮均为被继承人练纬的子女，被告闫晶为被继承人的配偶，均属于第一顺序继承人，三人对于练纬的遗产，均予以均分。

本案中，应对哪些财产属于练纬的遗产予以界定。关于位于某小区的两室一厅和位于某小区的三室一厅房屋，练纬与闫晶虽然在《分居协议书》中约定了该房屋归闫晶所有，但直至练纬去世，该房屋仍登记在练纬名下，故该协议书并未实际履行，因此应确认该房屋属于练纬与闫晶的夫妻共同财产。同样登记在闫晶名下的财产减去闫晶的份额后，均为练纬的遗产，由原、被告三人按照法定继承的相关规定予以分割。

【律师说法】

夫妻之间达成的婚内财产分割协议是双方通过订立契约对采取何种夫妻财产制所做的约定，是双方协商一致对家庭财产进行内部分配的结果，在不涉及婚姻家庭以外第三人利益的情况下，应当尊重夫妻之间的真实意思表示，按照双方达成的婚内财产分割协议履行，优先保护事实物权人，不宜以产权登记作为确认不动产权属的唯一依据。

练纬与被告闫晶签订的《分居协议书》属于离婚财产分割协议，这主要从

《分居协议书》的内容来看，练纬与闫晶虽认为彼此感情已经破裂，但明确约定为不给儿子心灵带来伤害，采取“离异不离家”的方式解决感情破裂问题，双方是以离婚为目的而达成财产分割协议。从文义解释出发，二人虽然所签《分居协议书》中只字未提“离婚”二字，但从目的来看确实是离婚而对共同财产进行分割。

（以上人名均为化名）

88. 父亲离世，女儿与再婚妻子同争按揭房屋

案件简介

马岚的父亲马奇与母亲曾萍于2005年3月离婚，马岚由其母亲曾萍抚养。2008年7月，马奇按揭购买了位于某小区一套三室一厅的房屋，房屋首付款为27万元，其余28万元办理了银行按揭。

2010年1月马奇与刘玉玲登记结婚。2012年5月，马奇取得案涉房屋的产权证，产权登记为马奇个人所有。2014年7月，马奇因突发疾病死亡。

马奇的父母均已去世。马奇与刘玉玲婚后未生育子女。

马奇丧葬事宜由马岚办理，费用由刘玉玲支付。2019年2月，因为遗产分配问题马岚与刘玉玲未达成一致意见，马岚诉至法院，请求法院判决由自己与刘玉玲共同继承父亲名下房屋。

【争议焦点】

上述案例争议的主要焦点为案涉房屋归谁所有？

【法院判决】

依照《中华人民共和国民法典》继承编、《中华人民共和国民事诉讼法》的规定，法院判决案涉房屋归刘玉玲所有，剩余的按揭款由刘玉玲负担，马岚于该房办理权属转移登记条件成就后10日内协助刘玉玲办理房屋权属转移登记手续；刘玉玲于判决生效后10日内向马岚支付房屋折价补偿款。继承从被继承人死亡时开始，公民死亡时遗留下的个人合法财产可以由其继承人继承，继承权男女平等。本案中，因马奇死亡时未留下遗嘱，应适用法定继承，原告马岚、被告刘玉

玲享有平等的继承权。

【律师说法】

关于双方争议的涉案房屋的分割问题，因该房屋一直由刘玉玲居住使用，考虑到房屋现存的居住及使用情况，法院认定该房屋判归刘玉玲为宜，由刘玉玲对马岚给予相应补偿。

该补偿款的计算，法院参考《最高人民法院关于适用〈中华人民共和国婚姻法〉若干问题的解释（三）》第十条的规定，认定马奇个人支付的首付款及婚前个人支付款项及相应的增值部分、马奇和刘玉玲婚后共同还贷及相应增值部分的一半为遗产。

【法律链接】

根据《最高人民法院关于适用〈中华人民共和国婚姻法〉若干问题的解释（三）》第十条的规定，夫妻一方婚前签订不动产买卖合同，以个人财产支付首付款并在银行贷款，婚后用夫妻共同财产还贷，不动产登记于首付款支付方名下的，离婚时该不动产由双方协议处理。依前款规定不能达成协议的，人民法院可以判决该不动产归产权登记一方，尚未归还的贷款为产权登记一方的个人债务。双方婚后共同还贷支付的款项及其相对应财产增值部分，离婚时应根据《中华人民共和国民法典》婚姻家庭编第一千零八十七条规定的原则，由产权登记一方对另一方进行补偿。

（以上人名均为化名）

89. 父亲去世，分离多年的女儿来争遗产

案件简介

杜城与赖玉原是一对夫妻，育有一儿一女，杜鹃与杜杰姐弟。后因为夫妻感情不和，1984年杜城与赖玉诉讼离婚，杜鹃随母亲赖玉生活，弟弟杜杰随父亲杜城生活。2017年10月，杜城因病去世，其遗产由杜杰一人占有，其中包含杜城生前存款共计50万元。杜鹃多次找到杜杰，与其协商父亲遗产分割问题，都被杜杰

拒绝。无奈之下，杜鹃向法院提起诉讼，请求法院判决分割杜城的遗产。

【争议焦点】

原告杜鹃是否有权继承杜城的遗产？

【法院判决】

法院经审理认为，继承开始后，有遗嘱的，按照遗嘱继承或者遗赠办理；有遗赠扶养协议的，按照协议办理。本案中，被继承人杜城生前未留有遗嘱，应按法定继承办理，原告属于被继承人的法定继承人，有权继承杜城的遗产。判决原、被告共同继承杜城的遗产。

【律师说法】

依据《中华人民共和国民法典》继承编规定，法定继承是主要的继承方式。法定继承有以下特征。

第一，法定继承是遗嘱继承的补充。法定继承虽是常见的主要继承方式，但继承开始后，应先适用遗嘱继承，只有在不适用遗嘱继承时才适用法定继承。因而，从效力上说，遗嘱继承的效力优先于法定继承，法定继承是对遗嘱继承的补充。

第二，法定继承是对遗嘱继承的限制。各国法律虽都承认遗嘱继承的优先效力，但也无不对遗嘱继承予以一定的限制。例如，许多国家的法律都规定了法定继承人的特留份。《中华人民共和国民法典》继承编中规定，遗嘱应当对缺乏劳动能力又没有生活来源的继承人保留必要的遗产份额。因此，尽管遗嘱继承限制了法定继承的适用范围，但同时法定继承也是对遗嘱继承的一定限制。

第三，法定继承中的继承人是法律基于继承人与被继承人间的亲属关系规定的，而不是由被继承人指定的。从这点上来说，法定继承具有以身份关系为基础的特点。

第四，法定继承中法律关于继承人、继承的顺序以及遗产的分配原则的规定是强制性的，任何人不得改变。

第五，法定继承具有法定性，法定继承与遗嘱继承、遗嘱并存。

依据《中华人民共和国民法典》继承编的相关规定，有下列情形之一的，遗产中的有关部分按照法定继承办理。

1. 遗嘱继承人放弃遗嘱继承或者受遗赠人放弃受遗赠；

2. 遗嘱继承人丧失继承权或者受遗赠人丧失受遗赠权；

3. 遗嘱继承人、受遗赠人先于遗嘱人死亡或终止；

4.遗嘱无效部分所涉及的遗产；

5.遗嘱未处分的遗产。

适用法定继承时，依照下列规则分配遗产。

1.继承开始后，由第一顺序继承人继承，第二顺序继承人不继承。没有第一顺序继承人继承的，由第二顺序继承人继承。

2.同一顺序继承人继承遗产的份额，一般应当均等。法律另有规定的除外。

（以上人名均为化名）

90.婚前财产协议是否影响继承

案件简介

齐霄与前妻赵梅育有一儿一女，儿子齐河、女儿齐芳。后俩人离婚，儿女均判给齐霄抚养。

后齐霄经人介绍认识了安然，二人恋爱五年后结婚。结婚之前二人于2009年5月签订一份《婚前财产约定协议》，约定男方齐霄名下的一套住房，面积98平方米，属于齐霄个人财产，归齐霄所有，女方安然不享有份额。若齐霄先于安然死亡，安然不继承其遗产。待齐霄死后，房屋交给儿子齐河、女儿齐芳继承。另外，安然名下位于长安街某小区住房一套，面积88平方米，属于安然个人财产，归安然所有，齐霄不享有份额。若安然先于齐霄死亡，齐霄不继承其遗产。男女双方婚前的债务由个人自负。

双方其他财产，由各方法定继承人各自继承，互不干扰。

上述协议签署后，两人于2010年10月1日领取了结婚证。对二人而言，没有了各自婚前财产的干扰，生活过得也算平静幸福。

2018年9月，齐霄死亡，安然未按协议约定履行其义务，而是霸占齐霄的房产。儿子齐河、女儿齐芳在整理齐霄的遗物时发现上述《婚前财产约定协议》，于是向法院提起诉讼，请求法院判决安然履行协议约定内容，将齐霄的遗产转移给其法定继承人。

【争议焦点】

《婚前财产约定协议》是否有效？被告安然是否有权继承齐霄的遗产？

【法院判决】

法院经审理认为，被继承人齐霄与被告安然签订的《婚前财产约定协议》系双方基于真实意思表示所签订的，且双方均具有完全民事行为能力，故合法有效。按照《婚前财产约定协议》的约定，齐霄个人财产，归齐霄所有，女方安然不享有份额。若齐霄先于安然死亡，安然不继承其遗产。故安然应该依照该约定将该房产的所有权转移给齐霄的法定继承人，即原告齐河和齐芳所有。

【律师说法】

过去人们生活水平普遍较低，即使拥有一些个人财产，数量也不多，再加上传统观念的束缚，故而较少有人达成婚前财产协议。随着中国经济的不断发展，人们拥有的婚前财产越来越多，同时整个社会的观念也更加理性，达成婚前财产协议就成了新趋势。签署财产协议可以明确男女双方婚前财产的范围，避免将来发生不必要的财产纠纷，确定双方婚后财产的使用方法，是采用共同财产制还是分别财产制，为将来的婚姻风险提供证据支持。

婚姻本来就应该是以爱情为基础的，达成婚前财产协议不仅不会淡化这一点，反而由于对婚前财产的归属有了明确的约定从某种程度上是强化了婚姻的爱情基础。另外，由于现代社会的离婚率越来越高，而离婚时双方争议最大的一个问题就是财产问题，与其到时双方为财产的所有权争执不休，不如未雨绸缪事先做出约定。这样一旦婚姻不幸走到了尽头，双方可以免去很多不必要的纷争。

（以上人名均为化名）

91. 继子是否与其他婚生子女享有同样的继承权

案件简介

姜大伟与前妻离婚，留有一子姜辉。

1991年，姜大伟与曾凤经人介绍认识，并于1983年登记结婚，婚后育有三个孩子，即次子姜迪，女儿姜英、姜丽。长子姜辉是曾凤从亲戚处抱养过来的，姜辉与其余三个孩子一直随曾凤夫妻二人共同生活。

2004年5月，姜大伟与姜迪、姜英发生矛盾，与姜迪、姜英签订了《姜大伟家庭纠纷处理协议》，解除了姜迪、姜英对姜大伟的养老义务。

2015年4月，姜大伟与曾凤经法院调解离婚，离婚时二人达成调解协议，约定姜大伟与曾凤的夫妻共同财产，即坐落于某处的房屋四间，西两间房屋归姜大伟，东两间房屋归曾凤。

2019年3月，曾凤因病去世。姜大伟与曾凤原来所居住的地区进行新农村改造，姜大伟与当地村民委员会签订了《旧村改造拆迁安置协议》，协议约定该四间房屋总的拆迁补偿款为344万元。其中属于曾凤两间房屋所得的拆迁款172万元被姜迪、姜英、姜丽占有，长子姜辉觉得分配不公，于是向法院提起诉讼，主张其应当继承曾凤遗留两间房屋所得拆迁补偿款的份额43万元（172/4）。庭审中，被告姜迪、姜英、姜丽辩称，姜辉属于继子，未对母亲曾凤尽赡养义务，不应当继承被继承人的份额。

【争议焦点】

继子姜辉是否享有继母曾凤的继承权？

【法院判决】

法院经审理认为，被继承人曾凤遗留房屋两间应得拆迁安置补偿款共计172万元，事实清楚。原告姜辉与被继承人曾凤事实上已形成了扶养关系，且被告姜迪、姜英、姜丽对以上事实均无异议。

根据《中华人民共和国民法典》继承编第一千一百二十七条规定，原告姜辉作为被继承人曾凤的有扶养关系的继子与被告姜迪、姜英、姜丽均系第一顺序继承人，原告姜辉依法享有继承曾凤遗产的权利，因此对于原告的诉讼请求，理由正当，法院予以支持。

【律师说法】

关于婚生子女和非婚生子女继承权纠纷的几个常见问题：

1.继子女是否享有法定的继承权？

根据法律规定，继子女也享有法律上的继承权。但继子女要符合继承权的条件。

（1）继子女受继父母经济上的供养。

（2）继子女受继父母生活上的扶养、教育。

（3）继子女在经济上供养继父母。

（4）继子女在生活上扶助继父母。

2.继子女与婚生子女之间是否具有同等法律地位？

《中华人民共和国民法典》婚姻家庭编规定，继父母与继子女间，不得虐待或者歧视。继父或者继母和受其抚养教育的继子女间的权利义务关系，适用对父母子女关系的规定。该条规定明确了继父母子女之间的关系，适用本编关于父母子女关系的规定，即继子女取得了与亲生子女同等的法律地位。

根据《中华人民共和国民法典》继承编第一千一百二十七条规定，与继父母有扶养关系的继子女对继父母的遗产享有继承权，因为有扶养关系的继子女与继父母之间形成了法律上的拟制血亲关系，继子女也就能像婚生子女一样继承被继承人的遗产，成为被继承人的法定继承人。

3.继子女的继承遗产份额分配问题。

按照《中华人民共和国民法典》继承编的规定，同一顺序继承人继承遗产的份额，一般应当均等。对生活有特殊困难又缺乏劳动能力的继承人，分配遗产时，应当予以照顾。对被继承人尽了主要扶养义务或者与被继承人共同生活的继承人，分配遗产时，可以多分。有扶养能力和有扶养条件的继承人，不尽扶养义务的，分配遗产时，应当不分或者少分。继承人协商同意的，也可以不均等。

【法律链接】

《中华人民共和国民法典》继承编第一千一百二十七条规定，遗产按照下列顺序继承：第一顺序，配偶、子女、父母；第二顺序，兄弟姐妹、祖父母、外祖父母。 继承开始后，由第一顺序继承人继承，第二顺序继承人不继承；没有第一顺序继承人继承的，由第二顺序继承人继承。本编所称子女，包括婚生子女、非婚生子女、养子女和有扶养关系的继子女。本编所称父母，包括生父母、养父母和有扶养关系的继父母。本编所称兄弟姐妹，包括同父母的兄弟姐妹、同父异母或者同母异父的兄弟姐妹、养兄弟姐妹、有扶养关系的继兄弟姐妹。

《中华人民共和国民法典》继承编第一千一百三十条规定，同一顺序继承人继承遗产的份额，一般应当均等。对生活有特殊困难又缺乏劳动能力的继承人，分配遗产时，应当予以照顾。对被继承人尽了主要扶养义务或者与被继承人共同生活的继承人，分配遗产时，可以多分。有扶养能力和有扶养条件的继承人，不尽扶养义务的，分配遗产时，应当不分或者少分。继承人协商同意的，也可以不均等。

（以上人名均为化名）

92. 母亲过世，其子女能否继承母亲与前夫离婚时所得的遗产

案件简介

牛大帅与郭三妹原系夫妻关系，婚后未生育子女，双方于2004年离婚。离婚协议约定夫妻共同房产即位于某小区的两居室房屋一套归郭三妹所有。

2005年3月，郭三妹遇到杜明，两个人一见钟情，并很快领取了结婚证，婚后生育女儿杜丽。杜丽出生后不久，杜明意外去世。2018年1月郭三妹因病去世，留下一处位于某小区的两居室房屋一套。

处理母亲遗产时，杜丽找到牛大帅要求其配合完成过户手续，结果遭到了牛大帅的拒绝。在与牛大帅商量未果的情形下，杜丽向法院提起诉讼，请求法院判决自己有权继承母亲郭三妹的房屋，并由牛大帅协助办理相关继承手续。

【争议焦点】

杜丽是否有权继承郭三妹的房屋？郭大帅是否应该配合？

【法院判决】

法院经审理认为，郭三妹与牛大帅于2004年离婚，离婚约定涉诉房屋归被继承人郭三妹所有。现郭三妹的父母、配偶均先于郭三妹去世，目前杜丽作为郭三妹的女儿，系郭三妹的唯一法定继承人。郭三妹生前未留下遗嘱，其遗产应该按法定继承办理，由杜丽继承。

由于郭三妹与牛大帅双方于2004年离婚时，案涉房屋登记在牛大帅名下，后一直未办理过户手续，故杜丽要求牛大帅配合过户的诉求是合理的，法院予以支持。

【法律链接】

《中华人民共和国民法典》继承编第一千一百二十七条规定，遗产按照下列顺序继承：第一顺序，配偶、子女、父母；第二顺序，兄弟姐妹、祖父母、外祖父母。继承开始后，由第一顺序继承人继承，第二顺序继承人不继承；没有第一顺序继承人继承的，由第二顺序继承人继承。本编所称子女，包括婚生子女、非婚生子女、养子女和有扶养关系的继子女。本编所称父母，包括生父母、养父母和有扶养关系的继父母。本编所称兄弟姐妹，包括同父母的兄弟姐妹、同父异母或者同母异父的兄弟姐妹、养兄弟姐妹、有扶养关系的继兄弟姐妹。

（以上人名均为化名）

93. 堂兄妹同争祖父遗产，析产协议是否有效

案件简介

马燕与刘小龙系夫妻关系，共育有五个子女，分别为长子刘子洋，长女刘子涵，次子刘子然，次女刘子园，小儿子刘子志。刘明明系长子刘子洋的儿子，刘芳系小儿子刘子志的女儿。

刘子洋于1974年6月10日去世，刘子志于1990年4月13日去世，刘小龙于2007年5月7日去世，马燕于2008年3月5日去世。

马燕与刘小龙夫妇二人生前有坐落于北京市某区房屋一处，马燕与刘小龙二人相继去世后，该房屋未经分割，但一直由孙子刘明明居住使用。

刘子涵、刘子然、刘子园、刘芳则认为该房屋系马燕与刘小龙的遗产，应该予以继承分割，在与刘明明协商未果后，向法院提起诉讼。

【争议焦点】

原告是否享有讼争房屋的继承权？

【法院判决】

原告刘芳诉称，案涉房屋系家庭所有，自己作为刘子志的女儿，有权代位继承被继承人的遗产，应按照法定继承的均等份额享有案涉房产。

被告刘明明辩称，被继承人马燕与刘小龙对讼争房屋享有居住权，并非所有权。在被继承人生前，家族成员共同订立《协议》约定，讼争房屋系刘小龙建造，今后父母的生活住房及过世均在刘明明家。因此，该协议内容明确认定了祖父母财产的分配范围，讼争房屋已经处分给自己，并实际履行。因此诉争房屋并非二位老人的遗产，原告无权继承，请求法院判决驳回原告的诉讼请求。

法院经审理认为，在被继承人生前，家族成员共同订立《协议》，是当事人家庭在村干部及亲友的见证下就家庭财产和刘小龙夫妇的赡养等问题形成的协议，其性质为分家析产及赡养协议。

该协议内容和形式符合当时实际，亦不违反法律规定，且已经实际履行，应为合法有效。该协议为被继承人刘小龙夫妇生前根据家庭实际情况对房屋做出的处分，故案涉房屋不再属于二人遗产，判决驳回原告的诉讼请求。

【律师说法】

司法实践中，分家协议的主体有两种情形，一是父母主持分家，二是子女之间的分家行为，如何确定分家行为的性质，从法律上看，最重要的一点就是行为人对分家行为的客体必须有充分的处分权。如果是无权处分，则分家行为不能生效，甚至会引起侵权等其他民事责任。

判断分家析产协议以及赡养老人协议是否有效，可以从以下几点出发。

1.审查分家协议签订的时间、履行及诉讼原因等情况。如分家协议签订的时间较长，各方已经按照分家协议履行多年，只是近年来，因为新的问题和矛盾出现，才产生针对分家协议效力的诉讼。分家协议是不是得到了其他人的认可，即使当时未予认可，事后是不是有实际的履行行为，来判断分家协议的主体各方意思表示是否真实。

2.重点审查分家协议的效力。协议通常是指两个或两个以上实体为了开展某项活动，经过协商后双方达成的一致意见。审查协议是否违反法律、行政法规的强制性规定，是否具有可撤销、可变更的情形。对于不违反法律和行政法规的强制性规定的分家协议，其效力一般不宜认定为无效。

3.注意审查分家协议与其他纠纷的关系。许多案件中，分家协议往往与赡养纠纷、继承纠纷等法律关系结合在一起，如子女不履行赡养义务，要求解除分家协议、确认分家协议无效的情形。如将分割物让与第三人的，在其尚未登记或交付使用前，应有部分之转让应不生物权变动之效力，受让人自不得以共有人之身份参与共有物之分割，共有物分割协议对该受让人自也不具有拘束力。

（以上人名均为化名）

94. 外甥与儿子争夺遗产，谁有继承权

案件简介

陆元的母亲与其舅舅罗刚感情深厚，1998年陆元刚到北京时无依无靠，舅舅十分关心他，也时常照顾陆元，渐渐地二人建立了深厚的感情。舅舅经历了两次无疾而终的婚姻，现在自己独居生活，陆元经常照顾日渐衰弱、身患腿疾的舅舅。舅舅有一个儿子，也就是陆元的表弟罗文，但是罗文对其父罗刚一直不闻不问，甚至后来还有遗弃、虐待等行为。

鉴于陆元对自己无微不至的照顾，罗刚感激不尽，于是在2013年9月办理了遗嘱公证，将名下的房屋赠与陆元。2014年12月，舅舅告诉外甥陆元，其后来去公证处撤销了该遗嘱。

对此，陆元并没有放在心上。他认为，遗嘱虽然撤销，亲情仍在，陆元并不受舅舅撤销赠与行为的影响，仍然照常坚持看望和照顾舅舅，直至2018年10月舅舅因病去世。

舅舅去世后，在陆元不知情的情况下罗文办理了遗产继承手续，罗文独自继承了舅舅名下的房屋。陆元不服，遂向法院提起诉讼，请求法院判决依法分割舅舅留下来的房屋的部分所有权。

【争议焦点】

原告陆元是否有权继承其舅舅的遗产？

【法院判决】

法院经审理认为，原告陆元系被继承人的外甥，陆元常带着食品等去看望照顾被继承人。后被继承人办理遗嘱公证，将讼争房产赠与原告陆元，后于2014撤销了上述遗嘱。

被告罗文系被继承人的儿子，符合法定继承人的范畴。原告陆元举证证明被告

罗文有遗弃、虐待被继承人的行为，但未造成严重后果，依法享有继承权。

原告陆元提供的相关证据能证明原告经常去看望被继承人，以及被继承人随原告生活居住，能证明原告对其舅舅尽到了主要赡养义务，故原告作为非法定继承人有权继承被继承人罗刚的遗产。法院判决支持了原告的诉讼请求。

【律师说法】

本案为继承纠纷，依据继承法的规定，被继承人死亡后继承开始，有遗嘱的，按照遗嘱继承或者遗赠、遗赠扶养协议的规定办理，没有遗嘱、遗赠、遗赠扶养协议的，适用法定继承。

本案中，原告陆元作为罗刚的外甥，并非其法定继承人，双方之间亦无遗赠扶养协议，被继承人曾立下公证遗嘱，但之后撤销了该遗嘱，故本案应按照法定继承办理。

陆元虽非罗刚的法定继承人，但其主动赡养舅舅的善举，符合《中华人民共和国民法典》继承编的非继承人之义务赡养者分获遗产的规定，即法院在处理遗产时，如果遇有继承人以外的依靠被继承人的缺乏劳动能力又没有生活来源的人，或者继承人以外的对被继承人扶养较多的人的情况，应当酌情分给其适当份额的遗产。也就是说，陆元可依法获得罗刚的部分遗产。

【法律链接】

根据《最高人民法院关于贯彻执行〈中华人民共和国继承法〉若干问题的意见》第三十条规定："对被继承人生活提供了主要经济来源，或在劳务等方面给予了主要扶助的，应当认定其尽了主要赡养义务或主要扶养义务。"具体体现在以下三个方面。

1.在经济上对老人进行扶助、供养。对于没有生活来源或者其生活来源不足以维持基本生活条件的老人来讲，不仅应当从生活上进行照料，而且在经济上也应当给予生活费、医疗费等方面的资助。

2.在生活中与老人共同生活，经常照料、伺候老人，关心、体贴老人。如送煤、做饭、打扫卫生，有病送医院进行护理，等等。

3.赡养老人具有长期性、经常性。不论是生活上的照料，还是经济上的供养，必须是经常的、长期的，偶尔寄几次钱、做几回饭、看望几次，只能视为对老人有过帮助，不能视为尽了主要赡养义务。

《中华人民共和国老年人权益保障法》第十三条规定：老年人养老以居家为

基础，家庭成员应当尊重、关心和照料老年人。第十四条规定：赡养人应当履行对老年人经济上供养、生活上照料和精神上慰藉的义务，照顾老年人的特殊需要。赡养人是指老年人的子女以及其他依法负有赡养义务的人。赡养人的配偶应当协助赡养人履行赡养义务。第十五条规定：赡养人应当使患病的老年人及时得到治疗和护理；对经济困难的老年人，应当提供医疗费用。对生活不能自理的老年人，赡养人应当承担照料责任；不能亲自照料的，可以按照老年人的意愿委托他人或者养老机构等照料。第十六条规定：赡养人应当妥善安排老年人的住房，不得强迫老年人居住或者迁居条件低劣的房屋。老年人自有的或者承租的住房，子女或者其他亲属不得侵占，不得擅自改变产权关系或者租赁关系。老年人自有的住房，赡养人有维修的义务。第十八条规定：家庭成员应当关心老年人的精神需求，不得忽视、冷落老年人。与老年人分开居住的家庭成员，应当经常看望或者问候老年人。用人单位应当按照国家有关规定保障赡养人探亲休假的权利。

（以上人名均为化名）

95. 继母与继子争夺其丈夫婚前房屋

案件简介

张卫国的父母在他很小时就去世了，张卫国与前妻育有一女张畅。

2000年12月，张卫国通过单位房改购买一处住房，交房后便住了进去。2003年1月冯静与张卫国因相亲认识，两人一见如故，相处两个月后于2003年4月登记结婚，双方均系再婚。2008年该房改房取得产权证。2016年12月张卫国因病去世。因该房屋继承问题，张畅与冯静发生纠纷，张畅诉至法院，要求继承张卫国名下的房屋。冯静认为该房屋系她与张卫国的夫妻共同财产，自己应该分到该房屋75%的份额，而张畅认为这是父亲的婚前个人财产，自己应与冯静二人等额继承该房屋，每个人都可以继承50%的份额。

【争议焦点】

本案中案涉房屋是否属于被继承人张卫国的婚前财产？

【法院判决】

法院经审理认为，被继承人张卫国死亡后继承开始，张卫国未留有遗嘱，其名下的遗产由其法定继承人依法继承。张卫国的妻子冯静、女儿张畅为第一顺序继承人。

案涉房屋系张卫国婚前个人财产。根据《中华人民共和国民法典》继承编的规定，遗产的分割应当有利于生产和生活需要，不损害遗产的效用。不宜分割的遗产可以采取折价、适当补偿或者共有等方法处理。本案中，各方均要求继承该房屋，考虑双方实际情况，确定该案涉房屋由张畅继承所有。

案涉房屋评估价值为426万元，张畅继承该房屋后，应按照评估价格给冯静房屋折价款213万元。

【律师说法】

在认定婚前财产时，根据我国法律规定，以下财产属于婚前个人财产。

1.夫妻婚前各自所有的财产，包括婚前个人的劳动所得、继承或受赠的财产、其他合法收入等，还包括婚前各自为结婚所购置的财产。

2.复员、转业军人从部队带回来的医疗费和回乡生产补助费，以及婚后夫妻共同生活时间较短的军人的复员费和转业费。

3.离婚时，夫妻各自使用的衣物、生活用品和职业上的用物。当然，贵重物品除外。

4.离婚时与个人身份不可分离的婚后所得财产，以及未获得经济利益的知识产权。

5.夫妻间对财产的约定，对双方都具有约束力。包括合法的书面约定和双方均承认的符合事实的口头约定为个人财产。

《最高人民法院关于适用〈中华人民共和国婚姻法〉若干问题的解释（一）》第十九条规定："婚姻法第十八条规定为夫妻一方所有的财产，不因婚姻关系的延续而转化为夫妻共同财产。但当事人另有约定的除外。"意思是，夫妻不论结婚多少年，一方婚前财产仍归一方所有。具体可分为以下几类。

1.婚前个人所有的财产，如工资、奖金，从事生产、经营、投资取得的收益，知识产权的收益，因继承或赠与所得的财产、资本收益以及其他合法收入。

2.一方婚前已经取得的财产权利，如一方婚前获得预售房屋的产权而且完全支付了房款，婚后才实际取得该房的所有权。

3. 婚前财产的孳息，包括个人财产婚前孳息和婚前个人财产婚后产生的孳息。

4. 一方婚前以货币、股权等形式存在，而婚后表现为另一形态的财产。如一方婚前的个人积蓄于婚后购买的有形财产，股权转为了货币，这只是原有的财产价值形态发生了改变，其价值取得始于婚前，应当认定为一方的个人财产。

（以上人名均为化名）

96. 三子女争夺遗产，次子凭借父亲自书遗嘱胜出

案件简介

余枫与童瑶结婚后育有三个子女，分别为长子余华，次子余晟，女儿余多多。2004年1月和2017年11月，童瑶和余枫分别去世，而两人的父母均先于两人去世。

余枫和童瑶二人在某市有一处两居室房屋，自童瑶去世后，余枫与其子余华、余晟和余多多到当地公证处办理公证，子女三人自愿放弃对两居室房屋的继承权，该房屋由余枫一人继承。

后余枫将该房屋出售，并以售房所得购买了一套三居室。2015年11月，余枫订立代书遗嘱、自书遗嘱各一份，内容基本一致，其表示将案涉房屋留由次子余晟一人继承。其朋友王静和刘洋作为代书人及见证人在遗嘱上签名、捺印。

后三兄妹为争夺遗产未达成一致意见，余晟依据代书遗嘱和自书遗嘱，向法院提起诉讼，请求法院判决余枫的遗产归自己所有。

【争议焦点】

案涉代书遗嘱和自书遗嘱是否有效？次子余晟是否有权依据遗嘱单独继承案涉房屋？

【法院判决】

法院经审理认为，案涉自书遗嘱和代书遗嘱符合法律规定的形式及实质要件，虽然被告对上述遗嘱的真实性提出异议，并就遗嘱的形成提出异议，但是未提供有力的证据，故自书遗嘱和代书遗嘱合法有效。根据法律相关规定，被

继承人的遗产应按其遗嘱内容分配，依法归原告余晟所有，故法院支持原告的诉讼请求。

【律师说法】

按照《中华人民共和国民法典》继承编第一千一百二十三条规定：继承开始后，按照法定继承办理；有遗嘱的，按照遗嘱继承或者遗赠办理。第一千一百四十二条规定，遗嘱人可以撤回、变更自己所立的遗嘱。立有数份遗嘱，内容相抵触的，以最后的遗嘱为准。

代书遗嘱的注意事项包括以下几个方面。

1.立遗嘱人具有民事行为能力。

根据《中华人民共和国民法典》的规定，无民事行为能力人是指不满八周岁的未成年人和不能辨认自己行为的成年人。限制民事行为能力人是指八周岁以上的未成年人和不能完全辨认自己行为的成年人。无民事行为能力人或限制民事行为能力人所立的遗嘱无效。

在代书遗嘱时，代书人首先要确认遗嘱人的年龄以及神志和认知程度。代书人可以通过与遗嘱人谈话和询问家属的方式确认。如果遗嘱人正在医院就医，代书人应当询问医生确认遗嘱人的神志是否清醒，是否有认知能力，以及是否有精神方面的疾病史。必要的时候，可以要求遗嘱人做民事行为能力鉴定以最终确定其是否具有民事行为能力。如果遗嘱人是高龄老人，代书人在代书遗嘱完成后要向其宣读。

需要注意的是，代书人最好把与遗嘱人和家属、医生的谈话过程通过影像视频和书面的方式记录下来。以避免遗嘱人日后若真的出现丧失民事行为能力的情况而产生的纠纷。因为根据《最高人民法院关于贯彻执行〈中华人民共和国继承法〉若干问题的意见》的规定，遗嘱人立遗嘱时有民事行为能力，后来丧失了民事行为能力，不影响遗嘱的效力。另外，《中华人民共和国民法典》继承编规定，受胁迫、欺诈所立的遗嘱、伪造的遗嘱和被篡改的遗嘱无效，全程记录可以避免出现上述争议。

2.遗嘱人确定的遗产须是其本人的财产。

如果遗嘱人立遗嘱时处分了属于他人所有的财产，该部分的遗嘱是无效的。实践中最常见的就是房屋产权证虽登记夫妻一方名字，但仍属于共同财产，一方订立遗嘱时只能处分自己的房产份额。

3. 遗嘱人确定的继承人没有丧失继承权的情形。

《中华人民共和国民法典》继承编规定："继承人有下列行为之一的，丧失继承权：（一）故意杀害被继承人；（二）为争夺遗产而杀害其他继承人；（三）遗弃被继承人，或者虐待被继承人情节严重；（四）伪造、篡改、隐匿或者销毁遗嘱，情节严重；（五）以欺诈、胁迫手段迫使或者妨碍被继承人设立、变更或者撤回遗嘱，情节严重。继承人有前款第三项至第五项行为，确有悔改表现，被继承人表示宽恕或者事后在遗嘱中将其列为继承人的，该继承人不丧失继承权。受遗赠人有本条第一款规定行为的，丧失受遗赠权。"

4. 遗嘱人之前没有与他人订立有与遗嘱相抵触的遗赠扶养协议。

所谓遗赠扶养协议是指：被遗赠人与扶养人签订的由扶养人承担被遗赠人生养死葬的义务，遗赠人享有受遗赠权利的协议。这种协议在继承法中的效力一般高于遗嘱。《中华人民共和国民法典》继承编规定，被继承人生前与他人订有遗赠扶养协议，同时又立有遗嘱的，继承开始后，如果遗赠扶养协议与遗嘱没有抵触，遗产分别按协议和遗嘱处理；如果有抵触，按协议处理，与协议抵触的遗嘱全部或部分无效。

5. 必须有两个以上的见证人，由其中一人代书。

这是继承法对代书遗嘱规定的形式要求之一。若见证人不是代书人或遗嘱上面不是有两个见证人签字的，则可能会引发遗嘱效力问题的争议。

6. 见证人的禁止性要求。

根据《中华人民共和国民法典》继承编的规定，三种人不能作为代书遗嘱中的见证人，分别是：①无民事行为能力人、限制民事行为能力人以及其他不具有见证能力的人；②继承人、受遗赠人；③与继承人、受遗赠人有利害关系的人。

上述第一项和第二项比较容易理解，第三项中的利害关系人应当从严把握，这里的利害关系人是指与继承人或受遗赠人有直接利害关系的可能会影响遗嘱人真实意思表示的人。比如，继承人或受遗赠人的直系亲属，且家庭成员一致公认其与继承人、受遗赠人之间关系亲密。

有法律禁止的见证人代书遗嘱的，遗嘱无效。

7. 由遗嘱人、代书人和其他见证人签名，并注明年、月、日。

代书遗嘱若不注明年、月、日，如果遗嘱人有多份遗嘱的话，则之前订立的遗嘱则有可能取代后面订立的代书遗嘱，引发争议。两个见证人中的一个必须是代书人，两个人都必须在遗嘱上面签字，若只有一个人签字则可能会引发遗嘱效力问题的争议。遗嘱人本人若不签字，代书遗嘱将被认定为无效。

（以上人名均为化名）

97. 丈夫去世，兄妹能继承夫妻共有房产吗

案件简介*

1997年8月，纪均与曹翠翠登记结婚，婚后育有一女纪果果。2003年3月12日纪均因车祸去世，生前未留有遗嘱。纪三和赵兰分别是纪均的父母亲，二人共育有五个子女，分别为纪祥、纪任、纪兰、纪均和纪露。

1995年12月，纪均与单位的房地产管理科签订《售房协议书》约定将住房一套出售给纪均，诉争房屋属于房改房，房屋所有权人为纪均。2003年纪均去世，房屋还未分割，纪三和赵兰也相继去世。三人生前均未留有遗嘱。

曹翠翠、纪果果与纪祥、纪任、纪兰、纪露协商不成，向法院提起诉讼，请求法院判决诉争房屋归自己所有。纪祥、纪任、纪兰、纪露则认为自己也应该参加继承。

【争议焦点】

本案中诉争房屋是否为被继承人纪均的合法遗产，涉案房产应如何分割？

【法院判决】

法院经审理认为，继承从被继承人死亡时开始。继承开始后，有遗嘱的，按照遗嘱继承或者遗赠办理；无遗嘱的，按照法定继承办理。

本案中被继承人纪均生前未立遗嘱，故本案应按法定继承分割遗产。其妻子曹翠翠，父母纪三、赵兰，女儿纪果果系其第一顺位继承人，后因父母在遗产分割前去世，根据《最高人民法院关于贯彻执行〈中华人民共和国继承法〉若干问题的意见》第五十二条规定，“继承开始后，继承人没有表示放弃继承，并于遗产分割前死亡的，其继承遗产的权利转移给他的合法继承人”，故纪三、赵兰应继承的份额，由其子女纪祥、纪任、纪兰、纪露转继承。故法院判决驳回原告诉

讼请求，按照法定继承分割被继承人纪均的遗产。

【律师说法】

关于本案所涉房屋是否属于遗产的问题，《中华人民共和国民法典》物权编规定，不动产权属证书是权利人享有该不动产物权的证明。不动产权属证书记载的事项，应当与不动产登记簿一致；记载不一致的，除有证据证明不动产登记簿确有错误外，以不动产登记簿为准。

涉案房屋权属证书上记载的权利人是纪均，购买涉案房屋时，纪均尚未结婚，故应当认定涉案房屋为纪均个人财产，如今纪均去世，涉案房屋成为遗产，由纪均的继承人共同继承。

《中华人民共和国民法典》继承编第一千一百五十二条规定，继承开始后，继承人于遗产分割前死亡，并没有放弃继承的，该继承人应当继承的遗产转给其继承人，但是遗嘱另有安排的除外。

本案中，被继承人纪均的父母在纪均去世后，遗产分割前死亡，故其父母应该继承的份额转给其继承人也就是纪祥、纪任、纪兰、纪均（纪果果）、纪露五个子女共同继承。

（以上人名均为化名）

98. 养子是否有权继承养父母的遗产

案件简介

1975年魏山与蔡丽芬夫妻共同收养一子魏壮壮，一家三口和睦相处，感情融洽。1999年8月，蔡丽芬去世，未立遗嘱。2002年3月，魏山与段珍珠再婚。婚后因为魏壮壮与段珍珠相处不和睦，2002年6月魏壮壮迁出另住。

2014年1月，魏山向法院起诉，请求解除与魏壮壮的收养关系。2016年1月，法院做出解除二人收养关系的判决。后魏壮壮不服一审判决，提起上诉。2017年6月，二审法院做出维持一审判决的决定。2019年6月，魏山去世。现魏壮壮向法院提起诉讼，由自己继承魏山与蔡丽芬生前留下的房屋。

【争议焦点】

本案中收养关系解除后，养子是否有权继承养父母的遗产?

【法院判决】

法院经审理认为，《中华人民共和国民法典》婚姻家庭编规定，自收养关系成立之日起，养父母与养子女间的权利义务关系，适用法律关于父母子女关系的规定。收养关系解除后，养子女与养父母及其他近亲属间的权利义务关系即行消除。

《中华人民共和国民法典》继承编第一千一百二十七条规定，遗产按照下列顺序继承：第一顺序，配偶、子女、父母；第二顺序，兄弟姐妹、祖父母、外祖父母。继承开始后，由第一顺序继承人继承，第二顺序继承人不继承；没有第一顺序继承人继承的，由第二顺序继承人继承。本编所称子女，包括婚生子女、非婚生子女、养子女和有扶养关系的继子女。本编所称父母，包括生父母、养父母和有扶养关系的继父母。

《中华人民共和国民法典》继承编第一千一百二十四条规定，继承开始后，继承人放弃继承的，应当在遗产处理前，以书面形式做出放弃继承的表示；没有表示的，视为接受继承。

本案中，原告魏壮壮与魏山、蔡丽芬存在养子女与养父母关系，魏壮壮由魏山与蔡丽芬共同收养，蔡丽芬于1999年8月去世，继承关系已经发生，且魏壮壮未表示放弃继承，故魏壮壮对蔡丽芬的遗产依法享有继承权，且在遗产尚未分割的情况下，魏壮壮作为继承人，有权请求分割。

魏山通过诉讼程序解除其与魏壮壮之间的收养关系，魏壮壮依法不能继承魏山的遗产，但不影响魏壮壮已经依法享有对养母蔡丽芬的继承权资格。故法院判决原告魏壮壮有权分割涉案房屋。

【律师说法】

养子女与养父母之间其实是基于收养关系而建立的一种拟制血亲的父母子女关系，虽然彼此之间并没有血缘关系，但并不妨碍双方权利义务的享有和履行。收养关系如果已经合法化了，那么养子女自然可以继承养父母的遗产。

《中华人民共和国民法典》继承编第一千一百五十三条规定，夫妻共同所有的财产，除有约定的外，遗产分割时，应当先将共同所有的财产的一半分出为配偶所有，其余的为被继承人的遗产。本案中，涉案房屋属于蔡丽芬与魏山的共有财产，魏壮壮由魏山与蔡丽芬共同收养，与魏山、蔡丽芬形成养子女与养父母关系，蔡丽芬去世时，养父母子女关系未解除，故魏壮壮对蔡丽芬的遗产依法享有继承权，至于后来法院判决解除的系魏山与魏壮壮之间的继父子关系，并不影响蔡丽芬与魏壮壮之间的继母子关系。

（以上人名均为化名）

99. 债务人放弃继承房产的行为是否有效

案件简介

霍华和霍勇系亲兄弟，其父亲霍文在2013年1月去世，随后母亲方爱英于2016年6月去世。

2009年9月，霍华曾因做生意向蒋伟借款42万元，后因霍华到期未还，蒋伟遂向当地法院提起诉讼，请求霍华按期还债。法院做出要求霍华按期还钱的判决。

2017年5月，霍华和弟弟霍勇、母亲方爱英在商量继承父亲的遗产时，霍华和弟弟霍勇均做了放弃继承权公证，由母亲一人继承。随后，母亲方爱英办理了房产过户手续。

2017年12月，方爱英与霍勇签署《房屋赠与协议书》，并进行了公证，后该房屋被拆迁，霍勇与某地产公司签署《住宅房屋征收补偿安置协议》，获得拆迁款共计142万元。

因霍华迟迟未还债权人蒋伟的剩余债款，蒋伟知晓上述霍华放弃继承房产这件事后，向法院再次提起诉讼，请求法院判令霍华放弃继承某处住宅房产的行为无效，以期维护自己的债权得以实现。在庭审过程中，霍华经原审法院合法传唤未到庭参加诉讼。

【争议焦点】

本案中霍华放弃继承的行为是否有效？

【法院判决】

法院经审理认为，霍华经合法传唤无正当理由未到庭参加诉讼，对蒋伟在庭审中提供的证据视为其放弃质证的权利，其应当承担由此产生的不利后果。

对于霍华自愿放弃继承的行为是否有效，霍华与蒋伟之间的债权债务经法院判决确认。霍华父亲霍文因病去世，霍华系法定继承人之一，后霍华做出书面声明放弃继承争议房屋的权利，根据《中华人民共和国民法典》继承编及《最高人民法院关于贯彻执行〈中华人民共和国继承法〉若干问题的意见》的相关规定，本案中霍华明知对蒋伟负有债务而放弃继承，损害了蒋伟的利益，霍华放弃继承的行为无效，对于蒋伟的诉讼请求，法院予以支持。

【律师说法】

民事活动应当遵循自愿、公平、等价有偿、诚实信用原则。诚实信用原则在大陆法系常被称为债法中的最高指导原则，是一项重要的民法的基本原则。民事活动应当遵守社会公德，不得损害社会公共利益，破坏国家经济计划，扰乱社会经济秩序，该规定实质上是禁止权利滥用原则，即任何权利的行使不能损害他人的正当、合法权益，否则便是滥用权利。

《最高人民法院关于贯彻执行〈中华人民共和国继承法〉若干问题的意见》第四十六条规定，继承人因放弃继承权，致其不能履行法定义务的，放弃继承权的行为无效。可见放弃继承权虽然是公民的一种民事权利，但这种权利既受到法律的保护，又受到一定限制，不得损害国家、集体和他人的利益，为逃避依法应当履行的义务而放弃继承权，依法将不予保护。继承人放弃继承本身并不违反法律规定，但如果侵害或危及他人合法权益时应当予以限制，且《中华人民共和国宪法》第五十一条规定："中华人民共和国公民在行使自由和权利的时候，不得损害国家的、社会的、集体的利益和其他公民的合法的自由和权利。"

本案中，在执行还款期间，霍华虽有还上部分欠款，但其并没有证据证明自己在放弃继承权后仍具备足够的能力来履行还款义务。故霍华放弃继承权的行为明显侵害了债权人蒋伟的利益，因此法院认为霍华放弃继承权的行为是无效的。如霍华放弃继承权的行为有效，使其不能偿付债务，违背了立法目的，不利于保护债权人的合法权益。

【法律链接】

《中华人民共和国民法典》继承编第一千一百二十四条规定，继承开始后，继承人放弃继承的，应当在遗产处理前，以书面形式做出放弃继承的表示；没有表示的，视为接受继承。受遗赠人应当在知道受遗赠后六十日内，做出接受或者放弃受遗赠的表示；到期没有表示的，视为放弃受遗赠。

《最高人民法院关于贯彻执行〈中华人民共和国继承法〉若干问题的意见》第四十六条规定，继承人因放弃继承权，致其不能履行法定义务的，放弃继承权的行为无效。

《中华人民共和国宪法》第五十一条规定，中华人民共和国公民在行使自由和权利的时候，不得损害国家的、社会的、集体的利益和其他公民的合法的自由和权利。

（以上人名均为化名）

100. 兄弟持代书遗嘱争夺遗产

案件简介

1996年，田文一家居住的一栋老房子拆迁，其两个儿子田昌和田飞兄弟二人共分得一处安置房。后兄弟二人各娶妻生子。

2012年5月，长兄田昌和其妻子方悦二人瞒着田飞，与房地产公司签订了公有住房出售合同，并于当年12月将该安置房登记在田昌、方悦二人名下。2013年1月田飞知道了自己兄嫂的行为，于是找他们理论未果后，开始陆续向法院提起诉讼要求法院判决安置房部分归自己所有，后又在亲戚劝说下撤诉放弃诉讼请求，但是田飞一直对自己的哥哥田昌和嫂子方悦二人将安置房归于自己所有的行为无法释怀。

2014年年初，田昌突发脑溢血，在送往医院治疗时已经瘫痪在床。当时，田飞看到田昌意识复苏后，拿出一份已经写好的“遗嘱”递给躺在病床上的田昌，并指导他在该遗嘱上签字、捺手印。田飞还事先找好了两名见证人在病床旁边见证了田昌签字，且自己用手机将这个过程拍下来。该遗嘱主要内容为田昌将安置房给予其母亲卫华和弟弟田飞继承。

田昌去世后，田飞拿着该份遗嘱向法院提起诉讼，请求法院判决自己和母亲卫华继承上述安置房屋。

【争议焦点】

本案中被继承人田昌签字的代书遗嘱是否有效?

【法院判决】

庭审过程中，被告方悦辩称，田飞出具的代书遗嘱并非见证人所写的，不符合代书遗嘱的形式要件。所谓的录音遗嘱只是对签字过程的记录，既没有被继承人田昌明确宣读遗嘱的内容，也没有见证人宣读遗嘱的内容，甚至连见证人都没有表明自己的身份，同样不符合法律规定的录音遗嘱的要求。从视频内容来看，自己的丈夫是在意识不是很清楚的情况下签订的遗嘱，其客观性值得怀疑。

法院经审理认为，根据《中华人民共和国民法典》继承编第一千一百三十五条规定，代书遗嘱应当有两个以上见证人在场见证，由其中一人代书，并由遗嘱人、代书人和其他见证人签名，注明年、月、日。本案中，书面“遗嘱”既不是被继承人田昌亲笔所写，也不是见证人所写，不符合代书遗嘱的形式要件。根据原告田飞提供的手机录像内容，其显示的只是对遗嘱签字过程的简单记录，没有体现遗嘱的具体内容，无法反映被继承人田昌的真实意思。故法院认定该代书遗嘱无效，判决驳回田飞的诉讼请求。

田昌名下的安置房屋产权按照法定继承办理，被告方悦为田昌的妻子，与田昌的母亲作为第一顺序法定继承人，有权继承其遗产，而作为第二顺序法定继承人的田飞无权继承遗产。

【律师说法】

代书遗嘱必须严格按照相关法律规定进行，注意一些法律规定无效的事项，只有这样的代书遗嘱才具有相应的效力，法律上才予以承认。

从法律层面上讲，代书遗嘱是要式民事法律行为，《中华人民共和国民法典》继承编第一千一百三十五条规定，代书遗嘱应当有两个以上见证人在场见证，由其中一人代书，并由遗嘱人、代书人和其他见证人签名，注明年、月、日。该法律条文对代书遗嘱的形式做了严格的规定，以确保代书遗嘱的真实性。代书遗嘱在形式上应特别注意以下几点。

1.见证人问题。见证人首先应具有行为能力，对被继承人的真实意思有一定的识别能力，无民事行为能力、限制民事行为能力的人或者对被继承人的意思缺乏识别能力的人应排除在外；代书遗嘱见证人的人数应是两人以上，且必须由其中一人代书，见证人人数不足或者在遗嘱上签名的见证人并未代书遗嘱等情形均违反法律规定；见证人与继承人须无利害关系，见证人若与继承人有利害关系，容易产生利益上的裹挟，违反被继承人的真实意思，故法律予以禁止。

2. 见证过程问题。被继承人订立遗嘱过程中，见证人必须自始至终在现场见证整个遗嘱订立的过程，其标准应该是时间、空间的高度一致性。见证人在遗嘱订立中途加入见证，或者在订立过程中临时走开，并未见证整个过程，事后回到现场签字，抑或见证人自身并未见证，仅是事后听闻在遗嘱上签字以凑齐法定人数等情形，都会导致见证人无法了解遗嘱内容是否是被继承人的真实意思，进而导致遗嘱无效。

3. 遗嘱的完备问题。代书遗嘱的形式完备至关重要，代书遗嘱的签字、署日期等“细枝末节”问题都会关乎遗嘱的效力。被继承人的签字关系遗嘱是否是其真实意思，见证人的签字则关乎代书遗嘱是否经其见证，而用盖章、捺印的方式代替签字易产生真伪难辨的状态，影响对遗嘱效力的判断。遗嘱订立时间应清晰记载年、月、日，否则订立时间难以判断，会增加了解案件事实的难度，同时在有数份遗嘱的情况下，遗嘱订立的时间是判断哪份遗嘱为最后遗嘱的唯一依据。

（以上人名均为化名）